体育赛事活动编排

李民桂　陈　飞　卓鹤洲◎主编

北京体育大学出版社

策划编辑：韩培付
责任编辑：米　安
责任校对：仝杨杨
版式设计：李　鹤

图书在版编目（CIP）数据

体育赛事活动编排 / 李民桂，陈飞，卓鹤洲主编. 北京 ： 北京体育大学出版社，2025. 8. -- ISBN 978-7-5644-4359-7

Ⅰ. G808.22

中国国家版本馆CIP数据核字第20256RG362号

体育赛事活动编排
TIYU SAISHI HUODONG BIANPAI

李民桂　陈　飞　卓鹤洲　主编

出版发行：北京体育大学出版社
地　　址：北京市海淀区农大南路1号院2号楼2层办公B-212
邮　　编：100084
网　　址：http：//cbs.bsu.edu.cn
发 行 部：010-62989320
邮 购 部：北京体育大学出版社读者服务部 010-62989432
印　　刷：北京科信印刷有限公司
开　　本：787mm×1092mm　1/16
成品尺寸：185mm×260mm
印　　张：13
字　　数：239千字
版　　次：2025年8月第1版
印　　次：2025年8月第1次印刷
定　　价：48.00元

编委会

主　编

李民桂　陈　飞　卓鹤洲

副主编

郑宝君　黄　竞　邹纬芳　郑　舒　邓东青

孙　倩　陈秀花　夏文兵　宋继先

编　委

吴玮方　沈玉婷　黄海容　谢荔梅　许韧毅

郑　威　蔡　诚　郭　栋　翁伟启　张燕萍

卢梦媛　李　林　颜　希　马　瑜　郭蓉蓉

汪振华　王炳毅　孙子敬　胡　骥　陈　瑶

张诤诤　陈　许　沈科宇　张慧婕　廖金果

李建军　李　静

前言

当前我国已经步入体育赛事活动迅猛发展的黄金时期，成功组织与运作各类体育赛事活动能够满足人民群众对高水平竞赛产品的精神文化需求，促进大众体育消费的增长，对国民经济的快速发展具有推动作用。体育赛事活动已成为具有社会、经济与文化意义的重要事件。因此，为适应体育赛事活动对人才发展的需要，全国各体育职业学院、高职院校体育专业相继开设了体育赛事活动编排等相关课程。因此，编写一本体现职业性、实用性、科学性、系统性的体育赛事活动编排教材，对完善高等职业教育体育类专业课程体系、加快体育赛事专业人才的培养具有重要意义。

本教材遵循高职教育培养技术型人才，强调知行合一、实践导向与创新驱动，通过校企合作、区域经济融合等方式实现职业教育社会需求动态衔接的教育理念，从高职体育院校的实际教学需要出发，遵循新型人才培养目标，在体育产业人才的培养中渗透课程融合、专业融合、理论实践融合以及校企融合，以适应时代发展和社会需要。本教材的编写是在遵循运动项目规则的基础上，归纳、总结运动项目竞赛活动编排的相似性与不同点，形成了以运动项目群为单位的六大模块，即集体得分类运动项目、隔网对抗类运动项目、竞速计时计远度类运动项目、搏击打点类运动项目、评分类运动项目、其他类运动项目。在形式上，本教材按照“知识拓展”“思政园地”“案例简析”“实训项目”“学中做　做中学”的框架对教学内容及教学过程进行编排，做到知识以“够用必需”为度，突出学生对体育赛事活动编排技能的掌握，充分体现课程的重点和特色。

本教材主要具有以下特点：

第一，设置“思政园地”特色内容，并配备“实训项目解析”等电子资源，建设新形态一体化教材。“思政园地”的加入为建构课程思政理念与体育专业课程建设同向同行提供了可能，可以实现知识的传递和价值观的传承。本教材为所有的“案例简析”“实训项目”“学中做　做中学”提供了解析，为学生及时纠偏和顺利完成实践任务提供了指导和帮助。

第二，与体育赛事活动编排工作任务紧密结合。为提高体育赛事活动编排的投入产出比，本教材在分析体育赛事活动项目分类工作任务的基础上，以体育赛事活动项目规则的主要工作目标为导向，以体育赛事活动项目编排的方法与技能为主要教学内容，进行有序化设计，充分体现了与体育赛事工作实际相结合的特点。

第三，以体育赛事活动编排的工作过程为导向。本教材设计了六个模块，并以工作任务为载体，突出对学生体育赛事活动编排技能的锻炼，真正体现了以“学生为主体”“教、学、做一体”“工学结合”的职业教育理念。

第四，以练为主，任务驱动，强化提高学生体育赛事活动编排的职业技能。本教材根据体育赛事活动编排的工作要求组织编写，将工作内容设计成不同的工作任务，通过“实训项目”，使学生在任务驱动下自主学习，以练为主，达到提高学生体育赛事活动编排技能的目的。

本教材在编写的过程中，参阅了大量国内外有关体育赛事活动编排的文献和资料，并获得了国家体育总局科教司教育处、北京体育大学出版社、福建体育职业技术学院及兄弟院校的大力支持，在此谨表示我们诚挚的谢意。由于编者水平有限，书中若出现错漏与不足之处，恳请广大读者和同行给予批评与指正，编者不胜感激！

CONTENTS 目录

模块一　集体得分类运动项目

教学提示

1. 集体得分类运动项目分类
2. 集体得分类运动项目规则
3. 集体得分类运动项目编排

在体育运动项目中，集体得分类运动项目的种类最为常见，主要涵盖足球、篮球、排球、橄榄球、飞盘等。这类运动项目的参与人群广泛，覆盖不同年龄、性别的参与者。因此，系统掌握该类运动项目的类别划分、竞赛规则及体育赛事活动编排方法具有重要意义。

项目一　集体得分类运动项目的概念与分类

一、集体得分类运动项目的概念

集体得分类运动项目是指以团队形式参与，通过团队协作完成进攻、防守等战术配合，以得分多少决定胜负的运动项目。这类项目不仅考验个人技术，更强调团队战略与集体意识，其核心特征包括：

（1）团队协作性，依赖队员间的战术配合与分工协作完成攻防。

（2）得分制胜性，以规则允许的方式（如射门、投篮、达阵等）累计分数判定胜负。

（3）广泛参与性，覆盖不同年龄、性别、地域及赛事层级（如业余、职业、国际赛事等）。

二、集体得分类运动项目的分类

（1）按起源时间和普及程度，可分为传统项目和新兴项目。传统项目通常起源较早、普及范围较广、规则成熟且具有较高的国际影响力，如足球、篮球和排球等；新兴项目则发展相对较晚，且参与人群和赛事体系仍在不断发展中，如橄榄球和飞盘等。

（2）按技术特点，可分为脚控类和手控类项目。脚控类项目以脚部技术动作为主导，强调下肢控制与协调，典型代表项目为足球；手控类项目则以手臂和手部动作为核心，注重传接、投掷等技术，如篮球、排球、橄榄球和飞盘等。

知识拓展

女排精神：催人奋进的嘹亮音符

习近平总书记指出：“体育是社会发展和人类进步的重要标志，是综合国力和社会文明程度的重要体现。”以中国女排为代表的高水平运动队在国际赛场上顽强拼搏、摘金夺银、为国争光，极大地振奋了民族精神，为经济社会发展增添了动力、凝聚了力量。中国女排用矢志不渝的坚守和扎扎实实的拼搏铸就的女排精神，激励和影响了一代又一代中国人投身改革开放和中国特色社会主义伟大事业，成为中华民族精神宝库中激越而嘹亮的音符，是中国共产党人精神谱系的重要组成部分。

在时代洪流中，中国女排用坚守和传承、开拓与创新、汗水和拼搏铸就升华的女排精神，既有一以贯之的爱国情怀，更有不断创新的时代内涵，既体现了中华民族的精神基因，也践行了现代体育的精神内蕴，成为新时代催人奋进的精神力量。

祖国至上是女排精神的信念之魂。“祖国至上”彰显的是中国女排的爱国之情和报国之志，是深沉炽热的爱国情怀在女排教练员和运动员身上的具体体现。中国女排自建队以来，始终坚持祖国的荣誉和利益高于一切，把实现个人价值和为祖国、人民争得荣誉统一起来，同中华民族伟大复兴的宏伟目标结合起来，把“为国争光”作为拼搏奋斗的最高目标。一代代女排人正是靠这种“大爱”创造了昔日世界大赛“五连冠”的辉煌，也创造了今天世界排球“三大赛”“十冠王”的壮举。数十年风雨兼程，爱国主义一直深植于中国女排，成为这个光荣集体的强大基因，也是一代代女排人默默奉献、刻苦训练、顽强拼搏的最大动力。

团结协作是女排精神的立足之本。“团结协作”是中华民族源远流长的优良传统，体现的是一种集体主义精神，凸显的是融个人奋斗于集体力量之中的境界。排球是一个集体项目，团队成员之间相互补位、密切配合是制胜的关键。中国女排一贯坚持和发扬集体主义精神，凭借着训练场上和赛场上队员之间的协作配合，凭借着教练员与幕后保障团队的有力支持，在荣誉簿上书写了一次又一次的辉煌。赛场上，每一次发球、传球、进攻，无不是女排队员团结协作精神的展示。“赢了一起狂，输了一起扛”，为集体的荣誉拼搏奋斗，用团队的力量去战胜一切，是对这种精神特质的生动诠释，也彰显了女排精神不变的价值底色。

顽强拼搏是女排精神的长盛之基。“顽强拼搏”映射的是中华民族不惧挑战、砥砺前行的奋斗精神，是对“更快、更高、更强——更团结”的奥林匹克格言和中华体育精神的完美诠释。竞技体育比拼的是硬碰硬的实力，没有艰苦付出、不靠顽强拼搏是难以成功的。训练场上，女排姑娘们日复一日地超负荷训练；比赛场上，无论顺境还是逆境都坚持“一分一分地拼”。中国女排好几次的夺冠历程都可谓跌宕起伏、荡气回肠，最后赢得胜利靠的就是顽强拼搏、坚持到底。“忍得住、耐得住，愈挫愈奋、愈战愈勇”，这正是中国女排直击人心、激励国人的顽强奋斗精神的写照。正如习近平总书记所指出的：“女排精神代表着一个时代的精神，喊出了为中华崛起而拼搏的时代最强音。”

永不言败是女排精神的动力之源。“永不言败”蕴含的是自强不息的中华民族精神和挑战极限、追求卓越的体育精神，体现的是敢于争先、勇于获胜的执着信念和敢打敢拼、决不放弃的坚定意志。纵观中国女排征战世界大赛的历史，既有过成功登顶的辉煌，也有过跌入低谷的挫折，但一代代女排人始终默默坚守，不抛弃、不放弃，不气馁、不言败，于起伏中前行，于坎坷中奋进。一部女排发展史，就是一部永不言败的奋斗史。习近平总书记指出，重大赛事最令人感动的未必是夺金牌，而是体现奥运精神，这正是中国人讲的自强不息。中国女排在攀登高峰的过程中展现出来的愈挫愈勇、永不言败的精神状态是民族品格的缩影，进一步丰富了女排精神的时代内涵。

（资料来源：《党建》杂志社官方账号，2024年7月11日，有修改）

◆ 思政园地

村BA：观察中国式现代化的一个窗口

贵州省黔东南苗族侗族自治州台江县台盘村“村BA”赛事持续走红的故事，书写了一个小村庄历经脱贫攻坚后的新变化，展现了新时代新征程乡村振兴的美好画卷。在《“村BA”：观察中国式现代化的一个窗口——台盘村乡村振兴故事》一书中，作者以在场者的身份，无数次零距离接触台盘村驻村第一书记、致富能手、返乡创业者、乡村解说员等，深入挖掘当地的历史与文化，以更加主动的姿态去寻找隐藏在村庄深处的光芒，找到“村BA”火爆“出圈”的文化密码，以纪实的方式对“台盘风貌”“‘村BA’前传”“火爆‘出圈’”“‘村BA’中的那些人”“‘村BA’的未来”及“村BA”赛前、赛中、赛后发生的点滴故事进行诗意书写，记录各民族和谐共生的时代画面。该书入选中宣部2023年主题出版重点出版物2023年度“中国好书”。

没有电子屏幕，没有商业广告，没有赛前造势和新闻发布，仅一块村委会门口红绿配色作底的篮球场，场内球员不停地奔跑、传球、上篮，场外人头攒动，欢呼呐喊。这样一场看上去并不专业也不高端的乡村篮球比赛却极具感染力。

这轮由当地少数民族群众自发组织的“六月六”吃新节篮球赛一开打，就吸引了十里八乡的群众前来围观，因其热烈的氛围而迅速走红网络，火爆“出圈”。由于场地在农村、比赛由村民组织、参赛者以村民为主，甚至奖品都是黄牛、香猪等地方农产品，网友亲切地称其为“村BA”。为了延续赛事氛围，2023年7月30日至8月2日，贵州省“美丽乡村”篮球联赛黔东南州半决赛在台盘村举行。架梯子、站房顶、爬围墙，现场观众人山人海，网络直播累计观看人数则超过一亿。

中国篮球协会主席姚明在接受采访时，也高度称赞了这一赛事，还戏称“非常希望去现场，担心抢不到票”。2023年8月15日，西安市唯一的新闻门户网站西安网撰文建议，“让‘村BA’式党建品牌在广大基层党组织落地生根”。由此可见，“村BA”已经超越了体育的范畴，成为了一种社会文化现象。

（资料来源：黔东南新闻网，有修改）

◎ 案例简析

1. 美国超级碗（Super Bowl）

美国超级碗（以下简称超级碗），作为美国职业橄榄球联盟（NFL）的冠军赛，每年1月或2月举办，已经演变成一场国家级的盛宴，也是全球观众瞩目的焦点。超级碗不仅是橄榄球比赛，更是商业、娱乐和广告的集大成者。超级碗的历史可以追溯到1967年，当时是为了将美国橄榄球联合会（AFL）和美国国家橄榄球联合会（NFL）两个不同联盟比赛的冠军合并而设立的。从此以后，超级碗成为美国最受瞩目的赛事之一。

2. 美国职业篮球联赛（NBA）

美国职业篮球联赛（NBA），是全球最具影响力的篮球联赛之一，同时也是商业成功的典范。1946年，美国篮球协会（BAA）成立，1949年，其合并了美国国家篮球联盟（NBL），改组成NBA。经过多年的发展和改革，NBA逐渐壮大。NBA以其精彩的比赛、高水平的球员和成功的商业模式，赢得了众多球迷的心。

超级碗作为冠军赛，采用的是单场决胜制，而美国职业篮球联赛（NBA）的总冠军赛采用七场四胜制。

请结合以上案例，思考为何这两项同为美国顶级职业联赛的冠军赛，在赛制上会有如此明显的差异？

解析

● 实训项目

2025年苏超联赛赛制简介

比赛分为常规赛和淘汰赛两个阶段。第一阶段为常规赛，13支参赛球队进行主客场单循环较量，共13轮，每支球队各有6个主场与6个客场比赛机会。第二阶段为淘汰赛，由常规赛排名前八的球队，采用单回合淘汰赛赛制产生四强，直至决赛。

请以2025年苏超联赛的赛制为范本，结合篮球运动的特点，策划一场篮球赛。

解析

学中做 做中学

请谈谈集体得分类运动项目的特点有哪些？赛制设计应如何分类？

解析

项目二 集体得分类运动项目规则

一、足球运动的基本规则简介

（一）场地与器材

（1）场地。

足球比赛场地应为长方形，长90～120米，宽45～90米。国际足球比赛场地长100～110米，宽64～75米；国际足球联合会规定世界杯比赛场地长105米，宽68米。

（2）器材。

所有比赛用球必须是球形，由合适材料制成，周长为68～70厘米，重量在比赛开始时为410～450克。

（二）比赛开始、进行及死球

比赛开始前，双方通过掷硬币来决定优先权。猜中的一方选择上半场的进攻方向，另一方则在开球时首先踢球（即将球从场地中央踢向对方半场）。在球被踢出并向前移动时比赛开始，开球队员在球未经其他队员触及前不得再次触球。

自比赛开始至比赛结束时，比赛均在进行中，包括下列情况：

（1）球从门柱、横木或角旗杆上弹回场内。

（2）球从当时在场内的裁判员或巡边员身上弹落于场内。

（3）队员似有犯规现象而裁判员并未判罚前。

而在下列情况下成死球：

（1）当球不论在地面或空中全部越过端线或边线时。

（2）当比赛已被裁判员宣布停止时。

（三）越位

（1）凡进攻队员较球更接近于对方球门线者，即处在越位位置。下列情况除外：

①该队员在本方半场内。

②至少有对方队员两人比该队员更接近对方的球门线。

（2）当队员踢或触及球的一瞬间，同队队员处于越位位置时，裁判员认为该队员有下列行为，则应判为越位：

①在干扰比赛或干扰对方。

②企图从越位位置获得利益。

（3）下列情况，队员不应被判为越位：

①队员仅仅处在越位位置。

②队员直接接球门球、角球或界外掷球。

（4）本方队员被判罚越位，裁判员应判由对方队员在越位地点踢间接任意球。如果该队员在对方球门区内越位，那么这个任意球可以在越位时所在球门区内任何地点执行。

（四）犯规和不正当行为

（1）队员故意违反下列九项中的任何一项，应判由对方在犯规地点踢直接任意球。如犯规地点在对方球门区内，该任意球可以在对方球门区内任何地点执行：

①踢或企图踢对方队员。

②绊摔对方队员，即在对方身后或身前，伸腿或屈体绊摔或企图绊摔对方队员。

③跳向对方队员。

④猛烈地或带有危险性地冲撞对方队员。

⑤除对方正在阻挡外，从背后冲撞对方队员。

⑥企图打对方队员或向对方吐唾沫。

⑦拉扯对方队员。

⑧推对方队员。

⑨用手触球，如用手或臂部携带、推击球（守门员在本方罚球区内除外）。

在比赛进行中，如守方队员在本方罚球区内故意违反上述九项中任何一项，则不论当时球在什么位置，都应判罚点球。

（2）队员犯有下列五项中的任何一项，应根据具体情况判由对方在犯规地点踢间接任意球：

①裁判员认为其动作带有危险性，如企图去踢守门员已接住的球。

②当球并不在有关队员控制范围之内时，目的不是争球而是用肩部去做所谓的合理冲撞。

③队员不去踢球而故意阻挡对方，如在球与对方之间跑动或用身体阻挡对方。

④冲撞守门员。但下列情况除外：守门员抓住球时；守门员阻挡对方队员；守门员在本方球门区以外。

⑤比赛中守门员在本方罚球区内以手控制球后向任何方向持球、拍球或向空中抛球再

接住球，行走4步以上而未使球进入比赛状态；持球后在行走4步过程中及其前后，虽已使球进入比赛状态，但未经罚球区外的同队队员或罚球区内外的对方队员触球前，自己再次用手触球；同队队员故意将球踢给守门员后，守门员用手触球；裁判员认为由于战术上的目的，有意停顿比赛，延误比赛时间而使本队获得不正当的利益。

（五）红牌和黄牌

（1）队员出现下列情况时，应被警告并出示黄牌：

①比赛开始后，队员进场或重新进场加入比赛或在比赛进行中离场（意外事故除外），不论哪一种情况，事先未经裁判员示意允许者。

②队员连续违反规则。

③用言语或行动对裁判员的判决表示不满者。

④有不正当行为者。

（2）裁判员认为队员出现下列情况时，应罚令其出场并出示红牌：

①犯有暴力行为。

②严重犯规。

③用污言秽语或进行辱骂。

④经黄牌警告后，因犯规又被给予第二次黄牌警告。

二、篮球运动的基本规则简介

（一）场地与器材

（1）场地。篮球比赛场地应是一块平坦、无障碍物的硬质地面，场地尺寸从界线的内沿丈量为长28米、宽15米。

（2）器材。比赛用球应是圆形的，最多有12条接缝，且接缝的宽度不应超过6.35毫米，球体颜色应为单一的暗橙色，或为国际篮球联合会批准的组合色。

（二）违例及其罚则

违例是违反比赛规则中关于技术性操作的规定，但不涉及与对方队员的身体接触或不当行为。罚则是被判违例的球队失去球权，由对方在违例地点的就近界线（边线或端线）外掷界外球重新开始比赛。

1. 持球移动违例（俗称走步）

队员在场上向任何方向持球移动时应受以下限制，如超出下列限制即被判为走步违例。

（1）中枢脚的确定。

队员静止时接到球，可以用任一脚作为中枢脚。一只脚抬起的一瞬间，另一只脚就成为中枢脚。队员在移动或行进间运球中接到球，如双脚同时着地时接球，则任一脚都可以作中枢脚；两脚分先后着地时接球，则先触地的脚为中枢脚。

（2）持球移动。

确定了中枢脚后，队员可提起中枢脚传球或投篮（但不准运球），但在球离手前不能将中枢脚落回地面。队员停步后，当两只脚都不是中枢脚时，在传球或投篮中一只脚或两脚都可以抬起，但在球离手前不能落回地面；运球开始时，在球离手前哪只脚都不能抬起。

2. 运球违例（俗称两次运球）

在运球过程中，当球在手中停留的一瞬间，或双手触球的一瞬间即运球完毕，如再次运球即为两次运球。

3. 球回后场违例

控制球的队员一旦进入前场就不得使球回后场（包括在前场掷界外球）。

4. 3秒违例

当某队在场上控制活球并且比赛计时钟正在运行时，该队的队员在对方队的限制区内停留超过3秒即3秒违例。

5. 24秒违例

当队员在场上控制一个活球时，他的球队应在24秒内尝试投篮，且必须使球命中或触及篮圈。如超出上述限制则视为违例。球出界，由原控制队的队员掷界外球，24秒应连续计算。

（三）犯规及其罚则

犯规是指涉及与对方队员的非法身体接触或违反体育道德的行为。犯规要登记，并按规则的有关条款进行处罚。

1. 身体接触的概念

当双方队员确实是为了争抢球，且其位置确有不发生身体接触而获得球权的可能，在双方队员已尽量避免身体接触的情况下，仍发生的身体接触可当作意外情况不必判罚。然而当身体接触使某方从中获利，而对方处于不利地位时就要立即判罚。

2. 身体接触构成犯规的界定。

（1）合法的防守位置。

防守队员必须面对对手，双脚以正常的跨立姿势着地即是争取合法的防守位置。两脚间的距离应与身高成比例，不得采取不正常的跨立姿势。

合法的防守位置可被视为一个圆柱体，它可延伸到队员的上面空间。

（2）合法掩护与非法掩护。

当试图掩护对手的队员在掩护时双脚着地未移动，为合法掩护。当试图掩护对手的队员在移动中进行掩护并与被掩护的对手发生身体接触时，为非法掩护。

3.发生侵人犯规后的处理

场上任一队员被判犯规后均应进行登记。判罚如下：

（1）由犯规队的对方队员在违规的就近界线外掷球继续比赛。

（2）如某一节犯规队员犯规累积达4次后，由被侵犯的队员执行两次罚球后（犯规方属控制球队犯规除外）继续比赛。

（3）如被侵犯的队员正在做投篮动作，或已开始做投篮动作，如投中，得分有效，再判给投篮队员1次罚球；如未投中，则按投篮队员的地点给予两次或3次罚球。

（4）如犯规发生在投篮出手后，无论投中与否均按上述（1）（2）款处理执行。

（四）三对三篮球比赛规则

（1）一队至少有3名参赛队员。每场比赛每队可以只上两名队员，但不能仅有一名队员。

（2）比赛中换人没有次数限制，但仅在死球或球投进时才能换人。

（3）比赛开始时，由裁判员掷硬币决定发球权。掷硬币胜方队，可先发球也可将发球权转让给对方队，如果有加时赛，由比赛开始时没有发球的一方发球。

（4）中篮后换由对方发球。

（5）一方投球未中，对方抢到篮球后，则需退到两分线后再进攻。

（6）每次换发球，发球方必须到两分线之外。若发球没有退到两分线后或发球时踩线，则此球命中无效，并换由对方发球。不允许未退回两分线后直接投篮。如果对方欲在未退回两分线之前投篮而本方队员因此犯规，则犯规不算，且由本方发球。

（7）所有犯规（7次以下）或球出界，都到中场发球区发球。

（8）两分球。与专业比赛中三分球相似，在6.1米弧线之外出手投篮算两分，两分线内算1分。

（9）每场比赛时间为15分钟。如果比赛中一队先打到12分并领先对方两分以上则为胜方。

（10）每队各有两次45秒的暂停。暂停时不停钟，仅最后3分钟的暂停才停钟。

（11）打到15分钟时，比分高的队为胜方；若为平局，则再打加时赛，先得分的一方为胜方。

（12）前6次犯规时，由被犯规的队在中场发球。第7次犯规以后，则由被犯规的队员罚球1次，无论中篮与否都换对方发球。第10次犯规以后，则由被犯规的队员罚球1次，无论罚中与否，都由罚球方再次发球。

（13）如在投篮时被犯规，投篮命中，则登记犯规，换由对方发球。此次犯规记在记分表上。如投篮不中，则罚球一次。

公然犯规、技术犯规、故意犯规或连续不当犯规的队员，将被逐出比赛。如果裁判员判犯规为公然犯规、技术犯规、故意犯规或连续不当犯规时，被犯规队员正投篮且投进，则此球算，并由被犯规方发球；如果被犯规队员没有投篮，则该队员罚球一个并保留发球权；如果有队员打架，不论任何原因，都将被取消参赛资格。

三、排球运动的基本规则简介

（一）场地与器材

排球比赛场地包括比赛场区和无障碍区。

标准网高，成人男子网高为2.43米，女子网高为2.24米。

排球比赛用球的周长为65～67厘米，重量为260～280克，气压为0.3～0.325千克/厘米^2（294.3～318.82百帕）。

（二）场上位置与轮转

发球时双方队员（除发球队员外）须站在场内各自位置上，发球后双方可在本场任意换位。发球队员击球的一刹那位置错误的判断依据是脚的着地部分，即同列队员前后位置，同排队员左右位置不可发生位置顺序错误。取得发球权的一方，由从2号位按顺时针方向轮转至1号位的队员发球。

（三）发球

发球队员以一只手臂的任何部位将抛起的球击出的过程，称为发球。发球必须在发球区内进行，不得踏及端线或发球线以外的无障碍区。在裁判员鸣哨后，发球队员必须在8秒内将球击出。如果发球时出现位置错误或发出的球未从过网区通过以及落点在界外都应判为发球失误。

（四）触球

球过网前，每队最多击球三次，除拦网外，其他队员不得连续击球两次（除接进攻性球时）。允许全身触球但击球必须清晰，否则为“持球”犯规。

（五）进攻性击球

除发球和拦网外队员直接将球击过网，称为进攻性击球。前排队员可在本场区内对任何高度的球作进攻性击球，但击球时，球的整体高度不得超过球网的垂直面，否则为过网击球犯规。后排队员则允许在进攻限制线后对任何高度的球完成进攻性击球，但起跳时，脚不得踏及或越过进攻线，击球后脚可以落在前场区。如果后排队员触及进攻限制线或前场区，即在前场区完成进攻性击球时，被触球的一部分必须低于球网上沿，否则判为后排队员进攻性击球犯规。

（六）拦网

运动员靠近球网处阻拦对方来球的行动，称为拦网。拦网不算一次触球。

（七）进入对方场区和空间

在进攻性击球时，允许队员手过网，但击球点必须在本方场区空间内，否则为过网击球犯规。比赛中允许队员的一只脚或双脚（一只手或双手）的一部分越过中线触及对方场区地面。除手和脚外不允许身体的其他部分触及对方场区。

（八）比赛间断

正常的比赛间断为暂停和换人。当比赛成死球时，在裁判员鸣哨发球前，教练员或场上队长可用手势请求比赛的间断。在前四局中，当比分达8分和16分时，实行技术暂停，每次1分钟。每队还有一次自主请求的普通暂停，一次暂停的时间为30秒。在决胜局中，每队有两次普通暂停，没有技术暂停。每一局每队最多可替换6人次。

（九）犯规和判罚

比赛中，如果队员的动作或行为违反规则而犯规，应分别予以判罚。如果属于动作犯规，则判对方队赢1分或获得发球权。如果属于不良行为，裁判员应以手势或语言进行警告。如果属于粗鲁性行为，裁判员出示黄牌，判罚一分。如果属于冒犯行为，裁判员出示红牌，判罚取消本局比赛资格。如果属于侵犯性行为，裁判员出示红黄牌（两手分别持），判罚取消其全场比赛资格。

（十）胜一分、胜一局和胜一场

比赛采用每球得分制，胜一球即胜一分。

比赛的前四局先得25分，且同时超出对方2分为胜一局。当比分为24∶24时，比赛继续进行至某队领先2分为胜一局。决胜局先得15分，且同时超出对方2分的队获胜。当比分为14∶14时，比赛继续进行至某队领先2分为止。

四、橄榄球运动的基本规则简介

（一）场地与器材

（1）场地：英式橄榄球比赛场地长100米，宽70米，两端各有达阵区，达阵区长5～22米。美式橄榄球场地长约110米，宽约50米。

（2）器材。橄榄球通常指英式橄榄球和美式橄榄球。二者的用球在尺寸、重量和形状上都具有明显区别。英式橄榄球的球体更接近椭圆形，看起来比美式橄榄球更“圆胖”一些。其长轴为740～770毫米、短轴为580～620毫米，重量为410～460克。美式橄榄球的球体更加修长，两端有明显的尖角，更容易被单手抓起和长距离传球。其长侧周长（沿球体最长的曲线）约为724～737毫米，短侧周长（绕球体最粗部分）约476～489毫米，重量为397～425克。

（二）比赛时间安排

（1）英式橄榄球：全场80分钟，分上下两半场，中场休息10分钟。

（2）美式橄榄球：共四节，每节15分钟，节间休息2分钟，中场休息12分钟。

（三）比赛开始与开球

比赛开始前，通过扔硬币来决定选择开球或防守场地等。英式橄榄球开球，每半场由开球队员在中线中点定踢；一方得分后，另一方在中线中点或后方落踢。开球方队员站在球后，对方队员站在本方半场的10码（1码≈0.914米）线后，踢出的球要越过对方的10码线。美式橄榄球在上半场和下半场开场时，或达阵等情况发生后，开球队从该队的30码线处踢脚开球。

（四）得分方式

（1）英式橄榄球：达阵得5分，达阵后在达阵点与球门线的垂直假想线上定点踢射门，射中得2分；因犯规被罚踢射门或比赛中落踢射门，射中得3分。

（2）美式橄榄球：达阵得6分，达阵后可选择在达阵点所在且平行于边线的任一位置定踢射门，进门得1分，也可选择再次达阵得2分；罚踢或反弹踢进入横梁上方球门得3分；防守方将进攻方拦截在进攻方端线内，防守方得2分。

（五）控球与传球

橄榄球比赛中，控球方应在合理冲撞区内进攻。传球只能回传或横传，不可向前传，攻方队员超越持球队员接球被判越位，由对方在越位地点罚踢任意球。

（六）争球

对阵争球：各方派出3名前锋队员，并肩站成横排，面对面躬身顶肩，中间形成通道，其他前锋队员站后面，组成3-2-3或3-4-1阵型。由犯规队的对方队员在对阵一侧1码外，双手低手将球抛入通道。

球出界争球：球出界时由对方队员在球出界地点抛球入场。双方前锋队员在距边线5～15码处，面对边线各排成一纵队，两队相距2英尺（1英尺≈0.3048米），当抛球队员抛球到他们头上时，双方队员3人一组，两人举起中间的人争球。

（七）犯规与处罚

常见犯规包括越位、拉人、危险擒抱、阻挡不持球队员等。美式橄榄球中，每次对阵进攻，当球放在地上时，进攻队员越过争球线或踢任意球时，同队队员只要超过限制线，均为越位，判犯规队后退1.525米。犯规后，对手通常会获得罚踢或球权等。

此外，七人制橄榄球是橄榄球的一种变体，每队7人，比赛场地为14米×7米的长方形，比赛时间为14分钟，上下半场各7分钟，中场休息2分钟。其规则在一些细节上与传统的英式或美式橄榄球有所不同，如在踢球方式等方面有特殊规定。

五、飞盘运动的基本规则简介

（一）场地与器材

（1）场地：长100米、宽37米的草地，四周环绕边线，每边各有一个37米宽、18米长的得分区。得分线分隔中心区域和得分区域，中心区有砖头点，场地两侧距离边线分别有3米和6米的虚线。

（2）器材：官方比赛用飞盘重175克，队员须穿区别于其他队伍的队服，不得穿可能伤害他人或妨碍对手的服装或装备。

（二）比赛人员与流程

（1）人员：每队7名队员上场，分公开组、女子组和混合组，混合组至少3名女队员在场。

（2）流程：比赛持续100分钟，目标分通常为15分。一场比赛分上下半场，有队伍获得8分时进入下半场。每次得分后，双方交换防守得分区，得分队伍成为防守方开盘。

（三）比赛规则

（1）开盘：比赛由防守方投掷飞盘开始。开盘前，进攻队员一只脚站在防守得分线上，防守队员的脚完全放在得分线后。若有队伍违反规则，对方可示意越位违例。

（2）持盘与传盘：持盘人不可持盘移动，需在10秒内将飞盘传出，否则判违例，对方获盘权。传盘过程中飞盘不得触地，否则对方获盘权。

（3）得分：己方队员在对方防守的得分区中成功接住飞盘得1分。

（四）犯规与争议处理

（1）犯规：禁止身体接触，防守方对进攻方队员有身体接触即被判犯规，进攻方依旧持盘进攻。

（2）争议处理：队员担当裁判员角色，依靠飞盘精神解决争议。讨论后若不能达成一致，飞盘返回到最后一个无争议的持盘人手中。

（五）其他规则

（1）比赛状态：开盘前、开盘后或攻防转换后持盘队员建立轴心前、比赛中断、飞盘击中地面后为“死盘”状态，无攻防转换。

（2）队伍构成：每支队伍一个回合上场7人，得分后可无限制替换队员，每队需设一名队长。

（3）示意规则：队员示意时要知晓规则、保持公正客观等，鼓励良好飞盘精神行为，避免违反飞盘精神的行为。

知识拓展

陆地冲浪、桨板、腰旗橄榄球、飞盘——小众体育运动升温

在全民健身和消费升级的大背景下，陆地冲浪、桨板、腰旗橄榄球、飞盘等小众体育运动逐渐进入大众视野，这些新潮运动不仅调动了人们参与体育运动的热情，还拉动了体育消费，促进了体育产业发展。

相比篮球、足球、乒乓球等耳熟能详的大众体育运动，小众体育运动在我国的参与度并不高，即便是新晋网红运动飞盘，其国内玩家也只有50万人左右，桨板运动长期参与人数仅有10多万人。但是“麻雀虽小五脏俱全”，在全民健身和消费升级的大背景下，小众体育运动呈现欣欣向荣的发展态势，正在成为越来越多人运动健身的新选择。

在小众体育运动兴起的背后，我们不难看到社交媒体的身影。小红书发布的《2022十大生活趋势》显示，飞盘相关搜索量比2021年同期增长约24倍，腰旗橄榄球笔记发布量在今年3月份迎来爆发式增长，而后者前不久还作为候选项目进入了2028年洛杉矶奥运会；大众点评数据显示，2022年6月份以来，陆地冲浪的搜索量比年初上涨12倍，与陆地冲浪相关的评价增幅达380%。

中国管理科学学会体育管理专业委员会副秘书长认为，正是得益于头部社交媒体的力推，小众体育运动才在短时间内得到了海量关注，并带动一部分群体尝试，继而在平台上进行展示和分享。如此循环，头部社交平台增加了注册用户、巩固了市场地位，大众找到了新的健身项目和情绪表达出口，小众体育运动原有社群的运营能力大幅提升，相关俱乐部如雨后春笋般涌现，最终形成了飞盘潮、骑行热等现象级事件。

目前，小众体育运动还面临发展不够规范、标准规则不健全、缺乏稳定消费群体等一系列问题。对此，相关学者指出，小众体育运动消费旺盛的前提是该项目具有持久的生命力，这需要政府、协会、学校、媒体、社群、俱乐部、厂商等联手共推，从政策引导、赛事筹办、活动组织、教育培训、氛围营造、场地管理、产品供给等方面不断发力，深挖市场潜力、精准供需匹配、完善服务体系，打造可持续的商业模式，让小众体育运动为全民健身不断注入新动能。

（资料来源：人民网，2022年8月21日，有修改）

◆ 思政园地

排球运动为何在鄂尔多斯草原如此火爆

9月初的内蒙古自治区鄂尔多斯草原已经秋风轻拂，凉意袭人。2024年9月7日晚，鄂尔多斯草原村排超级联赛年度总决赛在鄂托克前旗马兰花广场举行。比赛开始之前，整个广场已经被拖家带口前来观赛的当地百姓挤得水泄不通。如此盛况也从一个侧面展现了排球运动在当地的火爆。

鄂尔多斯草原广泛开展的群众性排球运动在近两年成为基层群众体育发展的一个典型案例，与南方的“村BA”“村超”形成了南北呼应。草原村排虽然是近两年才声名鹊起，但当地群众性排球运动的开展其实已有50多年的历史。在当地最早开始开展群众性排球运动的昂素镇毛盖图社区，建有一个小型的排球展馆。记者在这里了解到，早在20世纪六七十年代，一群来自江苏南京的知青在插队到伊克昭盟（现鄂尔多斯市）鄂托克前旗昂素镇后，将排球带到了这片草原，带动了当地农牧民朋友开始参与这项运动。时至今日，当地五六十岁以上的排球爱好者依然人数众多，而他们基本都是南京知青在当地播下排球种子之后的第一批受益者。

据介绍，鄂托克前旗昂素镇共有室外排球场地24处，室内排球馆3处，村级排球场地覆盖率达90%。当地不断加大对群众性排球运动的支持，使排球场地建设、排球赛事组织、村民素质等多方面实现了提升。

在群众性排球运动的开展对推动当地和谐社会的建设上，鄂托克前旗昂素镇乌兰胡舒嘎查党支部负责人也深有感触。乌兰胡舒嘎查是鄂托克前旗建有村级排球馆的嘎查之一，负责人指着排球馆入口处的“入馆规定”向记者表示，这是村民们自发制定的入馆规定，要求大家不能酒后入馆、不能在馆内抽烟等。村民们都自觉遵守这些规定，在享受排球运动的过程中提升了个人文明素质。

农牧民们自己打排球、受益于排球，也把这个爱好作为一种传承传递给下一代。在鄂托克前旗第一小学，排球是学校的第一运动。刚刚从这里毕业的初一学生乌达木已经树立了想成为一名排球运动员的目标。她说，自己也是在参与排球运动的过程中，更加理解了女排精神的内涵。

（资料来源：新华报业网，2024年9月10日，有修改）

◎ 案例简析

近年来，飞盘运动成为一种潮流运动，受到年轻人的喜爱。一片绿草地、一个塑料盘子、十来个人，就可以开赛。根据全国飞盘运动推广委员会的不完全统计，2021年中国参与飞盘运动的玩家大约有50万人。

飞盘运动的规则很简单，参与者只能依靠传递将飞盘传入得分区，如果飞盘落地，则攻守易主。此外，在运动过程中不允许队员之间有身体接触，因此不同身体条件的人都可以参与，男女老少可以同场竞技。飞盘运动的一些规则与其他运动有相似之处，如接到飞盘后不能走步、持盘有时间限制等，这让一些参与者既觉得熟悉，又有新鲜感。

飞盘运动主要的技术动作是掷飞盘和接飞盘。掷飞盘常用的有反手掷飞盘和正手掷飞盘，两者都是利用腰腹核心发力至上肢，肩与手臂相互配合产生鞭打动作，最终将飞盘掷出，其主要的动作要领是核心发力、送手和抖腕。接飞盘的主要技术动作为薄饼式接盘（双手夹盘）。这一方式最为稳妥，是初学者最先掌握的接盘方式，一般当飞盘在腰部以上、肩膀以下位置时使用。

此外，跑动也是飞盘运动中重要的技术动作。在运动中，参与者要在不同情形下急停、急起、变向、冲刺等，这对参与者的心肺耐力、速度、灵敏性、协调性等有一定的锻炼作用。

设备廉价、设施简单、安全易行、运动节奏快、胜负充满变数等优点，使飞盘运动独具魅力。该运动的缺点则是，如果参与者在未做好运动防护的情况下剧烈运动，极容易发生运动损伤。

在飞盘运动中，参与者经常需要盯着飞盘进行跑动，这时容易出现无接触损伤。研究显示，飞盘运动损伤的发生率约为3.33%。飞盘运动中最容易发生下肢损伤，占所有飞盘运动损伤的72%，其中最常见的是大腿肌肉拉伤和踝关节韧带损伤。上肢损伤常见的部位有前臂和肘关节、手指和手腕、上臂和肩关节等。

请结合以上案例，简述飞盘比赛的注意事项。

解析

实训项目

2024年全国腰旗橄榄球冠军赛

2024年10月3日，由国家奥林匹克体育中心和中国橄榄球协会主办的2024年全国腰旗橄榄球冠军赛、全国青少年U系列腰旗橄榄球冠军赛在天津体育学院盛大开幕。2024年全国腰旗橄榄球冠军赛、全国青少年U系列腰旗橄榄球冠军赛等精英汇聚，高手如林。

本次全国腰旗橄榄球冠军赛和全国青少年U系列腰旗橄榄球冠军赛作为国内腰旗橄榄球赛事的璀璨第一站，如同一声嘹亮的号角，奏响了我国腰旗橄榄球发展新征程的激昂乐章，为后续系列精彩赛事埋下了令人期待的伏笔。

假如你是组织者，请你为本场腰旗橄榄球冠军赛制定赛事规则。

解析

学中做 做中学

谈一谈集体得分类运动项目的规则有哪些共同点？

解析

项目三 集体得分类运动项目编排

一、编排原则

集体得分类运动项目赛事编排需遵循以下原则，以保障赛事公平、高效、有序开展。

(1) 公平公正。

科学分组与安排出场顺序，依据实力匹配对手，确保各队竞赛条件均衡，避免因顺序、分组而出现不公平情况。

(2) 合规性。

严格遵循项目竞赛规则，明确赛制、计分、判罚等标准，同时结合赛事级别与特色调整规则细节。

(3) 高效有序。

合理规划赛程密度与时间间隔，提升场地与设备使用效率，减少队伍及观众等待时间。

(4) 体验优化。

将焦点赛事安排在黄金时段，结合观众偏好设置赛程，提升观众体验。

(5) 安全保障。

预留应急时间应对突发状况，合理规划运动员参赛强度与频次，规避体能透支风险。

(6) 竞争合理。

避免队伍连续遭遇高强度对抗，比赛强度随赛程推进逐步升级，维持竞技悬念。

(7) 项目均衡。

合理分布赛事小项与难度系数，确保各场次项目难度、类型总体一致，避免资源倾斜。

(8) 后勤保障。

统筹交通、住宿与物资供应，保障场地器材维护、医疗支持及时到位，减少外部干扰。

(9) 媒体协同。

配合媒体转播需求规划赛程，预留采访时段，提供报道便利，扩大赛事传播影响力。

(10) 灵活应变。

制定应急预案应对天气、伤病、规则变动等突发情况，确保赛事具备动态调整能力。

二、集体得分类运动项目赛事编排方法

(一) 足球

1. 足球竞赛制度

足球竞赛制度主要根据主观愿望和客观条件来制定，如目的、任务、时间、场地、队数、水平、住宿、交通、经费等因素。常用的足球竞赛制度有循环赛制、淘汰赛制和混合赛制三种。

(1) 循环赛制。循环赛制主要分为单循环、双循环、分组循环三类。

①单循环。单循环就是所有参加比赛的球队在比赛中都要相遇一次，最后按各队在全部比赛中的比赛成绩排列名次。

②双循环。双循环就是所有参加比赛的球队在比赛中要相遇两次，最后按各队在全部比赛中的比赛成绩排列名次。

③分组循环。分组循环所有参加比赛的球队分成若干组，各组进行单循环决出各组名次，然后再按竞赛规程中规定的办法进行下一阶段的比赛。

（2）淘汰赛制。

淘汰赛制包括单淘汰、双淘汰两种方式。淘汰赛制的特点是节省时间，常用于参赛队伍多、时间紧或经费有限的比赛。

①单淘汰。单淘汰指在比赛中输一场球即失去继续比赛的资格，获胜一方继续比赛，直至最后产生冠军为止。

②双淘汰。双淘汰指输两场球即失去比赛资格，获胜一方继续比赛，直至最后产生冠军为止。

（3）混合赛制。

混合赛制是指把比赛分为两个阶段，前一阶段采用循环赛制，后一阶段采用淘汰赛制。

2. 赛程编排要点

（1）时间规划。

①确定总周期（如联赛跨季度，杯赛集中1～2周）。

②预留休息日，避免球员疲劳（职业赛事通常每周1赛）。

（2）场地与场次。

①固定主场或轮换场地（联赛常用主客场制，友谊赛可选择中立场地）。

②计算总场次。

单循环：$n(n-1)/2$（n为队伍数）。

淘汰赛：$n-1$场（决出冠军）。

（3）公平性原则。

①避免强队过早相遇（淘汰赛种子队分区抽签）。

②平衡主客场顺序（双循环赛主客场交替）。

3. 常见赛事类型编排示例

（1）校园/业余联赛。

方案：8支队伍参加单循环赛，共28场，积分前4名进入半决赛（淘汰赛）。

周期：每周六日各2场，4～6周完成。

（2）大型杯赛（如世界杯等）。

第一阶段：32队分8组（每组4队单循环，前2名出线）。

第二阶段：16强淘汰赛（直至决出冠亚季军）。

（3）友谊赛/商业赛。

灵活组队（如明星队对抗、跨地区交流等），赛制可自定义（单场决胜负或限时赛）。

4. 辅助工具与注意事项

工具：用Excel或赛事管理软件（如SportyHQ）制作赛程表，标注时间、场地、裁判员等信息。

应急方案：预留备用日期以应对天气等突发情况。

宣传：提前公布赛程，吸引观众（线上直播或线下观赛）。

5. 赛程编排示例

8支球队的混合赛制赛程编排见表1-1。

表1-1　8支球队的混合赛制赛程编排示例表

阶段	时间	内容
报名	第1～2周	发布通知，收集队伍信息，抽签分组（分2组，每组4队）
小组赛	第3～6周	每周六日各赛2轮（每组每天1场），共6轮/组，决出每组前2名（共4队出线）
淘汰赛	第7周的周六	半决赛，下午2场连赛
决赛	第7周的周日	季军赛（半决赛负者）+冠军赛（半决赛胜者），上午、下午各1场

（二）篮球

1. 赛事类型与赛制选择

（1）常见赛事类型。

联赛制：如NBA、CBA，长期主客场循环赛，积分决定排名。

杯赛制：如奥运会、世界杯等，短周期集中比赛，淘汰或分组晋级。

锦标赛：如美国大学体育协会男子篮球锦标赛，单场淘汰赛，快速决胜负。

（2）赛制核心模式。

循环赛制：每队与其他队均交手一次（单循环）或两次（双循环），积分最高者胜。

淘汰赛制：单淘汰（输一场即出局）或双淘汰（输两场即出局），适合时间紧凑的赛事。

混合赛制：先分组循环，再交叉淘汰（如世界杯小组赛+淘汰赛）。

2. 编排流程与关键步骤

（1）确定基本信息。

参赛队伍数：如8支、16支或更多。

比赛时间：总时长（如7天）、每日场次（如4场/天）。

场地数量：1个主场地或多个分场地。

组别划分：是否分年龄组（如U18、成年组）、性别组（男/女）。

（2）分组与种子队设置。

种子队原则：根据过往成绩设种子队（如前4名为种子队），避免强队过早相遇。

续表

分组示例（以16队为例）：分4组（每组4队），种子队分散到各组（如A组1号种子，B组2号种子等）。每组前2名晋级淘汰赛（共8队）。

（3）赛程表编排。

表1-2为5支球队的单循环赛赛程安排。

表1-2　5支球队的单循环赛赛程安排表

轮次	对阵队伍	对阵队伍	轮空队
第1轮	A队 VS B队	C队 VS D队	E队
第2轮	A队 VS C队	B队 VS E队	D队
第3轮	A队 VS D队	C队 VS E队	B队
第4轮	A队 VS E队	B队 VS D队	C队
第5轮	B队 VS C队	D队 VS E队	A队

注：每轮有1队轮空，赛程紧凑，适合连续比赛日。

（4）比赛时间安排。

单场比赛时长可参考以下两种方式：

①国际篮球联合会。比赛共4节，每节10分钟，加时赛5分钟。

②NBA。比赛共4节，每节12分钟，加时赛5分钟。

需要注意的是，两场比赛至少间隔30分钟（用于热身、场地整理等）；避免同一队伍单日连续进行两场比赛。

（5）积分规则与排名规则。

循环赛积分：胜1场得2分，负1场得1分，弃权得0分。

积分相同者按相互胜负关系、净胜分、总得分排序。

3. 特殊情况处理

（1）队伍数量为奇数。

循环赛中设置“轮空”场次，如5队时，每轮1队轮空，共5轮，赛事编排参照表1-2。

（2）时间和场地受限。

采用小组内交叉赛，如12队分3组，每组4队，每组前2名出线，出线后直接进入8强淘汰赛。

（3）商业赛事需求。

安排“焦点战”：将强队对决放在黄金时段（如周末晚场），吸引观众。

预留休息日：大型赛事（如超过10天）每5天设1个休赛日。

4. 工具与辅助编排

手动编排：使用Excel或赛程表模板，逐项填写对阵、时间、场地。

可以选择以下软件工具辅助编排：

（1）True Tournament：支持循环赛、淘汰赛自动编排，生成赛程表。

（2）SportyHQ；适合大型赛事，可管理队伍、积分，实时更新结果。

5.赛程编排示例

8支球队的混合赛制赛程编排见表1–3。

表1–3 8支球队的混合赛制赛程示例表（7天）

比赛天数	阶段	内容
第1～3天	小组赛（单循环）	分2组（每组4队），每组前2名晋级（共4场/天，3天共12场）
第4天	半决赛	小组第1 VS 另一组第2（2场）
第5天	决赛	半决赛中，胜者将争夺冠军，负者将争夺季军（两场）
第6～7天	表演赛/颁奖	可选择附加赛或娱乐环节，闭幕式颁奖

6.注意事项

（1）公平性：避免强队过早相遇，种子队合理分布。

（2）合理性：赛程密度适中，避免运动员疲劳受伤。

（3）灵活性：预留备用场地或时间，应对突发状况。

（4）观赏性：平衡强弱对阵，保证比赛具备悬念与精彩度。

（三）排球

1.赛制选择

（1）循环赛制。

单循环：每队互赛1次，积分排定名次（适合8～12支队伍的中小型赛事），如10支队伍单循环共45场，每周3场，约15周完成。

双循环：每队主客场各赛1次（多用于职业联赛，如中国女排超级联赛等）。

（2）淘汰赛制。

单淘汰：抽签对决，胜者晋级（适合快速决胜负，如赛事后期阶段）。

关键：强队设为种子队，避免过早相遇（如4支种子队分入不同半区）。

附加赛：半决赛负者可争夺季军（增加参与感）。

（3）混合赛制（常用）。

第一阶段：分组循环，如16队分4组（A、B、C、D），每组4队单循环，前2名出线进入8强淘汰赛。

第二阶段：交叉淘汰，A1 VS B2、B1 VS A2、C1 VS D2、D1 VS C2，直至决赛。

2.赛程编排要点

（1）时间与场次规划。

单场时长：60～90分钟（每局25分制，3局2胜；决赛可设5局3胜）。

根据不同比赛类型，赛程密度安排也不同，具体如下：

若为业余赛，则每队每日最多1场（避免疲劳）。

若为职业赛，可每日安排2～3场（大型比赛适用，不同场地同时进行）。

（2）场地与轮次设计。

①场地。

固定场地：集中赛会制（如锦标赛）使用1～2块场地，标注边线、进攻线。

主客场制：联赛采用（如A队主场VS B队客场，次回合交换场地）。

②轮次计算。

单循环场次：$n(n-1)/2$（n为队伍数）。

淘汰赛场次：$n-1$场（决出冠军）。

（3）公平性原则。

小组抽签：种子队分散入组（如8队分2组，每组1支种子队+3支非种子队）。

攻防平衡：决赛前避免强队连续对阵高强度对手（如半决赛，A1对阵B2）。

3. 常见赛事编排示例

（1）校园排球联赛（12队）。

①赛制。

分3组（每组4队）单循环，每组前2名+两个成绩最好小组的第3名（共8队）进入淘汰赛。

②赛程。

小组赛：每周六日各赛2轮（每组每天1场），3周完成。

淘汰赛：1/4决赛（1天）、半决赛（1天）、决赛（1天），共3天。

胜负判定：小组赛3局2胜，淘汰赛5局3胜，决胜局15分制。

（2）大型排球锦标赛（如世锦赛等）。

第一阶段：24队分4组（每组6队单循环，前4名出线），共60场。

第二阶段：16队分组复赛（每组8队，第一阶段不分积分），前4名进8强。

第三阶段：交叉淘汰赛（八强→四强→决赛），共7场。

（3）友谊赛/商业赛。

灵活赛制：可设限时赛（如60分钟内得分高者胜）、趣味规则（如混合性别组队）。

表演性质：安排明星队对抗，穿插扣球表演、观众互动等环节。

4. 执行细节与配套工作

（1）人员与物资清单。

裁判组（每场）：主裁判1名、副裁判1名、记录员1名；赛前检查球网高度（男子2.43米，女子2.24米）、标志杆。

必备物资：排球（3～5个备用）、记分牌、换人牌、暂停牌、卷尺（检查网高）。

（2）数据记录与宣传。

技术统计：记录扣球成功率、拦网得分、发球失误等（职业赛事可使用视频分析系统）。

宣传物料：赛程表（标注场地、时间、对阵等）；线上直播（抖音/视频号），实时更新积分榜（如“XX队暂列A组第一”）。

（3）特殊场景应对。

队员受伤：允许每局1次医疗暂停（5分钟），重伤可替换未报名替补（需裁判员批准）。

设备故障：球网破损时，启用备用网（15分钟内修复），否则延期至次日同一场地。

积分相同：优先比较胜负关系，其次看局分胜负比（如A队3：0胜B队，则A排名靠前）。

5. 成本预算参考（业余赛事）

业余赛事成本预算参考见表1-4。

表1-4 业余赛事成本预算表

项目	费用	说明
场地租赁	800～2000元/周	学校场地免费，社会场地约200元/小时
裁判员费用	150～300元/场	业余裁判员150元，专业裁判员300元+
物资采购	500～1000元	排球、网绳、急救包等
宣传/奖品	300～800元	奖杯、证书、海报等的制作

6. 辅助工具与流程优化

赛程制作：用Excel或排赛程软件自动生成轮次表，避免比赛冲突（如某队同一天两场比赛）。

应急方案：预留1个备用比赛日。

赛后总结：收集队伍反馈，优化下届赛制（如增加复活赛环节提升队伍参与度）。

以上编排方法，可确保排球赛事兼顾竞技性与参与体验，从基层校园赛到大型联赛均适用。关键是明确规则细节（如自由人替换规则、鹰眼挑战机制等），并通过标准化流程提升执行效率。

（四）橄榄球

1. 赛程编排原则

（1）周期与频率。

职业联赛通常跨年度（如8月—次年5月），设常规赛、季后赛、总决赛。

国际赛事多集中在窗口期（如每年11月、6月的国家队比赛日）。

（2）场地与场次。

主客场制：俱乐部联赛常采用，提升球迷参与度。

集中赛会制：世界杯、锦标赛等常采用，短时间内密集比赛。

（3）对手匹配。

同级别球队优先对阵，避免实力悬殊（如分组循环赛）；青少年级别按年龄/体重分级，确保安全性。

2. 关键环节设计

（1）赛前准备。

报名：确认球员资格（如国籍、注册俱乐部等）。

装备检查：护具、球、计分设备符合国际标准。

（2）赛中流程。

时间结构：英式橄榄球15人制，上下半场各40分钟，中场休息10分钟；美式橄榄球共四节，每节15分钟，含多次暂停和节间休息。

裁判员团队：主裁判、边线裁判员、视频助理裁判员，确保判罚准确。

（3）赛后管理。

医疗保障：及时处理伤病（如脑震荡评估）。

数据统计：积分、达阵数、传球成功率等。

3. 特色项目拓展

触式橄榄球：无身体冲撞，适合大众参与，可设混合性别赛。

沙滩橄榄球：夏季推广，规则简化，侧重娱乐性。

企业/校园联赛：按照单位组队，设置趣味规则（如限时赛、积分换装备），以降低参与门槛。

4. 注意事项

安全性：青少年赛事限制冲撞强度，引入升级护具（如头盔缓冲技术）。

商业平衡：合理安排电视转播时段，避免与其他热门赛事产生冲突。

文化融合：国际赛事中加入本土文化表演，提升观赏性。

（五）飞盘

1. 基础体验类项目（适合新手/团建）

（1）飞盘掷准赛：场地画同心圆靶区，选手距靶10～15米掷盘，命中不同环数计分，累计最高者胜。

（2）飞盘接力赛：分组接力传递飞盘，限时内完成次数最多或距离最远的队伍获胜，需配合跑动与传接。

（3）躲避飞盘大战：类似“躲避球”，双方用飞盘攻击对手，被击中者淘汰，最后存活队员多的队伍获胜。

2. 竞技比赛类项目（适合进阶玩家/赛事）

（1）极限飞盘：团队对抗赛，通过传接盘推进至得分区得分，无裁判员，强调“精神比赛”（体育道德自律）。

（2）飞盘高尔夫：在户外场地设置目标筐，选手用飞盘投掷，以最少次数将飞盘投入筐者胜，类似高尔夫球规则。

（3）勇气赛：两人或两队对掷飞盘，一方未接住或出界则失分，考验爆发力与接盘稳定性。

3. 趣味创意类项目（适合亲子/派对）

（1）蒙眼接盘：一人蒙眼转圈后，另一人喊“接”并掷盘，蒙眼者接住即得分，考验反应与默契。

（2）障碍传盘赛：设锥形桶、绳网等障碍，选手需绕过障碍完成传接盘，用时最短的队伍获胜。

（3）飞盘保龄球：用飞盘击倒排列的矿泉水瓶，击倒数量最多者胜，可调整投掷距离增加难度。

4. 主题活动编排建议

（1）新手友好型活动：先安排30分钟基础教学（如握盘、掷盘、接盘等），再进行趣味项目（如掷准、接力等），最后自由体验。

（2）赛事型活动：小组循环赛（极限飞盘）→ 淘汰赛 → 决赛，搭配裁判员和积分系统，赛后设颁奖环节。

（3）亲子活动：家长与孩子组队，主打低强度项目（如蒙眼接盘、障碍传盘赛等），穿插休息和互动游戏。

5. 注意事项

（1）场地安全：选择开阔无障碍物的草坪或空地，避开人群密集区域。

（2）装备准备：根据人群年龄选盘（儿童用轻软盘，成人用标准竞技盘），备好急救包。

（3）规则简化：新手局可放宽规则（如允许跑动中接盘），降低参与门槛。

可根据具体需求组合项目，搭配主题装饰（如荧光飞盘夜场）或奖品（如飞盘周边、运动装备等），以提升体验感。

知识拓展

延续与优化——《中国青少年足球联赛赛事组织工作方案》解读

日前，教育部、国家体育总局、中国足球协会联合发布《中国青少年足球联赛赛事组织工作方案》。中国足球协会相关部门负责人表示，与三年前的版本相比，新版方案的设计思路在保持总体稳定的基础上，又根据办赛经验对部分细则进行了优化。与此同时，办赛理念也从“扩数量”到“增质量”逐渐转变。

2022年6月，《中国青少年足球联赛赛事组织工作方案（2022—2024年）》出炉。中国青少年足球联赛（以下简称“中青赛”）的指导单位为教育部和体育总局，主办单位为中国足球协会。赛事分为小学、初中、高中、大学四个年龄段，设置

18个组别，根据不同年龄段特点，安排符合青少年身心发展和足球人才培养规律的赛制。体校代表队、学校代表队、俱乐部青训梯队、社会青训机构等均可参赛。在此之前，原有的全国性青少年足球赛事由教育、体育部门分别组织，造成了在参赛资格上的壁垒和限制。中青赛的举办是国家落实体教融合的具体举措，起到了探索、示范和带动作用。

三年来，中青赛的发展稳中向好，在覆盖面、参赛规模、竞争力和社会影响力等方面不断提升，不久前入选国家队的小将王钰栋、刘诚宇也有过在该项赛事中亮相的经历。

据介绍，过去三年中青赛不断完善竞赛体系，尤其是做好地方赛事与全国总决赛的衔接工作。本次方案最大的亮点在于男子U13、U15、U17组别均增加了大区赛赛制，这既是基于我国幅员辽阔的特点，也是出于赛事体系本身考虑，同时参考了国际经验。

在现代青少年的追踪培养中，信息化平台在数据整合、资源共享方面作用明显。据介绍，前三届赛事全国总决赛阶段均使用了“足球中国”App系统，对赛事基础数据收集起到重要作用。但此前未对地方赛事进行总体要求，相关数据查找和追溯存在较大困难。

为了更好跟踪和掌握中青赛参赛运动员、教练员、裁判员和竞赛官员的数据信息和有关情况，为国家及地方各级人才选拔、赛事数据积累、科学研究、赛事监督等提供有力支撑。新版方案要求各省、市地方赛事办公室统一使用“足球中国”平台进行参赛报名、竞赛官员选派、赛程制定、比分录入、报告填写等赛事组织工作，做好赛事数字化管理。

此外，在中青赛竞赛设计基本原则中，加入了赛风赛纪管理要求。这凸显了国家层面对加强青少年赛风赛纪管理的重视，从而引导青少年树立正确的人生观和价值观，将足球竞赛作为培养青少年规则意识和道德规范的有效途径，营造风清气正、公平公正的竞赛环境。

（资料来源：新华网，2025年4月21日，有修改）

◆ 思政园地

传承体育精神 向奋斗者致敬

中国篮球名人堂，作为中国篮球界的荣誉殿堂，汇聚了不同时期为中国篮球事业作出贡献的名宿。一代代篮球人的奋斗故事，照亮了中国篮球运动的漫漫征途。而CBA和WCBA全明星赛开展的传承活动，巧妙地以篮球名人堂为纽带，搭建起一座连接过去、现在与未来的桥梁，在激励年轻一代运动员方面发挥着非常重要的作用。

“致敬”与“传承”是中国篮球奋进征程上的关键词。第30届CBA全明星周末，一场跨越时空的对决在中国男篮“黄金一代”与吉林男篮传奇队之间上演。刘玉栋、王治郅、胡卫东和巩晓彬等篮球名人堂入堂人物重新踏上他们曾经挥洒汗水的球场，还有马立军、杨茂功和王卓平三位德高望重的裁判重新“披挂上场”执裁比赛。今年WCBA全明星周末上，郑海霞、韩旭和张子宇三代中锋的同框，体现了中国女篮在中锋位置的传承。

CBA和WCBA全明星赛的传承活动，为年轻一代运动员提供了近距离接触和学习老一辈篮球运动员拼搏奋斗精神的机会。在这些活动中，年轻运动员可以与篮球名人堂成员面对面交流，聆听他们讲述当年的比赛故事，感受他们在面对困难和挑战时的坚定信念。通过这种方式，年轻运动员们能够更加直观地理解拼搏精神的内涵，从而将其融入到自己的训练和比赛中。

老一辈篮球运动员在赛场上展现出的拼搏精神，是永远值得年轻一代学习的宝贵财富。他们在简陋的训练条件下，凭借着对篮球的热爱和执着，日复一日地刻苦训练。在赛场上，面对强大的对手，毫不畏惧，每一次进攻都全力以赴，每一次防守都拼尽全力。为了胜利，他们用顽强的意志和坚韧的毅力诠释着中国篮球的精神内涵。

CBA和WCBA全明星周末和篮球名人堂开展的传承活动，为年轻一代运动员提供了学习和成长的平台，激励着他们在篮球的道路上不断前进，为中国篮球事业的发展注入新的活力，而且这种对于体育精神的传承和弘扬，并不局限于球场上。今天我们以篮球名人堂为载体传承体育精神，向过去那些勇于追逐梦想的奋斗者致敬，就是因为篮球运动培养的拼搏、坚韧、自律和团队合作精神，可以激励和帮助人们在工作和生活中爬坡过坎，不断取得新的进步。

（资料来源：《中国体育报》，2025年3月28日，有修改）

◎ 案例简析

“姑妈篮球赛”，追逐梦想的另一种可能

“只要不把篮球抱回家就不算犯规”，这句略显夸张的话形象地概括了“姑妈篮球赛”的特点。大约20年前，一位摄影师在贵州省黔东南苗族侗族自治州雷山县排里村，拍到了几位苗族妇女正在打篮球，画面中一位身着民族服装的妇女，

抱着球准备上篮。另外几名妇女正在跑上来拦截，她们的容颜不够年轻靓丽，身体也有些臃肿，动作当然也谈不上规范，但她们脸上洋溢的那种开心与从容，却是那么动人。当地人称呼外嫁女儿为“姑妈”，因最初参与者主要是外嫁返乡的妇女，当地人便给这种形式新颖的篮球赛，取了一个十分接地气的名字——姑妈篮球赛。雷山县体育事业管理中心主任说，黔东南苗族侗族自治州素有“百节之乡”之称，篮球赛是当地群众庆祝节日的“标配”，但以前很少有女性会打篮球，他们就突破篮球圈的传统规则，创办了这个形式新颖的比赛。

“姑妈篮球赛”有一套独有的规则：“没有走步违例，球员可以抱着球跑，只要不是故意犯规，原则上都不会吹罚，双方比分相同时，不会进行加时赛，而是通过罚球决出胜负。”后来，“姑妈篮球赛”受到越来越多人的喜爱，逐渐走出雷山县，越传越广，“姑妈”也由特指外嫁返乡的妇女，演变为泛指女性。在黔东南州，很多地方都在打“姑妈篮球赛”，氛围很好，打球的人很快乐，看球的人也很快乐。

（资料来源：《农民日报》，2024年3月30日，有修改）

以上案例给我们带来了什么提示？

解析

实训项目

北京市东城区要举办2025年第二十届青少年足球联赛，参赛队伍为东城区10所小学，比赛地点设置在东城区体育中心。目前赛事策划组已联系到体育中心，因场地维护，目前只有2片场地可供赛事使用。

请你为这次赛事设计青少年足球联赛的对阵表，并说明设计的原理。

解析

学中做 做中学

解析

2025成都飞盘公开赛在成都市成华区城东体育公园盛大开幕，16支战队齐聚，将在为期两天的赛程中“挑战自我、勇向未来”。11支公开报名队伍与5支特邀队伍将奉献52场高水准的7人制混合团队飞盘较量。

依据集体得分类运动项目的编排原则，思考本次比赛应选择怎样的赛制？

模块二　隔网对抗类运动项目

教学提示

1. 隔网对抗类运动项目分类
2. 隔网对抗类运动项目规则
3. 隔网对抗类运动项目编排

隔网对抗类运动项目（如排球、网球、羽毛球、乒乓球等）作为现代体育竞技的重要组成部分，凭借其独特的攻防博弈特性、团队协作要求与体能智能综合较量，成为极具观赏性与参与度的运动。这类项目以球网为界，以“将球击入对方有效区域而使对手无法防御”为核心目标，既考验运动员的技术精准度、战术执行力与心理抗压能力，也折射出不同文化背景下运动理念的碰撞与融合。

项目一　隔网对抗类运动项目的概念与分类

一、隔网对抗类运动项目的概念

隔网对抗类运动项目是指运动员在比赛中被球网分隔于两侧，通过运用发球、击球、拦网等技术，在规则允许的范围内将球击入对方场地，同时阻止对方将球击入本方有效区域的一类体育竞技项目。这类项目强调运动员的反应速度、爆发力、战术配合以及空间感知能力，具有较强的竞技性和观赏性。

隔网对抗类运动项目是体育竞技项目中的一大类别，包括乒乓球、羽毛球、网球、匹克球等项目，其特点主要体现在以下几个方面：

（1）技术多样性：运动员需要掌握多种击球技术，如乒乓球有正手攻球、反手推挡、弧圈球、削球等技术，羽毛球有高远球、平高球、吊球、杀球、搓球、勾球等技术。运动员要通过不同的击球方式和线路变化，来创造得分机会和应对对手的进攻。除了击球技术，还包括步法移动技术，运动员以快速、灵活的步法来调整位置，确保能够准确地击球和保持良好的防守姿势。

（2）战术复杂性：隔网对抗类运动项目的战术丰富多样，运动员需要根据对手的特点和比赛局势进行灵活调整。例如，在网球比赛中，运动员可以采用发球上网战术，通过快速地发球和上网截击来压制对手；也可以采用底线进攻战术，依靠强大的底线击球力量和准确性来得分。

（3）场地器材特定性：这类项目都在特定的场地内进行，场地的大小、形状和地面材质等都有严格规定。例如，乒乓球球台是长2.74米、宽1.525米的长方形，离地面高76厘米；羽毛球场地长13.40米、宽6.10米（双打）或5.18米（单打），场地地面通常为木质或塑胶材质。不同项目使用的器材也各具特色，如乒乓球拍有不同的胶皮和海绵组合，以适应不同的打法；羽毛球拍的材质、重量和拍柄尺寸等也会影响运动员的发挥；网球拍的大小、重量和网线张力等都需要根据运动员的个人特点进行选择。

（4）比赛规则规范性：隔网对抗类运动项目都有详细、严格的比赛规则，以确保比赛的公平性和有序进行。例如，乒乓球比赛采用11分制，一局比赛中，先得11分的一方胜该局；羽毛球比赛采用21分制，一局比赛中，先得21分的一方胜该局。规则对各种技术动作和比赛行为都有明确规定，运动员必须熟悉并严格遵守规则，否则将面临失分或判罚。

（5）体能要求综合性：隔网对抗类运动项目对运动员的体能要求较高，运动员需要具备良好的耐力、速度、力量、灵敏性和协调性等综合素质。例如，在一场网球比赛中，运动员需要在较长时间内保持高强度的运动，不断地进行快速移动、击球和对抗，这就要求他们具备良好的耐力和力量。同时，羽毛球的杀球、匹克球的扣球等动作，都需要运动员具备强大的爆发力，以打出具有威胁性的球。此外，灵敏性和协调性也是关键，运动员需要在快速移动中准确地控制身体姿势和击球动作，以应对各种复杂的来球。

二、隔网对抗类运动项目的分类

隔网对抗类运动项目按照不同的分类标准可以分为不同的项目类别。

1.按比赛人数分类

（1）单打项目：如乒乓球单打、羽毛球单打、网球单打、匹克球单打等。比赛由两名运动员进行，各自负责自己场地一侧的击球和防守。单打更注重个人技术、体能和战术运用能力。

（2）双打项目：如乒乓球双打、羽毛球双打、网球双打、匹克球双打等。比赛由两队运动员进行，每队两名运动员，需要队友之间密切配合，协同完成进攻和防守任务。

（3）团体项目：如乒乓球团体、羽毛球团体、网球团体、匹克球团体等。团体项目中，乒乓球、羽毛球、网球和匹克球的赛制差距较大。在乒乓球项目中，一个队通常由 3名运动员组成。奥运会乒乓球比赛等赛事多采用5场3胜制，包括单打和双打。比赛顺序通常为第一场（B+C）VS（Y+Z）、第二场A VS X、第三场C VS Z、第四场A VS Y、第五场B VS X，其中第三场为双打。在羽毛球项目中，每个团体赛队伍由多名运动员组成，分别参加男单、女单、男双、女双、混双项目。汤姆斯杯为男子团体赛，尤伯杯为女子团体赛，苏迪曼杯为混合团体赛，采用5场3胜制，每场比赛为3局2胜，每局21分。网球项目的团体比赛人员要求和羽毛球项目比较相似，团队由多名运动员组成，参加单打和双打比赛。戴维斯杯和联合杯通常采用5场3胜制，包括四场单打和一场双打。霍普曼杯采用混合团体赛形式，每个比赛日由一场男单、一场女单和一场混双组成，以胜场数决定胜负。而匹克球团体赛最多报名10人，其中至少6名运动员（3名男运动员3名女运动员），团体比赛一般采用5场3胜制，包括男单、女单、男双、女双、混双五个项目。

2.按技术特点分类

（1）技巧类项目：如羽毛球、乒乓球，技术细腻多样，注重控球、落点变化、旋转和节奏的把握，需要运动员具备良好的手感、反应速度和身体协调性，旨在通过巧妙的技术动作来调动对手，创造得分机会。

（2）综合类项目：如网球、匹克球，兼具力量和技巧的要求，运动员既要有强大的发球和底线抽球力量，又要具备细腻的网前技术和精准的落点控制能力。

3. 按场地类型分类

（1）硬地项目：如网球中的硬地赛事，场地表面坚硬，球的反弹速度较快，要求运动员具备快速的移动能力和较强的反应能力。

（2）室内项目：排球、羽毛球、乒乓球等项目通常在室内场馆进行，受外界环境因素影响小，场馆内的灯光、通风等条件对比赛会有一定影响。

（3）室外项目：网球也有很多室外场地的比赛，如草地网球（温布尔登网球锦标赛），室外场地受天气、风向等自然因素影响较大，要求运动员能够根据场地和天气条件及时调整技术和战术运用。

知识拓展

为什么乒乓球能成为中国的“国球”？

2019年4月28日，随着瑞典“黑马”马蒂亚斯·法尔克回球下网，中国选手马龙以4∶1夺得了2019年世界乒乓球锦标赛（以下简称“世乒赛”）男单冠军，同时实现了世乒赛男单三连冠，至此，中国乒乓球队在本届世乒赛中成功包揽了5项冠军。由此，中国乒乓球队在世界大赛中斩获的冠军总数也更新为238个，其中包括28个奥运会冠军，中国无愧“乒乓球第一大国”的称号。

中华人民共和国成立70年来，体育事业取得伟大成就。党的十八大以来，以习近平同志为核心的党中央高度重视关心体育工作，亲自谋划推动体育事业改革发展，将全民健身上升为国家战略，推动全民健身和全民健康深度融合，加快推进体育强国建设。

习近平总书记强调：体育是提高人民健康水平的重要手段，也是实现中国梦的重要内容，能为中华民族伟大复兴提供凝心聚气的强大精神力量。

在中国体育发展史上，乒乓球项目的地位最为特殊。它拥有着最辉煌的竞技成绩、最庞大的群众基础和最深厚的文化底蕴。“人生能有几回搏，此时不搏何时搏”“一切从零开始”“小球转动大球”这些大家耳熟能详的口号和故事都来源于乒乓球。它们是中国乒乓健儿不断奋进的力量源泉，是深深影响中国体育人甚至社会各界的精神力量，是中国高速发展的助推剂。乒乓球因此也被称为中国“国球”。

目前，中国乒乓球人口将近1亿，其中有专业运动员2000人，业余体校3万人，同时，一周打两次以上、一次一小时以上的民间乒乓球爱好者有8300余万人。可见，乒乓球运动给人民群众带来了健康的体魄和快乐的心情，成为他们美好生活的重要组成部分。

体育强则中国强，国运兴则体育兴。2019年6月，在给北京体育大学2016级研究生冠军班的回信中，习近平总书记表示：“我看过你们不少比赛，每当看到我国体育健儿在重大国际赛事上顽强拼搏、勇创佳绩、为国争光时，我从心里面为大家喝彩。新时代的中国，更需要使命在肩、奋斗有我的精神。希望你们继续带头拼、加油干，为建设体育强国多作贡献，为社会传递更多正能量。”以“国球”乒乓球为代表的中国体育曾经、正在并仍将扮演重要而独特的角色：给国家和人民带来无数感动和荣耀，给大众百姓带来健康和快乐，承载着国家强盛、民族振兴的梦想，铸就着中华民族伟大复兴的体育强国梦。

（资料来源：人民网，2019年9月10日，有修改）

◆ 思政园地

体育赛事中展现的中国精神

2023年10月1日，中国队在杭州第19届亚运会（以下简称“杭州亚运会”）羽毛球男子团体决赛中战胜印度队，赢得了冠军。这场比赛无疑是中国羽毛球队的一次巨大胜利，不仅在比分上击败了对手，更是体现了中国队在羽毛球领域的强大实力。这场比赛中，中国羽毛球队发挥出色，球员之间相互信任、默契配合。例如，在关键分的争夺中，球员们根据场上形势迅速做出反应，展现出强大的团队凝聚力。面对对手的强劲攻势，他们没有互相指责，而是通过及时的沟通与协作调整战术，最后凭借高超的技术和出色的配合取得了胜利。

中国队的胜利离不开球员们日积月累的专业训练和严格要求。球员们在比赛中展示的迅速移动、快速反应以及精确的球路控制，无一不显示出其过硬的基本功和出色的操控能力。中国队获得冠军也不仅是球员们的努力，更得益于国家的重视和支持。多年来，中国一直将羽毛球作为重点培养和发展的项目，不仅加大了对羽毛球队的资金投入，还注重基础设施的建设和人才储备。这些努力给予了球员们支持和鼓励，使他们能够更好地准备比赛，赢得更多的荣誉。

中国羽毛球队的辉煌成就不仅给予了国人骄傲和自豪感，并且极大地提升了中国体育在世界舞台上的影响力。中国队在亚运会上继续刷新着自己的历史纪录，展示了中国体育的崛起和不断前进的势头。

这场比赛的胜利，进一步巩固了中国羽毛球队在国际羽毛球界的领先地位，为中国羽毛球在国际舞台上的辉煌未来奠定了坚实的基础。杭州亚运会羽毛球男子团体冠军是球员们无数的心血和精力造就的，正是这种坚韧不拔的品质和团结协作的精神，让他们在竞技中脱颖而出，成就了辉煌未来。

（资料来源：杭州第19届亚运会官网，有修改）

◎ 案例简析

场景一

在羽毛球比赛中，甲、乙两名选手站在球网两侧，通过球拍将羽毛球击向对方场地，使球落在有效区域内，若对方无法合法回击则得分。比赛过程中，选手需要运用高远球、杀球、吊球等多种技术，同时根据对手站位调整战术。

场景二

在田径场的标枪比赛中，运动员在助跑后将标枪投掷出去，裁判员根据标枪落地的位置测量成绩，运动员之间不直接进行对抗，主要比拼个人投掷的距离。

场景三

在排球比赛中，两支队伍各6名队员分列球网两侧，通过团队配合将球击入对方场地，同时要组织有效的防守。比赛中，队员需要进行发球、传球、扣球、拦网等动作，并且根据战术安排进行位置轮转。

结合隔网对抗类运动项目的概念，判断以上三个场景是否为隔网对抗类运动项目，并说明理由。

解析

● 实训项目

选择一项隔网对抗项目（如羽毛球），尝试修改1～2条比赛规则（如缩小场地、取消发球规则等），让这项赛事更适合老年人或儿童参加，并模拟比赛效果。

解析

学中做 做中学

解析

将下列隔网对抗项目与其对应的分类及主要特征进行连线。

分类	项目名称	主要特征
小球类隔网对抗项目	乒乓球	比赛用球较轻，球拍使用胶皮覆盖，球速快、旋转强
	羽毛球	比赛用球为羽毛与软木组合，击球方式多样，对选手灵活性要求高
大球类隔网对抗项目	排球	比赛用球较大，场地面积大，击球力量要求高
	网球	需多人配合，通过发球、传球、扣球等技术得分，强调团队协作

项目二 隔网对抗类运动项目规则

一、乒乓球运动的基本规则简介

（一）场地与器材

球台：台面为长方形，长2.74米，宽1.525米，离地面高76厘米。台面应呈均匀的暗色，无光泽，沿边缘有2厘米宽的白色边线和端线。双打时，各台区由一条3毫米宽的白色中线划分为两个相等的“半区”。

球网：顶端距离比赛台面15.25厘米，底边应尽量贴近比赛台面，两端应尽量贴近。

球：为圆球体，直径40毫米，重2.7克，呈白色、或橙色，且无光泽。

球拍：大小、形状和重量不限，但底板应平整、坚硬，底板中天然木材厚度至少应占其总厚度的85%。用来击球的拍面应用一层颗粒向外的普通颗粒胶覆盖，连同黏合剂厚度不超过2毫米；或用颗粒向内或向外的海绵胶覆盖，连同黏合剂厚度不超过4毫米。

（二）比赛规则

回合与一分：“回合”指球处于比赛状态的一段时间。除被判重发球的回合外，出现对方未能合法发球、合法还击、击球前球触及除球网装置以外的任何东西等情况，运动员得一分。

发球：发球时，球应放在不执拍手的手掌上，手掌张开和伸平，球在手中应是静止的，手托球在发球方的端线之后和比赛台面的水平面之上。发球员须将球几乎垂直地向上抛起，使球上升不少于16厘米，当球从抛起的最高点下降时，发球员方可击球，使球首先触及本方台区，然后越过或绕过球网装置，再触及接发球员的台区。在双打中，球应先后触及发球员和接发球员的右半区。

还击：对方发球或还击后，本方运动员必须击球，使球直接越过或绕过球网装置，或触及球网装置后，再触及对方台区。

比赛次序：单打中，由发球员合法发球，再由接发球员合法还击，然后两者交替合法还击。双打中，由发球员合法发球，再由接发球员合法还击，然后由发球员的同伴合法还击，再由接发球员的同伴合法还击，此后运动员按此次序轮流合法还击。

（三）计分方法

一局比赛：在一局比赛中，先得11分的一方为胜方，当双方比分达10平后，先领先对方2分的一方为胜方。

一场比赛：一场比赛应采用3局2胜制、5局3胜制或7局4胜制。

（四）其他规则

选择发球、接发球和方位：选择首先发球、接发球和方位的权力应由抽签来决定，中签者可以选择先发球或先接发球，或选择在某一方位开始比赛。在每获得2分之后，接发球方即成为发球方，依此类推，直至该局比赛结束，或者直至双方比分都达到10分或实行轮换发球法，这时，发球和接发球次序仍然不变，但每人只轮发一分球。

休息时间：一场比赛中，局与局之间，任何一名运动员都有权要求不超过一分钟的休息时间。

此外，团体赛由四场单打和一场双打比赛组成，采用5场3胜制，每个队由3名运动员组成，当一个队赢得3场比赛时，比赛结束。

二、羽毛球运动的基本规则简介

（一）场地与器材

场地：场地应是一个长方形，用宽40毫米的线画出，线的颜色为白色、黄色或其他容易辨别的颜色。场地长13.40米、宽6.10米（双打）或5.18米（单打），场地对角线长为14.723米（双打）或14.366米（单打）。从球场地面起，网柱高1.55米，球网中央顶部应高1.524米，双打边线处网高1.55米。

器材：羽毛球应由16根羽毛固定在球托上，每根羽毛从球托面至羽毛尖的长度统一为62～70毫米，球重4.74～5.50克。

（二）计分规则

采用21分制，3局2胜为佳。每球得分制，每回合中，取胜的一方加1分。

当双方均为20分时，领先对方2分的一方赢得该局比赛。当双方均为29分时，先取得30分的一方赢得该局比赛。一局比赛的获胜方在下一局率先发球。

（三）赛间休息与换边规则

在一局比赛中，当领先的一方达到11分时，双方有60秒的休息时间。在两局比赛间，双方有2分钟的休息时间。在决胜局中，当领先的一方达到11分时，双方交换场地。

（四）单打比赛规则

在一局比赛开始时（比分0：0）或发球方得分为偶数时，发球方在右半场发球；当发球方得分为奇数时，其在左半场发球。如果发球方得1分，那么下一回合由其继续发球。如果接发球方得1分，那么下一回合接发球方成为发球方。

（五）双打比赛规则

与单打一样，发球方得分为偶数时，发球方在右半场发球；当发球方得分为奇数时，其在左半场发球。

如果发球方得1分，那么下一回合由其继续发球，且发球人不变。如果接发球方得1分，那么下一回合接发球方成为发球方。当且仅当发球方得分时，发球方的两名运动员交换左右半场。

（六）合法发球规则

发球员和接发球员应站在斜对角的发球区内，脚不触及发球区和接发球区的界线，且在发球开始到球发出之前，两脚必须都有一部分与球场接触，不得移动。

发球员的球拍应首先击中球托，在击球瞬间，整个球应低于发球员的腰部水平线，发球员的拍杆应指向下方，使整个拍头明显低于发球员的整个握拍手。发出的球应向上飞行过网，落在规定的接发球区内。

（七）违例情况

球落在球场界线外；球从网孔或网下穿过；球不过网；球触及天花板或四周墙壁；球触及运动员的身体或衣服；球触及球场外其他物体或人等。

比赛时，球拍与球的最初接触点不在击球者网的这一边；运动员的球拍、身体或衣服触及球网或球网的支撑物；运动员的球拍或身体从网上或网下侵入对方场区等。

（八）重发球情况

遇不能预见或意外的情况；除发球外，球过网后挂在网上或停在网顶；发球时发球员和接发球员同时违例；发球员在接发球员未准备好时发球；比赛进行中，球托和球的其他部分完全分离；司线员未看清，裁判员也不能作出裁决时。

（九）比赛连续性与相关规定

每场比赛的第一局与第二局之间允许有不超过90秒的间歇，第二局与第三局之间允许有不超过5分钟的间歇。遇有不是运动员所能控制的情况，裁判员可以根据需要暂停比赛。不允许运动员为恢复体力或喘息而延误比赛，运动员未经裁判员同意，不得离开球场。

运动员不得有故意延误或中断比赛、故意改变球的形状或损坏球、举止无礼等不端行为，否则裁判员可执行警告、判违例等处罚，严重违犯或屡犯的一方，裁判长有权取消其该场比赛资格。

三、网球运动的基本规则简介

（一）场地与器材

场地：网球场地为长方形，单打比赛场地宽8.23米、长23.77米；双打比赛场地宽10.97米、长23.77米。球场两端的线是底线，两侧的线是边线。球网中心高度为0.914米，网柱高度为1.07米。

器材：网球重量为56.0～59.4克，直径为6.54～6.86厘米。球拍长度不超过73.66厘米，宽度不超过31.75厘米。

（二）比赛形式

网球比赛有单打和双打两种形式。单打由两名运动员进行比赛；双打则是两队，每队两名运动员，在同一方场地协同对抗另一方。

（三）赛制

比赛一般采用3盘2胜制或5盘3胜制。在大满贯赛事中，男子单打比赛采用5盘3胜制，女子单打比赛和所有双打比赛均采用3盘2胜制。

（四）发球规则

发球顺序：双打比赛中，在每盘的第一局，由发球方决定谁先发球，在第二局开始前，由对方决定谁先发球。第一局发球员的搭档在第三局发球，第二局发球员的搭档在第四局发球，依此类推直至一盘结束。

发球位置：发球员应站在底线后、中点和边线的假定延长线之间的区域里，用手将球向空中抛起，在球接触地面以前，用球拍击球。发球员在整个发球动作中，不得通过行走或跑动改变原站立位置。

发球失误：未击中球；发出的球，在落地前触及固定物；违反发球站位规定等。发球员有两次发球权，发球失误后，可在原发球位置进行第二次发球。

发球无效：发球触网后，仍然落到对方发球区内；接发球员未作好接球准备等，应重发球。

（五）击球规则

球员应在球落地一次后，在球出界前将球回击到对方场地内。如果球在落地前被对方球员触及，或者对方球员未能将球回击到有效区域内，击球方得分。在双打比赛中，同队球员可以轮流击球，但不能连续击球两次。

（六）计分规则

胜一分：当对手未能合法回击发球或击球时；球在对手场地内落地两次；对手故意连续击球两次；对手用手触及球等情况，球员会赢得一分。

胜一局：每局比赛中，球员赢得第一分记为15，第二分记为30，第三分记为40。先得4分且净胜对手2分的球员赢得这一局。如果双方都得3分（即40：40），称为“局末平分”，此后，占先的球员需领先2分才能赢得这一局。

胜一盘：先胜6局且净胜对手2局的球员赢得一盘。如果双方战至6：6，通常会进行“抢七”来决定这一盘的胜负。在“抢七”中，先得7分且净胜对手2分的球员获胜。

比赛获胜：赢得规定盘数的球员获得比赛胜利。

（七）交换场地

双方应在每盘的第1、3、5等单数局结束后，以及每盘结束双方局数之和为单数时交换场地。

（八）比赛中的特殊情况

重赛：如果比赛中出现球被干扰、球员受伤等意外情况，裁判员可决定重赛该分或该局。

挑战鹰眼：在一些高级别的比赛中，球员有一定次数的机会挑战“鹰眼”即时回放系统，以判定有争议的球是否出界等。如果挑战成功，原判罚被推翻；如果挑战失败，球员则失去一次挑战机会。

四、匹克球运动的基本规则简介

（一）场地与器材

匹克球场地长13.41米、宽6.10米，中间球网中央高度约86.36厘米，两侧高约91.44厘米。场地分为左右两个半区，每个半区有发球区和非截击区（图2-1），球网前方2.13米区域为非截击区。器材包括特殊穿孔球（图2-2）和球拍（图2-3），球拍形状类似网球拍但通常较小。

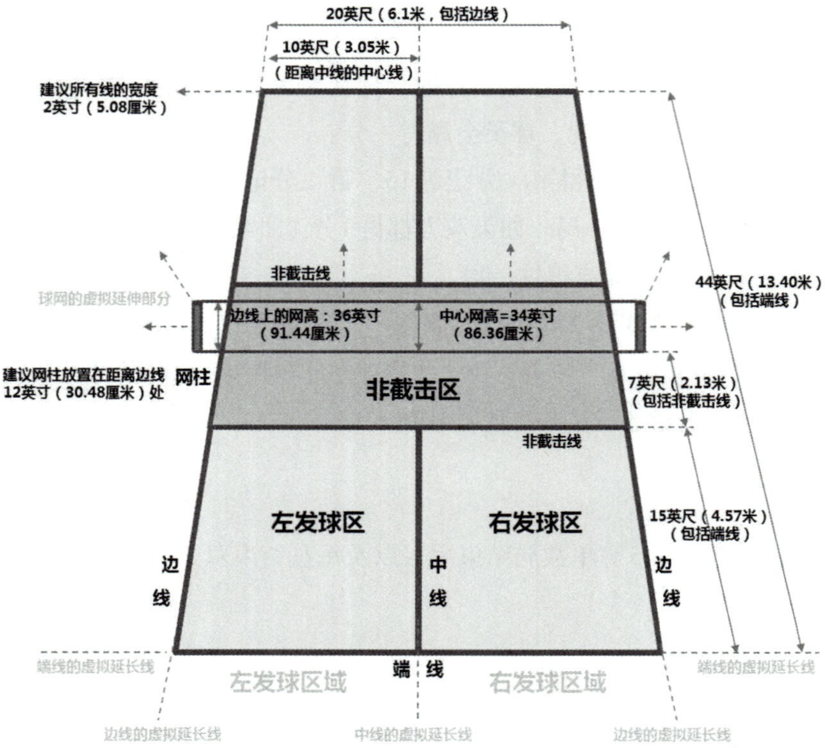

图2-1　匹克球场地

（图片来源：中国排球协会官网）

图2-2　匹克球比赛用球

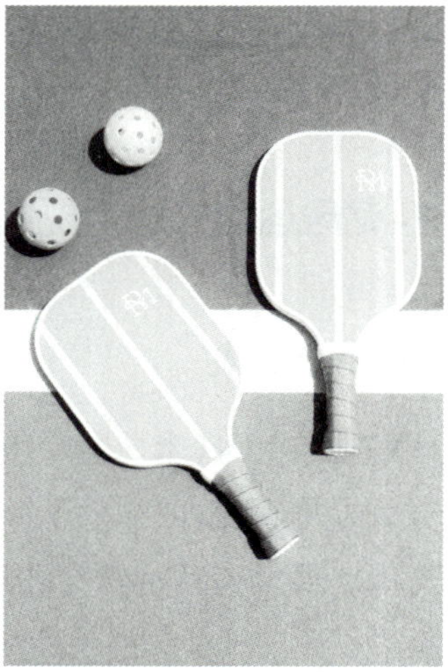

图2-3　匹克球拍

（二）比赛形式

比赛可分为单打、双打、混合双打和团体比赛。

（三）赛制

比赛一般有两种计分方法，分别是每球得分制和发球得分制。每球得分制一般采用21分1局定胜负赛制，发球得分制一般采用3局2胜制，每局11分，率先得11分且领先2分的一方获胜。若比分战成10：10，比赛进入加分赛，直至一方领先2分。

（四）发球规则

发球站位：发球员站在端线后方、中线与边线假想延长线围成的发球区域内，至少一脚在发球区内，双脚不能离地或踩端线及场地内区域。分数为奇数时，发球员站在左侧发球；分数为偶数时，发球员站在右侧发球。

发球方式：包含截击发球和落地式发球两种。截击发球手臂需沿弧线由下向上挥动，击球点不超过腰部水平线，球拍最高点不高于手腕水平线；落地式发球让球自然下落反弹后击打，球落地方式、反弹高度和次数及击球位置无限制。

有效发球判定：球需落入斜对角发球区，落在发球区线上算有效，发球触网但落在有效区内也算有效。发球出界、下网或落入非截击区为失误，换对方发球。

（五）双落地规则

发球后，双方都必须让球先落地一次再回击。发球员击球后，接发球员须等球落地后再回击；接发球员回球后，发球员同样要等球落地后才能再次击球。两次落地回合后，球员才可在空中直接截击球。

（六）非截击区规则

非截击区内，球员不能直接击打空中球，球必须先落地反弹后才能击打，即使站在非截击区外击球，挥拍后因惯性踏入非截击区也算违规。

（七）得分规则

采用发球得分制，只有发球方赢得对打回合才能得分。

（八）球员位置

单打中，发球方比分是偶数时在右发球区发球，对方在右发球区接发球；得分为奇数时在左发球区发球，对手在左发球区接发球。双打时，除每场比赛开始由首发球员发球外，一方换发球时，队中两名球员都要发球。每边发球从右侧开始，球队比分为偶数时，起始发球员在右发球区；奇数时，在左发球区。换发球时，根据本队得分，球员在正确发球区开始发球，称“第一发球员”，同伴是“第二发球员”。第一发球员得分后轮换发球区，失分或失误后，第二发球员在正确位置发球，发球队继续得分，第二发球员在左右发球区轮流发球。双打比赛中，除发球员外，运动员位置无限制，可站在球场内外，但正确发球员要从正确发球区发球，正确接发球员要接发球。

（九）换边

每局比赛结束后，两队交换场地和首发球员。3局2胜11负的比赛中，第3局当一队得分达到6分时，两队交换场地，发球员不变。

知识拓展

“国球”为美好生活添彩 为好日子增色

习近平总书记强调，抓改革、促发展，归根到底就是为了让人民过上更好的日子。中央城市工作会议强调，认真践行人民城市理念，努力建设现代化人民城市，走出一条中国特色城市现代化新路子。对于广大群众来说，身心健康、安居乐业就是“美好生活”的应有之义。

2023年，住房和城乡建设部、国家体育总局联合开展“国球进社区”“国球进公园”活动(以下简称“国球两进”活动)，创造性地将城镇老旧小区改造、公园绿地开放共享和实施“全民健身场地设施提升行动”等工作结合，推动在城市社区、公园中配建以乒乓球台等小型设施为重点的健身设施，通过新建、改建等方式，完善社区、公园健身服务功能，推动构建城市社区“15分钟健身圈”。

截至2025年8月，全国城市公园及社区内累计新增乒乓球台共计38024张，新增其他健身活动设施共计135038件(处)；围绕“国球两进”活动开展全民健身赛事活动14024场次，吸引参与群众超130万人次；志愿服务活动3200场次，参与志愿者超22万人次。

数字里面有真情。“国球”之所以是“国球”，根基在人民、力量在人民，丰厚的群众基础才孕育了绚烂的“乒乓花朵”。将场地建在群众身边，将赛事办在群众身边，将科学健身指导送到群众身边，既可以继续厚植乒乓球项目发展土壤，也能丰富市民精神文化生活，在“拖家带口”“大手拉小手”过程中涵养良好家教家风，营造和谐社会氛围。

数字里面显担当。通过“国球两进”活动，住房和城乡建设部、国家体育总局以及各地住建、园林绿化、体育部门建立工作机制，加强协同配合，不断满足人民群众对美好生活的向往，进一步丰富了“人民城市人民建、人民城市为人民”和构建“大群体”工作格局的实践和内涵。为建设创新、宜居、美丽、韧性、文明、智慧的现代化人民城市，构建更高水平的全民健身公共服务体系凝心聚力、携手同行。

数字里面见未来。通过卓有成效的工作，“国球两进”活动取得了实打实的成效和进展。住房和城乡建设部、国家体育总局通过发布《“国球进社区”“国球进公园”成果展示案例集》，总结梳理成功经验，为后续相关工作开展提供参考。更希望以“国球两进”活动为起点，不断深化民生领域多部门、跨行业的常态化、长效化沟通协同机制，为以中国式现代化全面推进强国建设、民族复兴伟业贡献力量。

（资料来源：《中国体育报》，2025年8月21日，有修改）

◆ 思政园地

郑钦文：一“网”无前，青春无畏

北京时间2024年11月10日凌晨，沙特首都利雅得上演了一场激情四溢、火花四溅的“青春之战”，WTA年终总决赛中，郑钦文三盘大战中不敌美国选手高芙，获得亚军。这是赛季的终点，更是未来之争的起点。

22岁的郑钦文与20岁的高芙，组成继2004年莎拉波娃（17岁）和小威廉姆斯（23岁）之后最年轻的总决赛争冠阵容。因此，比赛被定义成“青春之战”。

两人从比赛一开始就打出了让人惊叹的强度，郑钦文在第一局的一个发球球速就达到每小时188公里，高芙则在自己的首个发球局连轰4分保发，两人的攻击力将女子网坛打法男性化的趋势展现得淋漓尽致。

郑钦文本赛季在三盘大战中的胜率和胜场数都领衔WTA，决胜盘又是以破发率先建立优势，而高芙也一直竭力将比赛拉回均势，这场体能、技术和意志的鏖战，最终以决胜盘抢七的方式定胜负。一直相持不下的比赛在抢七大战中却呈现了另一番局面，高芙以7∶2拿下胜利。

经过小组赛的循环鏖战，半决赛的捉对厮杀，8位参赛球员中最年轻的两人会师决赛，极具象征意义。此前构成“三足鼎立”局面的萨巴伦卡、斯瓦泰克、莱巴金娜等球员无一人出现在决赛场。算上这次未能参加年终总决赛的纳瓦罗，世界排名前8的球员中已经有4位是“00后”，而高芙和郑钦文正是这种格局变化的关键人物。

回顾郑钦文这个赛季，她已解锁了WTA250、WTA500、WTA1000、大满贯和WTA年终总决赛所有级别赛事的决赛并拿到2个冠军。再算上奥运金牌，郑钦文在2024年交出的成绩单已经足够亮眼。

郑钦文正在无限接近顶尖行列，但确实还未达到巅峰，仍有要跨越的“高山”。除今年4次战胜自己的萨巴伦卡外，高芙也是郑钦文未来的重要对手。2018

年青少年橘子碗杯决赛，高芙就战胜郑钦文夺冠。今年WTA1000罗马站，高芙两盘战胜郑钦文。两人都是女子网坛同年龄球员水平较强的代表人物，郑钦文与她们频繁交手，本身也是自己竞争力提升的佐证。

从2022年的年终排名第25位到2023年的第15位，再到今年跻身前5，郑钦文的进步轨迹清晰又稳健。这场决赛为赛季画上了句号，郑钦文在顶尖行列的新征程已经开启。

（资料来源：《中国体育报》，2024年11月11日，有修改）

◎ 案例简析

在一场网球比赛中，球员A发球，第一次发球时，球擦网后落在了对方场地的有效区域内，对手球员B没有接到球。球员A认为这一分应重发，而球员B认为球员A得分。随后球员A第二次发球，球发到了对方场地的界外，球员B提出球员A第一次发球应算得分，因为球已进入有效区域，双方产生争议。

请根据以上案例，回答以下问题：

1. 第一次发球时，球员A的发球是否有效？说明理由。
2. 此回合应如何判罚？

解析

● 实训项目

新手玩家A/B与C/D进行匹克球双打比赛，对规则存在疑问：

A问：“发球时能否直接扣杀？比赛前是否需检查球拍是否合规？”

任务

1. 用通俗语言解释发球规则，禁止行为有哪些？
2. 列出球拍检查的3项核心标准。

解析

学中做 做中学

请观察身边的乒乓球或匹克球活动，发现1～2个常见的“规则误解”行为（如错误发球方式、对界内判定的误判等），设计一个3分钟的小讲解方案，向参与者说明正确规则。

解析

项目三 隔网对抗类运动项目编排

一、编排原则

（1）公平公正：确保所有参赛队伍或选手在赛程安排、比赛时间、场地使用等方面享有平等机会，避免因赛程编排不合理导致的不公平竞争。例如，不能让同一队伍或选手连续参加高强度比赛，且比赛间隔时间不宜过短。

（2）合理紧凑：在有限的时间内，高效利用场地和资源，合理安排比赛场次和顺序，避免出现过长的等待时间或赛程过于松散的情况，同时也要保证选手有足够的休息和恢复时间。

（3）观赏性：将强强对决、明星选手参赛的比赛安排在黄金时段，吸引更多观众关注；合理搭配不同类型的比赛项目和场次，提高赛事的整体观赏性。

（4）尊重规则：严格遵循各隔网对抗类运动项目的竞赛规则，如网球的抢七规则、羽毛球的21分制等，确保编排方案符合规则要求，不出现与规则冲突的情况。

二、隔网对抗类运动项目赛事编排方法

（一）乒乓球

1.单循环赛

所有参赛队伍或选手之间都要相互比赛一次，最后根据各参赛队伍或选手在全部比赛中的胜负场数、得分多少来排列名次。

（1）优点：能使各参赛队伍或选手之间都有比赛的机会，比赛结果相对公平，能较准确地反映出参赛队伍或选手的实际水平。

（2）缺点：比赛场数多，赛程长，占用时间和场地资源较多。

（3）编排方法：以单打为例，当参赛人数为偶数时，轮数=参赛人数-1。例如，8人参赛，共进行7轮比赛。每轮比赛的场次=参赛人数÷2。如8人参赛，每轮有4场比赛。(表2-1)

表2-1 乒乓球8人（偶数）单循环赛编排

轮次	对阵信息（每轮4场）
第一轮	1 VS 8、2 VS 7、3 VS 6、4 VS 5
第二轮	1 VS 7、8 VS 6、2 VS 5、3 VS 4
第三轮	1 VS 6、7 VS 5、8 VS 4、2 VS 3
第四轮	1 VS 5、6 VS 4、7 VS 3、8 VS 2
第五轮	1 VS 4、5 VS 3、6 VS 2、7 VS 8
第六轮	1 VS 3、4 VS 2、5 VS 8、6 VS 7
第七轮	1 VS 2、3 VS 8、4 VS 7、5 VS 6

注：1～8为运动员编号。

当参赛人数为奇数时，轮数=参赛人数。例如，7人参赛，共进行7轮比赛。每轮比赛的场次=（参赛人数−1）÷2。如7人参赛，每轮有3场比赛，且每轮有1人轮空。（表2-2）

表2-2 乒乓球8人（奇数）单循环赛编排

轮次	对阵信息（每轮 3 场+1 轮空）
第一轮	1 VS 0（轮空）、2 VS 7、3 VS 6、4 VS 5
第二轮	1 VS 7、0 VS 6（轮空）、2 VS 5、3 VS 4
第三轮	1 VS 6、7 VS 5、0 VS 4（轮空）、2 VS 3
第四轮	1 VS 5、6 VS 4、7 VS 3、0 VS 2（轮空）
第五轮	1 VS 4、5 VS 3、6 VS 2、7 VS 0（轮空）
第六轮	1 VS 3、4 VS 2、5 VS 0（轮空）、6 VS 7
第七轮	1 VS 2、3 VS 0（轮空）、4 VS 7、5 VS 6

注：1～7为运动员编号，“0”代表轮空。

2. 单淘汰赛

将所有参赛队伍或选手按一定顺序排列，相邻的两队或选手进行比赛，败者被淘汰，胜者进入下一轮，直到决出冠军。

（1）优点：比赛场数少，赛程短，能在较短时间内决出冠军。

（2）缺点：偶然性较大，一场比赛的胜负就可能决定选手的去留，容易使一些优秀选手因过早相遇而被淘汰，不能充分体现所有选手的真实水平。

（3）编排方法：以单打为例，先根据参赛人数确定比赛的轮数。若参赛人数是2的幂次方，如8人、16人、32人等，轮数=$\log_2$参赛人数。例如，16人参赛，轮数=$\log_2 16=4$轮。

若参赛人数不是2的幂次方，如15人参赛，则需要补足参赛人数到下一个2的幂次方，即16人。那么比赛轮数为4轮，其中第一轮会有4人轮空，直接进入下一轮。（图2-4、图2-5）

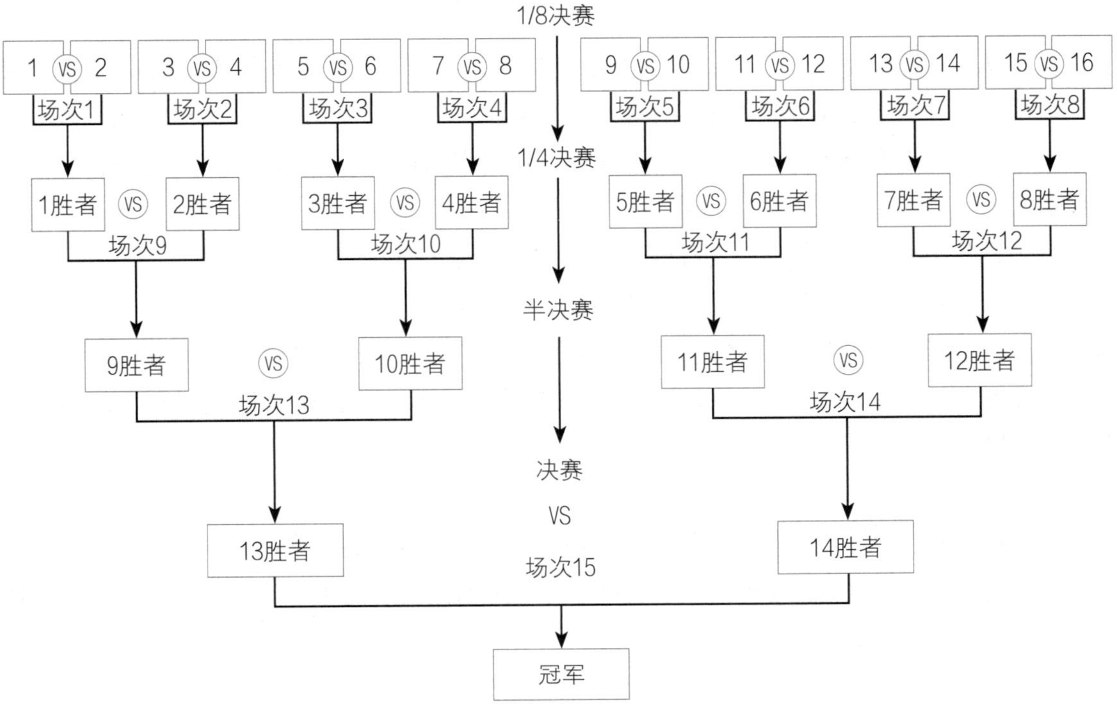

图2-4　乒乓球单淘汰赛（无轮空）轮转对阵图

注：1～16为运动员编号。

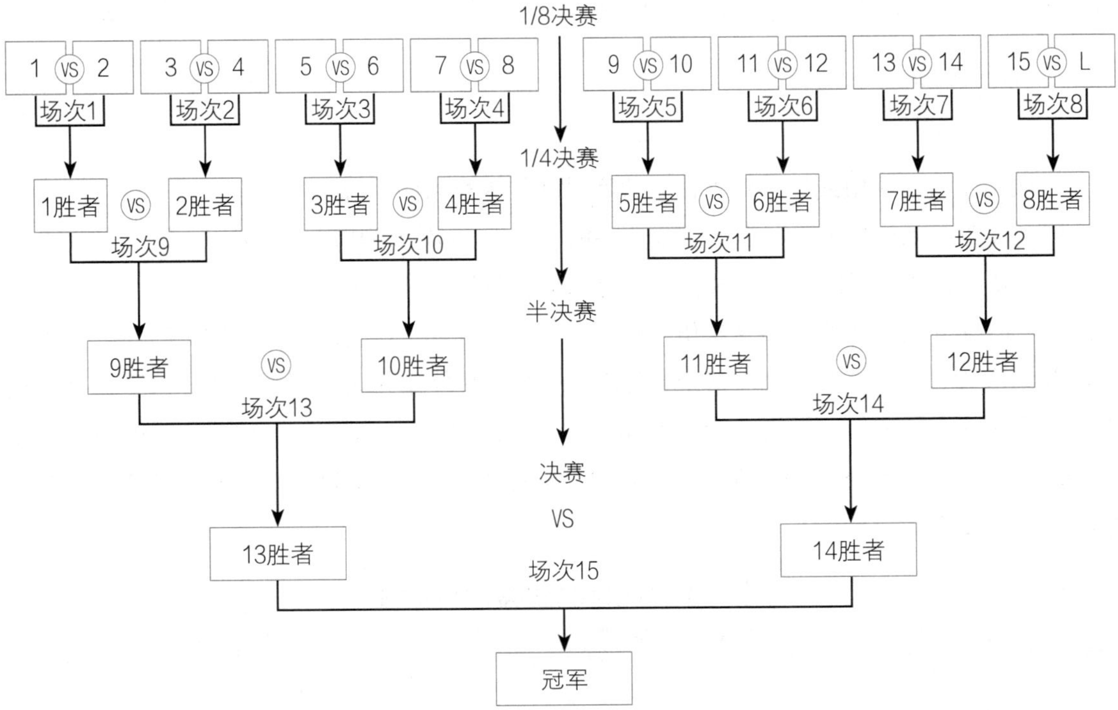

图2-5　乒乓球单淘汰赛（L为轮空）轮转对阵图

注：1～16为运动员编号，L表示轮空。

3.双淘汰赛

参赛队伍或选手失败一次后，仍有机会在败者组继续比赛，若在败者组再次失败才被淘汰，最后由胜者组冠军和败者组冠军争夺总冠军。

（1）优点：比单淘汰赛更公平，减少了因一次失误而被淘汰的偶然性，让选手有更多机会展示实力。

（2）缺点：比赛场次较多，赛程较长，对场地和时间的要求较高。

（3）编排方法：基本编排与单淘汰赛类似，但要同时设置胜者组和败者组。例如，8人参赛，先进行第一轮比赛，胜者进入胜者组，败者进入败者组。之后，胜者组和败者组分别进行比赛，败者组的选手每次失败后继续在败者组比赛，直到败者组冠军产生，再与胜者组冠军进行决赛。

4.混合赛制

将单循环赛、单淘汰赛等赛制结合起来使用，以充分发挥各种赛制的优点。

（1）优点：可以根据比赛的规模、时间、参赛队伍或选手的水平等因素，灵活选择赛制组合，使比赛既公平又高效。

（2）缺点：编排过程相对复杂，需要综合考虑多种因素。

（3）编排方法：例如，比赛初期采用小组单循环赛，将参赛队伍或选手分成若干小组，在小组内进行单循环赛，小组前几名出线。然后，出线队伍或选手采用单淘汰赛，决出最终的名次。这样既保证了各队伍或选手有一定的比赛机会，又能在后期通过淘汰赛快速决出冠军。

（二）羽毛球

1.单循环赛

一般用于参赛队伍或选手较少，且比赛时间较为充裕的情况。

（1）优势：能充分体现每个队伍或选手的实力，比赛结果相对公平公正。

（2）缺点：比赛场次多，耗时较长，对场地和时间资源要求较高。

（3）编排方法：让所有参赛队伍或选手彼此之间都进行一场比赛。以单打为例，6人参赛比赛轮次为5轮，每人都要与其余5人各赛一场。具体编排可通过固定1号选手，其余选手依次轮转的方式进行。如第一轮1 VS 6、2 VS 5、3 VS 4；第二轮1 VS 5、6 VS 4、2 VS 3；第三轮1 VS 4、5 VS 3、6 VS 2；第四轮1 VS 3、4 VS 2、5 VS 6；第五轮1 VS 2、3 VS 6、4 VS 5。(表2–3)

表2–3　羽毛球单循环赛轮转对阵表

轮次	对阵信息（每轮 3 场比赛）
第一轮	1 VS 6、2 VS 5、3 VS 4
第二轮	1 VS 5、6 VS 4、2 VS 3
第三轮	1 VS 4、5 VS 3、6 VS 2

续表

轮次	对阵信息（每轮 3 场比赛）
第四轮	1 VS 3、4 VS 2、5 VS 6
第五轮	1 VS 2、3 VS 6、4 VS 5

注：1～6为运动员编号。

2. 单淘汰赛

常用于参赛队伍或选手较多，比赛时间较紧，需要快速决出冠军的比赛。

（1）优点：比赛进程快，能在短时间内产生冠军。

（2）缺点：偶然性较大，一旦在首轮遇到实力强劲的对手，实力稍弱的选手可能过早被淘汰，无法充分展示其真实水平。

（3）编排方式：根据参赛人数确定轮数和场次。以单打为例，若参赛人数为8人，则轮数为3轮，比赛场次为7场。编排时，选手通过抽签的方式随机分配到各个位置，相邻的选手进行比赛，胜者晋级下一轮，败者被淘汰，直至决出冠军。（表2-4）

表2-4 羽毛球单淘汰赛轮次对阵表

轮次	对阵信息	晋级选手（示例）
1/4决赛（第 1 轮）	1 VS 2、3 VS 4、5 VS 6、7 VS 8	假设胜者为 2、3、6、8
半决赛（第 2 轮）	2 VS 3、6 VS 8	假设胜者为 3、8
决赛（第 3 轮）	3 VS 8	冠军为 3 或 8

注：1～8为运动员编号。

3. 双淘汰赛

适用于希望减少比赛偶然性，让队伍或选手有更多机会展示实力，但又不想采用过于复杂赛制的情况。

（1）优点：比单淘汰赛更公平，队伍或选手有两次失败的机会，减少了因一次失误而被淘汰的遗憾。

（2）缺点：比赛场次比单淘汰赛多，赛程相对较长。

（3）编排方式：比赛分为胜者组和败者组。参赛队伍或选手先进行首轮比赛，胜者进入胜者组，败者进入败者组。在后续比赛中，胜者组的败者落入败者组继续比赛，败者组的选手再次失败则被淘汰。最后，由胜者组冠军和败者组冠军争夺总冠军。例如，8人参赛，先进行第一轮，4名胜者进入胜者组，4名败者进入败者组。之后，胜者组和败者组分别进行比赛，直到产生两组冠军进行决赛。

4. 混合赛制

综合了多种赛制的优点，适用于各种规模和水平的比赛，尤其是大型比赛。

（1）优点：既保证了每个队伍或选手有一定的比赛机会，又能在后期通过淘汰赛增加比赛的紧张感和观赏性，同时也能在合理的时间内完成比赛。

（2）缺点：编排过程较为复杂，需要提前做好详细的规划和准备。

（3）编排方式：通常将比赛分为两个阶段。第一阶段采用分组单循环赛，将参赛队伍或选手分成若干小组，在小组内进行单循环比赛，小组前几名出线。第二阶段采用单淘汰赛，出线队伍或选手进行淘汰赛，决出最终名次。例如，32人参赛，可分成8个小组，每组4人，小组内进行单循环赛，每组前2名出线，共16人进入淘汰赛，然后通过淘汰赛决出冠军。

（三）网球

1.单淘汰赛

国际上多数网球单项比赛，因参赛人数多、场地少且需短时间决出冠亚军，常采用单淘汰赛。

（1）优点：比赛进程快，能迅速决出冠亚军。

（2）缺点：偶然性较大，可能使一些优秀选手因过早相遇而被淘汰。

（3）编排方式：

抽签办法：以单打为例，当参赛人数是2、4、8、16等2的乘方时，可按累进淘汰赛进行。若参赛人数多于128人，则增加预选赛。当参赛人数不是2的乘方数时，第一轮会有“轮空”，以保证第二轮形成2的乘方数。轮空数=选定的号码位置数-参赛人数，如27人参赛，选32个号码位置数，有5个轮空。轮空先从两端开始，然后移向中间，交替进行。

种子选手确定与排列：依据中国网球协会比赛规程，确定种子选手通常依据前一年同一比赛的名次。在被批准的比赛中，每4~8人有一名种子选手，最多不超过16人。除1、2号种子选手外，其他种子选手位置凭抽签决定。1号种子选手在最上端，2号种子选手在最下端，3、4号种子选手根据抽签决定分别在上半区或下半区，其余种子选手以此类推。(表2-5)

表2-5 网球单淘汰赛轮次对阵表

轮次	场次	对阵信息
1/4 决赛	1~4	1 VS 2、3 VS 4、5 VS 6、7 VS 8
半决赛	5~6	1-2 胜者 VS 3-4 胜者、5-6 胜者 VS 7-8 胜者
决赛	7	半决赛胜者1 VS 半决赛胜者2

注：1~8为运动员编号。

2.单循环赛

适用于参赛人数少、场地多、比赛时间长，且各队（人）希望与其他队（人）多进行比赛以丰富经验的情况。

（1）优点：比赛公平，能充分体现选手实力。

（2）缺点：比赛场数多，耗时久，对场地和时间资源要求高。

（3）编排方式：

轮数和比赛场数计算：以单打为例，当参赛人数为双数时，轮数=参赛人数-1；当参赛人数为单数时，轮数=参赛人数。

比赛顺序确定方法：一般采用逆时针轮转法。先将1号码位置固定不动，第一轮将比赛队数的前一半号码依次写在左侧，后一半号码从下向上依次写在右侧，并用横线连接。从第二轮开始，1号固定，其他号码按逆时针方向轮换一个位置。

决定名次方法：按获胜场数多少决定名次，若积分相等，则看净胜盘数；若仍相等，再看净胜局数；若还相等，则看净胜分数。(表2-6、表2-7)

表2-6　网球8人（偶数）单循环赛编排图

轮次	对阵信息（每轮4场）
第一轮	1 VS 8、2 VS 7、3 VS 6、4 VS 5
第二轮	1 VS 7、8 VS 6、2 VS 5、3 VS 4
第三轮	1 VS 6、7 VS 5、8 VS 4、2 VS 3
第四轮	1 VS 5、6 VS 4、7 VS 3、8 VS 2
第五轮	1 VS 4、5 VS 3、6 VS 2、7 VS 8
第六轮	1 VS 3、4 VS 2、5 VS 8、6 VS 7
第七轮	1 VS 2、3 VS 8、4 VS 7、5 VS 6

注：1～8为运动员编号。

表2-7　网球7人（奇数）单循环赛编排图

轮次	对阵信息（每轮3场+1轮空）
第一轮	1 VS 0（轮空）、2 VS 7、3 VS 6、4 VS 5
第二轮	1 VS 7、0 VS 6（轮空）、2 VS 5、3 VS 4
第三轮	1 VS 6、7 VS 5、0 VS 4（轮空）、2 VS 3
第四轮	1 VS 5、6 VS 4、7 VS 3、0 VS 2（轮空）
第五轮	1 VS 4、5 VS 3、6 VS 2、7 VS 0（轮空）
第六轮	1 VS 3、4 VS 2、5 VS 0（轮空）、6 VS 7
第七轮	1 VS 2、3 VS 0（轮空）、4 VS 7、5 VS 6

注：1～7为运动员编号，“0”代表轮空。

3.分组循环赛

适用于参赛人数较多，希望在一定程度上保证比赛公平性和选手比赛机会的情况。

(1) 优点：结合了单循环赛的公平性和一定的比赛效率。

(2) 缺点：赛程相对较长，且第二阶段同名次比赛可能存在队伍实力不均衡的情况。

(3) 编排方式：第一阶段先分若干小组进行单循环赛，第二阶段各组同名次的队（人）再进行单循环赛，以排出全部名次。

4.混合赛制

在大型网球赛事中较为常用，可根据比赛不同阶段的需求灵活选择赛制。

(1) 优点：综合了两种赛制的优点，既保证了比赛效率，又在一定程度上体现了公平性。

（2）缺点：编排过程复杂，需要精心规划和安排不同阶段的赛制转换。

（3）编排方式：在一次竞赛的不同阶段，分别采用循环制和淘汰制。例如，第一阶段采用淘汰制，快速淘汰部分选手，缩小比赛范围；后面阶段采用循环制，让剩余选手有更多比赛机会，更准确地决出最终名次。

（四）匹克球

1. 混合赛制

在大型匹克球赛事中较为常用，综合了循环赛和淘汰赛的优点，可根据比赛不同阶段的需求灵活选择赛制。

（1）优点：既保证了每个队伍或选手有一定的比赛机会，又能在后期通过淘汰赛增加比赛的紧张感和观赏性，同时也能在合理的时间内完成比赛。

（2）缺点：编排过程较为复杂，需要提前做好详细的规划和准备。

（3）编排方式：以单打为例，通常分两个阶段，第一阶段为小组循环赛，如24签分8组，每组3或4人，小组前2名进16强。第二阶段为分区段淘汰赛，决出4强，采取固定进位方式。也可参考粤港澳大湾区系列赛横琴匹克球公开赛的赛制，第一阶段为分组单循环赛，第二阶段采用交叉淘汰赛，依次决出相应名次。（表2-8、表2-9）

表2-8　匹克球混合赛制编排图

组别	参赛选手
A 组	A1、A2、A3
B 组	B1、B2、B3
C 组	C1、C2、C3
D 组	D1、D2、D3
E 组	E1、E2、E3
F 组	F1、F2、F3
G 组	G1、G2、G3
H 组	H1、H2、H3

注：字母加上数字为运动员编号，例A1为A组1号，A2为A组2号，依此类推。

表2-9　匹克球混合赛制编排图

轮次	场次	对阵信息（示例）
16 强赛	1～8	A1 VS B2、B1 VS A2、C1 VS D2、D1 VS C2、E1 VS F2、F1 VS E2、G1 VS H2、H1 VS G2
8 强赛	9～16	16强1胜者 VS 16强2胜者、16强3胜者 VS 16强4胜者（共 8 场）
1/4 决赛	17～20	8 强 1 胜者 VS 8 强 2 胜者、8 强 3 胜者 VS 8 强 4 胜者、8 强 5 胜者 VS 8 强 6 胜者、8 强 7 胜者 VS 8 强 8 胜者
半决赛	21～22	1/4 决赛 17 胜者 VS 1/4 决赛18 胜者、1/4 决赛19 胜者 VS 1/4 决赛20 胜者

续表

轮次	场次	对阵信息（示例）
3-4 名决赛	23	半决赛 21 败者 VS 半决赛22 败者
决赛	24	半决赛 21 胜者 VS 半决赛22 胜者

注：字母加上数字为运动员编号，例A1为A组1号，A2为A组2号，依此类推。

2. 单淘汰赛

适用于参赛队伍或人数较多，比赛时间较紧，需要快速决出冠军的比赛。

（1）优点：比赛进程快，能在短时间内产生冠军。

（2）缺点：偶然性较大，一旦在首轮遇到实力强劲的对手，实力稍弱的选手可能过早被淘汰，无法充分展示其真实水平。

（3）编排方式：根据参赛人数确定轮数和场次，选手通过抽签的方式随机分配到各个位置，相邻的选手进行比赛，胜者晋级下一轮，败者被淘汰，直至决出冠军。若有种子选手，需先确定种子选手的位置，非种子选手再抽签决定位置。

3. 单循环赛

一般用于参赛队伍或选手较少，且比赛时间较为充裕的情况。

（1）优点：能充分体现每个队伍或选手的实力，比赛结果相对公平公正。

（2）缺点：比赛场次多，耗时较长，对场地和时间资源要求较高。

（3）编排方式：让所有参赛队伍或选手彼此之间都进行一场比赛。计算轮数和比赛场数，以单打为例，当参赛人数为双数时，轮数=参赛人数−1；当参赛人数为单数时，轮数=参赛人数。比赛场数的计算公式为：场数=参赛人数 ×（参赛人数−1）÷2。可采用逆时针轮转法确定比赛顺序。（表2−10）

表2−10 匹克球单循环赛编排图

轮次	对阵信息（每轮 3 场+1 轮空）
第一轮	1 VS 0（轮空）、2 VS 7、3 VS 6、4 VS 5
第二轮	1 VS 7、0 VS 6（轮空）、2 VS 5、3 VS 4
第三轮	1 VS 6、7 VS 5、0 VS 4（轮空）、2 VS 3
第四轮	1 VS 5、6 VS 4、7 VS 3、0 VS 2（轮空）
第五轮	1 VS 4、5 VS 3、6 VS 2、7 VS 0（轮空）
第六轮	1 VS 3、4 VS 2、5 VS 0（轮空）、6 VS 7
第七轮	1 VS 2、3 VS 0（轮空）、4 VS 7、5 VS 6

注：1～7为运动员编号。

三、编排注意事项

1. 考虑运动员体能

合理安排比赛间隔时间，避免运动员在短时间内连续参加多场高强度比赛。例如，羽毛球比赛中，单打和双打项目交替进行时，要确保运动员有足够的休息时间恢复体能。

2. 场地分配

根据不同项目对场地的要求，合理分配场地。如网球比赛对场地平整度要求较高，要优先保证高质量场地用于关键场次；乒乓球比赛可同时在多个场地进行，要注意合理规划，避免场地资源浪费。

3. 裁判员安排

根据比赛项目和场次，合理安排裁判员。确保每个比赛场地都有足够数量且具备相应资质的裁判员，同时要考虑裁判员的工作强度，避免裁判员过度劳累影响判罚准确性。

4. 突发情况预案

制定应对突发情况的预案，如因天气原因导致室外比赛无法进行时，要及时调整赛程；比赛过程中出现运动员受伤等情况，要能够迅速做出处理，保证比赛顺利进行。

知识拓展

悄然兴起的匹克球缘何走红？

“李宁杯”2024第一届全国匹克球锦标赛在河南省鹤壁市收拍。作为国内最“年轻”的全国性锦标赛之一，本次比赛吸引了来自全国各地的26支代表队、逾两百名运动员参加。

被称为“三球合一”的匹克球运动凭借其老少皆宜、上手容易、成本亲民、时尚动感等特点，近年来在全球持续走红，逐渐走进中国健身爱好者的视野，成为许多人的健身新选择。

匹克球在20世纪60年代诞生于美国，是一项隔网对抗的球类运动。其场地大小与羽毛球场相同，球网高度略低于网球网，球拍略大于乒乓球拍，比赛的发球规则和计分方式与羽毛球和乒乓球有相似之处。

国家体育总局小球运动管理中心（以下简称“小球中心”）调研形成的《中国匹克球运动考察报告》显示，目前全球已有超过90个国家和地区成立了匹克球协会。该项目在国内的发展呈现由南向北的态势。2018年1月，深圳市匹克球协会成立，此后全国多个省市相继成立了匹克球协会。目前仅在广东省，常年参与匹克球的人群已超过20万。

乒乓球、羽毛球和网球在国内都有深厚的群众基础，因此不少人第一次接触匹克球这样一个“三合一”的运动项目就能很快“上手”“入坑”。

《中国匹克球运动考察报告》显示，匹克球是一项典型的全民健身运动，兼具健身性、趣味性、适龄性、经济性、安全性，适合各年龄段人群，并且具有很强的社交属性。如今，在国内各大社交平台，体验打卡、寻找球伴、装备测评、技巧展示等匹克球相关话题讨论火热，彰显了这项新兴运动的发展前景。

随着匹克球被越来越多人所熟悉，其市场需求不断扩大，目前中国已成为全球最大的匹克球装备生产国之一。《中国匹克球运动考察报告》显示，据不完全统计，目前国内生产匹克球相关产品的企业约有300家，且呈现快速增长的趋势。

（资料来源：新华社，2024年9月29日，有修改）

◆ 思政园地

"世界第一"VS"世界唯一"，这场比赛令无数人动容

2024年7月31日下午，在2024年巴黎奥运会的乒乓球女子单打赛场上，一场备受瞩目的对决上演——中国新星孙颖莎对阵61岁的卢森堡华裔老将倪夏莲。这场被誉为"世纪祖孙大战"的比赛，不仅见证了技术的碰撞与体能的较量，更深刻地体现了体育精神的传承。

孙颖莎，这位年仅23岁的中国女子乒乓球运动员，无疑是当今世界乒坛的顶尖选手，其卓越的球技和稳定的心理素质让她在赛场上所向披靡。她以4：0的比分战胜了倪夏莲，再次证明了自己"世界第一"的实力。然而，在这场看似一边倒的比赛中，我们更看到了孙颖莎对前辈的尊重，以及对体育精神的深刻理解。

倪夏莲，这位年逾六旬的乒乓球老将，是本届奥运会上年龄最大的参赛选手，她用自己的坚持和热爱书写了一段传奇。她以乐观的态度和对比赛的热爱，赢得了观众的尊敬与喜爱。尽管在年龄和体力上处于劣势，但倪夏莲在赛场上展现出的坚韧不拔和丰富经验，为年轻选手树立了榜样。她不仅是一位运动员，更是一位传递体育精神的使者。

在这场对决中，孙颖莎与倪夏莲以各自的方式诠释了体育精神的真谛。孙颖莎以她的实力和稳定，展现了年轻一代的朝气和活力；而倪夏莲则以她的坚持和热爱，传递了体育精神的真谛。她用自己的行动诠释了何为"世界唯一"，即那份独一无二、跨越年龄与国界的体育情怀。在赛场上，她不仅是运动员，更是体育精神的传播者，用她的坚韧与智慧激励着每一位年轻选手。

这场对决，是技术与经验的碰撞，更是精神与情感的交融。孙颖莎与倪夏莲在赛场上的每一次交锋，都在传递着体育精神的真谛。孙颖莎从倪夏莲身上学到了对乒乓球的热爱与执着，以及面对困难时的顽强与不屈；而倪夏莲则通过孙颖莎的表现，看到了中国乒乓球的未来与希望。这种跨越年龄与经验的传承，不仅让体育精神得以延续，更让人们对乒乓球这项运动充满了期待。

此外，这场比赛还向我们展示了体育竞技中的温暖与感动。在比赛结束后，

孙颖莎与倪夏莲的握手拥抱，以及倪夏莲心满意足地“下班”的情景，都让人感受到了体育竞技中的爱与尊重。这种情感的传递，让体育不再仅仅是胜负的较量，更成为一种心灵的交流与共鸣。

孙颖莎与倪夏莲的这场对决，不仅是一场技术与体力的较量，更是一次体育精神的传承。它既让我们看到了不同年龄段选手的风采与魅力，也让我们更加深刻地理解了体育精神的内涵与价值。这场“世纪祖孙大战”，将成为奥运会历史上的一段佳话，激励着更多的运动员和观众去追求卓越、享受比赛。

（资料来源：央广网，2024年8月1日，有修改）

◎ 案例简析

材料一

乒乓球世界杯团体赛采用5盘3胜制，即一个队伍需赢得3场比赛才能获得胜利。具体比赛顺序如下：

第一场：（B+C） VS （Y+Z）（双打）；第二场：A VS X（单打）；第三场：C VS Z（单打）；第四场：A VS Y（单打）；第五场：B VS X（单打）。在这五场比赛中，第一场为双打，第二、三、四、五场为单打。单打比赛采用3局2胜制，而双打比赛则采用5局3胜制。（A、B、C、X、Y、Z均为运动员编号）

材料二

苏迪曼杯世界羽毛球混合团体锦标赛，是世界羽毛球联合会主办的混合团体锦标赛，是羽毛球三大世界性的团体赛之一。自1989年举行首届比赛起，每两年举办一届。比赛采用5场3胜制，进行男子单打、女子单打、男子双打、女子双打和混合双打五个单项的角逐。

请你根据以上材料，对比乒乓球世界杯团体赛（采用5盘3胜制）与羽毛球苏迪曼杯（采用5场3胜制）的编排逻辑，说明不同项目在赛程、出场顺序设计上的差异及其原因。

解析

实训项目

为丰富职工业余生活，加强体育锻炼，A企业准备举办乒乓球友谊赛，请你为本次乒乓球友谊赛设计完整的赛事方案。

解析

要求

（1）参赛分组与赛制（考虑业余选手水平差异）。

（2）赛程安排表（含时间、场地分配）。

（3）突发情况应急预案（如设备故障、争议判罚等）。

学中做　做中学

解析

1.分析奥运会羽毛球小组赛+淘汰赛的编排逻辑，讨论其优缺点。

2.列出影响编排的5个关键因素（如场地数量、时间限制、运动员体能），并分析如何优先排序。

模块三　竞速计时计远度类运动项目

教学提示

1. 竞速计时计远度类运动项目分类
2. 竞速计时计远度类运动项目规则
3. 竞速计时计远度类运动项目编排

体育运动项目中，竞速计时计远度类运动项目的种类最多，主要集中在田径、游泳、自行车等大项中，这类运动项目的参与人群广泛，因此，了解该类运动项目的类别、规则以及编排方法尤为重要。

项目一　竞速计时计远度类运动项目的概念与分类

一、竞速计时计远度类运动项目的概念

竞速计时计远度类运动项目是指以客观的、可量化的物理量（时间或距离）作为评判成绩的唯一标准的竞技项目。运动员需在同一赛道或场地上，按照既定规则完成指定距离或动作，并以完成时间的快慢或距离的远近直接决定排名。

二、竞速计时计远度类运动项目的分类

1. 竞速计时类运动项目

竞速计时类运动项目以时间为衡量标准，追求用最短的时间完成规定距离。

（1）按运动形式，竞速计时类运动项目可分为陆地项目（如田径跑、自行车）、冰上项目（速度滑冰、短道速滑）、水上项目（游泳、赛艇）等。

（2）按距离判定方式，竞速计时类运动项目可分为固定距离项目（如100米短跑、500米速滑）和计圈项目（如团体追逐赛、集体出发赛）等。

2. 计远度类运动项目

按运动形式，计远度类运动项目可分为跳跃类项目（如跳远、跳高等）、投掷类项目（如铅球、铁饼等）。

知识拓展

2024年巴黎奥运会竞速计时计远度类项目

1. 2024年巴黎奥运会田径项目

径赛项目：男子和女子100米、200米、400米、800米、1500米、5000米、10000米、马拉松、20公里竞走、400米栏、3000米障碍赛、4×100米接力、4×400米接力，以及男子110米栏、女子100米栏、混合4×400米接力、竞走马拉松混合接力等。

田赛项目：男子和女子跳高、撑杆跳高、跳远、三级跳远、铅球、铁饼、链球、标枪，以及男子十项全能、女子七项全能等。

2. 2024年巴黎奥运会游泳项目

男子项目：50米自由泳、100米自由泳、200米自由泳、400米自由泳、800米自由泳、1500米自由泳、100米仰泳、200米仰泳、100米蛙泳、200米蛙泳、100米蝶泳、200米蝶泳、200米个人混合泳、400米个人混合泳、4×100米自由泳接力、4×200米自由泳接力、4×100米混合泳接力等。

女子项目：50米自由泳、100米自由泳、200米自由泳、400米自由泳、800米自由泳、1500米自由泳、100米仰泳、200米仰泳、100米蛙泳、200米蛙泳、100米蝶泳、200米蝶泳、200米个人混合泳、400米个人混合泳、4×100米自由泳接力、4×200米自由泳接力、4×100米混合泳接力等。

男女混合项目：混合4×100米混合泳接力。

◆ 思政园地

中国田径队：同心协力逐梦巴黎

2024年巴黎奥运会田径项目的场地和往届奥运会相比发生了变化。在法兰西体育场，紫色跑道首次亮相奥运赛场。从1924年巴黎奥运会的烟灰色跑道到2024年的紫色跑道，这一条条跑道将成为连接历史与现代的桥梁，谱写奥运会的新篇章。

对于我国奥运征程而言，田径赛场还是我国奥运健儿梦想开始的地方。在1932年洛杉矶奥运会上，作为唯一一位参赛的中国运动员，刘长春先后参加田径男子100米和200米预赛，成为中国征战奥运第一人。从刘长春独自参赛到短跑名将苏炳添男子百米赛场震惊世界，中国男子100米的奥运竞技之路走过了近一个世纪，见证了中国体育从弱到强的发展。

2020年东京奥运会上，苏炳添在男子100米半决赛中以9秒83打破亚洲纪录，并最终位列第六。但因为自身状态等原因，这位中国“飞人”无缘巴黎。如此一来，中国男子短跑的重任就落在了谢震业肩上。30岁的谢震业不仅是中国队男子100米和200米的“独苗”，还将领衔出战4×100米接力。女子短跑方面，葛曼棋将再度出战女子100米短跑，获得东京奥运会女子4×100米接力第六名的中国女队未能获得巴黎奥运会的入场券。

2020年东京奥运会上处于职业生涯巅峰状态的巩立姣，以20米58的个人最好成绩获得女子铅球金牌。此后，她的状态略有起伏，本赛季截至目前巩立姣的最好成绩是20米。2023年冬训巩立姣重新携手东京奥运周期的德国教练克拉克，对技术动作进行了一定调整。这名35岁的老将此前曾表示，冬训效果不错，对2024

年巴黎奥运会充满信心。

中国队在竞走项目的统治力虽然不如往日，但刘虹、杨家玉、马振霞三人在女子20公里竞走中仍具备集团优势。其中，36岁的名将刘虹同样将书写五战奥运的传奇。

值得注意的是，两位年轻小将王琦和熊诗麒将分别参加2024年巴黎奥运会男子链球、女子跳远的比赛，填补了中国军团的奥运参赛空白。同时，男子110米栏实现了满额参赛，曾蕊让中国女子三级跳远时隔8年重新获得奥运资格，这说明中国田径的年青一代正在迈向全面均衡发展的新阶段。

（资料来源：《光明日报》，2024年7月11日，有修改）

◎ 案例简析

速度滑冰：历史悠久的冰上竞速运动

速度滑冰简称速滑，是以冰刀为工具在冰上进行的一种冰上竞速运动。速滑不仅是历史最为悠久的冰上运动项目，也是在全世界范围内开展最为广泛的冰上运动项目。早在十一二世纪，在欧洲荷兰、英国、瑞士以及斯堪的纳维亚半岛的一些国家的早期文献中就有关于将动物骨骼绑在脚上在冰上快速移动的记载，这是滑冰运动的早期雏形。从19世纪40年代开始，速度滑冰从英格兰和荷兰迅速传入其他国家，滑冰俱乐部也由此纷纷建立。1879年，第一个全国性的滑冰领导机构——英国滑冰协会创立。1893年1月，在国际滑冰联盟的领导下，第一届世界男子速度滑冰锦标赛在阿姆斯特丹举行。

速滑是一项能让人类不借助外力在平面上达到最快速度的体育项目，奥运冠军们最快速度能超过60公里/时。比赛在周长400米的跑道上进行，跑道由两条直线和两条180度的弧线连接而成，分内、外两道，道宽5米。内跑道的内圈半径为25米，外跑道的内圈半径为30米。

阅读以上材料并查阅相关资料，思考速度滑冰与短道速滑在竞赛规则与形式方面有哪些区别？

解析

实训项目

A中学计划在开学初的第一周（周二至周五）举行学校田径运动会，假设你是此次运动会的负责人，请设置本次学校田径运动会的参赛项目。

要求

（1）明确田径项目的分类标准。

（2）项目设置要与A中学实际情况相符。

解析

学中做 做中学

请依据游泳项目的分类标准为XXX集团有限公司举办的职工运动会游泳竞赛项目进行项目设项，并给出依据。

解析

项目二 竞速计时计远度类运动项目规则

一、田径项目规则

（一）径赛规则

在田径比赛中，所有径赛项目参赛者的名次取决于其身体躯干抵达终点线后沿垂直面的顺序，以先到达者名次列前。在任一赛次中，按成绩录取进入下一赛次时如遇运动员成绩相等，则终点摄像主裁判应考虑有关运动员的1/1000秒的实际成绩。如果成绩依然相等，则有关运动员均应进入下一赛次。如实际条件不允许，应抽签决定进入下一赛次的人选。在决赛中若第一名成绩相同，裁判长有权决定是否重赛，若无条件重赛，则并列第一；至于其他名次成绩相同，均按并列处理。

1.起跑

在国际赛事中，所有400米或以下的径赛项目，必须采用蹲踞式起跑并使用起跑器。发令员口令为“各就位”“预备”，最后发令枪响。在“各就位”及“预备”口令之后，参赛者应立即完成有关动作，否则属起跑犯规。如果有运动员抢跑，发令员就会宣布起跑犯规。目前，所有全球高水平田径赛事，除全能项目外，任何运动员的第一次起跑犯规都将导致其被立即取消比赛资格。全能项目比赛中，如果一名运动员两次起跑犯规，将被取消比赛资格。除此以外，在“各就位”口令发出后，以声音或动作扰乱他人，也将被判为起跑犯规。在枪声响起前有任何起跑动作，均属起跑犯规。如因仪器或其他原因而非运动员造成的起跑，应向所有运动员出示绿牌。400米以上（不含400米）的径赛项目，均采取站立式起跑。发令员口令为“各就位”，当所有参赛者在起跑线后准备妥当静止后，便可鸣枪开始比赛。

2.分道跑

在分道跑和部分分道跑的径赛项目中，参赛者越出跑道，获得实际利益或冲撞、阻碍其他参赛者，会被取消比赛资格。如果参赛者被推或挤出指定的跑道，只要未获得实际利益也未影响他人，可不取消其比赛资格。同样，任何参赛者在直道中越出其跑道或在弯道中越出其跑道的外侧，只要没有获得实际利益及阻碍他人，均不算犯规。

3.赛次和分组

赛次的安排和分组，以及每一赛次的录取人数等将根据报名参加比赛的人数决定。预赛分组时要尽可能把成绩好的运动员平均分配到不同的小组中。在其后的各轮比赛中，分组要依据运动员在前一轮的比赛成绩确定。如果可能，相同国家或地区的运动员应分配到不同的小组。

4. 分道

运动员在所有短跑、跨栏和4×100米接力赛中自始至终都必须在自己的跑道里。800米和4×400米接力赛，运动员在自己的跑道里起跑，运动员通过抢道标志线以后才能离开自己的跑道，切入里道。径赛一般分为第一轮、第二轮、半决赛和决赛四个赛次。在小组第一轮比赛中，运动员被排在哪一个跑道上一般是由计算机自由排列出来的。其后的各轮比赛，跑道的选择依据运动员在上一轮的比赛成绩而定。这个规则的目标是让更优秀的运动员可以排在靠中间的跑道上，好的跑道是第3、4、5、6道，它们应由排名前4位的运动员分别占据。第1、2、7、8道则由后4名占据。

5. 接力赛

4×100米接力跑是分道进行的，接棒者可以在接力区前10米内起跑。接力赛中，运动员必须在20米的接力区内完成交接。“接力区内”的判定是根据接力棒的位置，而不是根据参赛者的身体或四肢的位置。在4×400米接力跑中，第一棒全程及第二棒的第一弯道是分道跑，第二棒运动员跑至抢道线后方可自由抢道。第一棒的传接必须在参赛者指定的跑道内进行，其余各棒的传接，裁判员根据第二及第三棒运动员通过200米起点处的先后，按次序让其第三及第四棒的队友在接力区内，由内至外排列等候接棒。所有接棒者均不可在接力区外起跑。

接力棒必须拿在手上，直到比赛结束为止。完成交接棒后，运动员应留在本队的跑道中以免因影响他人而被取消比赛资格。任何人掉了棒，必须由其本人拾回，而且要在不影响别人的情况下，方可越出自己的跑道以拾回接力棒。

6. 跨栏

各参赛者必须在自己的跑道内完成比赛，当参赛者跨越栏架时，若其腿或脚从低于栏架顶的水平线跨越，或跨越并非自己赛道上的栏架，或故意以手或脚撞倒任何栏架，均应取消其参赛资格。

7. 风速

在100米、200米和100米栏、110米栏比赛中，如果顺风超过2米/秒，运动员创造的成绩就不能成为新的纪录。

8. 公路赛

奥运会公路赛包括男子和女子20公里竞走、马拉松。起跑时发令员召集运动员到出发线以后，运动员按抽签排定的顺序排列。走、跑完全程后，身体躯干第一个触到终点线的运动员为优胜者。在比赛的起点和终点应提供水和其他饮料，在比赛路线上每隔5公里设置一个饮料站。每一个饮料站内分别设有组委会提供的饮料和运动员自己准备的饮料。在两个饮料站之间还要设置饮水用水站，运动员经过时可以取饮用水，还可以取浸了水的海绵为身体降温。除了已经设置的站点之外，运动员不能从比赛线路的其他地方获得饮料，否则将被取消比赛资格。竞走比赛有两个核心规则。首先，竞走运动员必须始终保持至少有一只脚与地面接触。其次，前腿从着地的一瞬间起到垂直时必须始终伸直，膝关节不能弯曲。

比赛中有6～9名专职的竞走裁判员监督运动员。按规则规定，他们不能借助任何设备帮助判断，只能依靠自己的眼睛来判断运动员是否犯规。当竞走裁判员看到竞走运动员的动作有违反竞走技术的迹象时，应予以黄牌警告，并在赛后报告给主裁判。当运动员的行进方式违反竞走技术的规定，表现出肉眼可见的腾空或膝关节弯曲时，竞走裁判员须将一张红卡送交竞走主裁判。当竞走主裁判收到针对同一名运动员的三张来自不同竞走裁判员的红卡时，该运动员即被取消比赛资格，并由主裁判或主裁判助理向其出示红牌。

（二）田赛规则

1. 跳高

（1）场地与器材。

助跑道（起跳区）：通常为扇形区域，长度为15～25米，朝向横杆中心的倾斜度不超过1：250（即每250米水平距离高度差不超过1米）；表面应平坦均匀，可以是合成材料或其他适合快速奔跑的材质；煤渣铺面的起跳区，在靠近落地区近沿应埋设长5米、宽8厘米、厚3厘米的最高板，并与地面平齐。

跳高架与横杆区域：跳高架置于起跳区与落地区之间的中央地段，跳高架的高度至少应超过横杆实际提升的高度10厘米；两立柱之间的距离为4.00～4.04米；立柱离落地区（海绵垫）至少有10厘米的间隙。

落地区：标准比赛，落地区最小为6米（长）×4米（宽）×0.7米（高）；其他比赛，落地区最小为5米（长）×3米（宽）×0.7米（高）；填充物密度为（25±3）千克/米^{3}的海绵垫；一般性比赛或练习可用沙坑代替，但需保证安全。

横杆标准：长度4米（官方允许范围为3.98～4.02米）；横杆圆形部分的直径为30毫米（±1毫米）；最大重量不得超过2千克；通常由玻璃纤维或其他适宜材料制成。

（2）比赛规则。

抽签决定运动员的试跳顺序。比赛开始前，主裁判应向运动员宣布起跳高度和每轮比赛结束后横杆的提升高度，此计划直至比赛中只剩下1名获胜的运动员为止。除非比赛中只剩下1名运动员，且他已获得该项目比赛的冠军，否则每轮比赛之后，横杆升高不得少于2厘米。横杆升高的幅度不能增大。在全能比赛中，每轮的横杆提升高度均为3厘米。运动员必须用单脚起跳。一旦比赛开始，运动员不得使用助跑道或起跳区进行练习。

如有下列情况之一者，则判为试跳失败：试跳后，由于运动员的试跳动作，致使横杆未能留在横杆托上；在越过横杆之前，运动员身体的任何部位触及立柱地面或落地区。如果运动员在试跳中一只脚触及落地区，则不应判为试跳失败。运动员可以在主裁判事先宣布的横杆升高计划中的任何一个高度开始试跳，也可在以后任何一个高度根据自己的意愿决定是否试跳。但在任何高度上，只要运动员连续3次试跳失败，即失去继续比赛的资格。因成绩相等而进行的决名次赛的试跳除外。

允许运动员在某一高度上第1次或第2次试跳失败后，在其第2次或第3次试跳时请求免跳，并在后继的高度上继续试跳。运动员在某一高度上请求试跳后，不准在该高度上恢复试跳，除非出现第1名成绩相等的情况。每次升高横杆后，在运动员试跳之前，均应测量横杆高度。当横杆放置在记录高度时，有关裁判员必须进行审核测量。如果自上一次测量记录高度后，横杆又被触及，在后继的记录高度的试跳之前，裁判员必须再次测量横杆高度。

即使其他运动员均已失败，一名运动员仍有资格继续试跳，直至其放弃继续比赛的权利。当某运动员已在比赛中获胜时，有关裁判员或裁判长应征求该运动员的意见，由该运动员决定横杆的提升高度。（注：此规定不适用于全能比赛项目。）每名运动员应以其最好的一次试跳成绩，包括因第1名成绩相等而进行的决名次赛的试跳成绩，作为其最后的决定成绩。

2. 跳远

（1）场地与器材。

助跑道：长度至少40米，为运动员提供充分的加速空间；宽度1.22～1.25米，误差不超过0.01米，以保证助跑稳定性；表面应平坦均匀，可以是合成材料或其他适合快速奔跑的材质；朝向起跳板的倾斜度不超过1：1 000，防止运动员在助跑过程中出现意外。

起跳板区域：起跳板长1.22米、宽20厘米、厚10厘米，白色；埋入地面与助跑道表面平齐，前沿为起跳线；起跳板至沙坑近端的距离为1～3米，至远端至少10米；三级跳远起跳板距沙坑男子13米、女子11米（可调整）。

沙坑（落地区）：宽度≥2.75米（国际标准2.75～3米）；长度≥7米（国际标准建议不小于9米）；沙面与起跳板齐平，填满柔软湿润的沙子；沙子应为洗净的河沙或纯石英砂，颗粒不得大于2毫米。

橡皮泥显示板：紧靠起跳板前设置，长1.21～1.22米，宽10厘米；上面覆盖1毫米厚的橡皮泥，用于判断运动员是否踩线犯规。

测量工具：钢尺或专用测试仪、电子测试仪。

（2）比赛规则。

跳远距离的测量是从起跳线远端量起到跳远运动员在沙坑中留下的最近痕迹为止。如果出现非整数的情况，则长度数值应四舍五入到最接近的厘米数。跳远成绩在顺风风速超过7.2米/秒的时候不能承认其为新的世界纪录。如果运动员在跳跃时遇到障碍，裁判员可以判妨碍并给予其第二次试跳机会。运动员在比赛期间可以离开赛区，但必须经过裁判员的批准并由裁判员陪同离开。比赛进行中运动员不能接受帮助。除非是经过指定的医务人员进行身体检查或者与不在比赛区里的个人进行交谈或其他通讯联络。裁判员可以因运动员超过比赛时间限制而不按规定跳跃判罚试跳无效。如果在时间用尽前已经起跑则成绩算数。

跳远有下列情形之一即判犯规：运动员以身体任何部位触及起跳线之前的地面；从起跳板两端之外起跳，无论是否超过起跳线的延长线；触及起跳线和落地区之间的地面；在落地过程中触及落地区以外的地面，而落地区外的触地点较落地区内的最接近触地点更靠近起跳线；离开落地区时，运动员在落地区外地面的第一触地点较落地区内最接近触地点和在落地区内因身体失去平衡而留下的任何痕迹更靠近起跳线；在助跑或跳跃中采用任何空翻姿势；还未通知该运动员试跳，而进行试跳，不管试跳是否成功，都应判该次试跳失败；无故错过该次试跳顺序；跳进沙坑之后，应一直向前走或向两侧走沙坑，如果向后走出沙坑则成绩无效；无故延误比赛时限。比赛时，运动员无故延误时间，即不准参加该次跳，以失败论处。如果在比赛中再次无故延误比赛时间，即取消该运动员的比赛资格，但在此之前的比赛成绩仍然有效。每次试跳的时限为1分钟，只有当一名运动员连续两次试跳时，其试跳时限为2分钟。在时限只剩最后15秒时，计时员举黄旗示意，当时限到时，落下黄旗，主裁判应判定运动员该次试跳失败。如时限到的同时，运动员已开始试跳，应允许其进行该次试跳。当裁判员通知运动员试跳开始后，运动员才决定免跳，当时限已过时，应判为该次试跳失败。

任何平局都由比较次好成绩决出胜负。如果还不能解决问题，就比较第三好的成绩，以此类推，如仍相等，并涉及第一名者，则令比赛队员，按原来的比赛成绩，进行新一轮试跳，直到决出名次为止。

落地区宽度最小2.75米，最大3米。如有可能，跑道应对准落地区中央，使助跑道中心线延长时与落地区的中心线重合，当落地区中心线与助跑道的中心线不重合时，应在落地区内布置一条或两条带子，使这两条线重合。三级跳远的三跳顺序是一次单足跳、一次跨步跳和一次跳跃。单足跳时应用起跳腿落地，跨步跳时应用另一条腿（摆动腿）落地，然后完成跳跃动作。运动员在跳跃中摆动腿触地不应视为试跳失败。

3. 铅球

（1）场地与器材。

投掷圈区域：投掷圈直径为2.135米（7英尺），由金属或其他适宜材料制成；投掷圈顶部与圈外地面齐平，圈内地面比圈外低14～26毫米；圈内地面由混凝土或其他坚硬不滑的材料构成；投掷圈前缘装有抵趾板，防止运动员滑出。

抵趾板：长1.21～1.23米，宽11.2～11.6厘米，高9.8～10.2厘米，由木材或其他适宜材料制成，涂成白色；内沿与投掷圈内沿重合，固定牢固不移动，内沿与地面垂直，外沿呈弧形。

落地区（扇形区）：为34.92°的扇形区域（国际标准），边线宽5厘米，不计算在有效落地区内，长度至少25米（国际比赛要求）；地面应平整、松软，能清晰显示铅球落点痕迹。

铅球标准：男子成年组铅球重量为7.26千克，女子成年组铅球重量为4千克，青年组和少年组铅球重量根据年龄和性别有不同规格；铅球直径，男子为110～130毫米，女子为95～110毫米；铅球外壳为铁、黄铜或不锈钢，内部可填充铅或其他材料以达到规定重量；表面光滑无凸起，不得有可帮助投掷的装置。

测量工具：钢尺或激光测距仪、标记旗、角度测量器。

（2）比赛规则。

抽签决定运动员的试掷顺序。运动员超过8人，应允许每人试掷3次，有效成绩最好的前8名运动员可再试掷3次，试掷顺序与前3次试掷后的排名相反。如果在第3次试掷结束后出现第8名成绩相等，按规则处理。当比赛人数只有8人或少于8人时，每人均可试掷6次。比赛开始前，运动员可在比赛场地练习试掷，练习组应按抽签排定的顺序进行，并始终处于裁判员的监督之下。一旦比赛开始，运动员不得持器械练习，且无论持器械与否，均不得使用投掷或落地区以内地面练习投掷。运动员必须从静止姿势开始试掷，允许运动员触及铁圈和抵趾板的内侧，运动员应用单手从肩部将铅球从投掷圈内推出。当运动员进入圈内开始试掷时，铅球应抵住或靠近颈部或下颌，在推球过程中持球手不得降到此部位以下，不得将铅球置于肩轴线后方，不允许使用任何装置对投掷时的运动员进行任何帮助。例如，使用带子将两个或更多的手指捆在一起等。除开放性损伤需要包扎以外，运动员不得在手上使用绷带或胶布；不允许使用手套；为能更好地持握铅球，运动员可使用某种适宜物质，但仅限于双手；为防止手腕受伤，运动员可在手腕处缠绕绷带；为防止脊柱受伤，运动员可系一条皮带或其他适宜材料制成的带子；不允许运动员向圈内或鞋底喷洒任何物质。

运动员进入圈内开始投掷后，如果运动员身体的任何部位触及圈外地面，或触及铁圈和抵趾板上面，或以不符合规定的方式将铅球推出，均判为一次投掷失败。如果在投掷中未违反上述规定，运动员可中止已开始的投掷，可将器械放在圈内或圈外，在遵守相关规则的前提下，可以离开投掷圈，然后返回圈内从静止姿势重新开始投掷。铅球完全落在落地区角度线内沿以内，试掷方为有效。每次有效试掷后，应立即测量成绩。从铅球落地痕迹的最近点取直线量至投掷圈内沿，测量线应通过投掷圈圆心。运动员在器械落地后方可离开投掷圈。离开投掷圈时首先触及的铁圈上沿或圈外地面必须完全在圈外白线的后面，白线后沿的延长线应能通过投掷圈圆心。应以每名运动员最好的一次投掷成绩，包括因第一名成绩相等而进行的决名次赛的试掷成绩，作为其最后的决定成绩。

在比赛过程中，运动员如果有下列违反规则的行为，则会被判犯规，成绩无效：超出时间限制；投掷铅球技术不符合规则规定；触及抵趾板前端；铅球落在投掷区域外；铅球低于肩部；进入投掷圈后，未能暂停或者展示控制；计分6次投掷后，有效投掷距离最远的运动员获胜；在投掷过程中，身体和器械的任何一部分不得触及投掷圈铁圈上沿或圈外的地面投掷弧、延长线以及线以外地面的任何部分，包括铅球抵趾板的上面，否则即为投掷失败；只有当器械落地以后，运动员才允许离开投掷圈或助跑道。

4.铁饼

（1）场地与器材。

投掷圈区域：投掷圈直径2.50米（国际标准），由金属或其他适宜材料制成；投掷圈顶部与圈外地面齐平，圈内地面比圈外低14～26毫米；圈内地面由混凝土或其他坚硬不滑的材料构成；投掷圈前缘装有金属圈或白线标记，无抵趾板。

护笼（安全网）：U形结构，开口宽度6米，位于投掷方向前方；高度至少4米，能承受1.6千克铁饼以25米/秒速度的冲击；网眼尺寸最大50毫米，防止铁饼穿过；护笼内表面距投掷圈中心距离3.17米（国际标准）。

落地区（扇形区）：为34.92°的扇形区域（国际标准），边线宽5厘米，不计算在有效落地区内，长度至少80米（国际比赛要求）；地面应平整、松软，能清晰显示铁饼落点痕迹。

铁饼标准：男子成年组铁饼重量为2千克、女子成年组铁饼重量为1千克，青年组和少年组铁饼重量根据年龄和性别有不同规格；铁饼直径，男子为219～221毫米，女子为180～182毫米；铁饼厚度，男子为44～46毫米，女子为37～39毫米；铁饼外壳为金属（通常为黄铜或不锈钢），边缘为圆形金属圈，中心部分可为塑料或木材；表面光滑无凸起，边缘均匀无缺口。

测量工具：钢尺或激光测距仪、标记旗、角度测量器。

（2）比赛规则。

抽签决定运动员的试掷顺序。运动员超过8人，应允许每人试掷3次，有效成绩最好的前8名运动员可再试掷3次，试掷顺序与前3次试掷后的排名相反。如果在第3次试掷结束后出现第8名成绩相等，按规则处理。当比赛人数只有8人或少于8人时，每人均可试掷6次。比赛开始前，运动员可在比赛场地练习试掷，练习时应按抽签排定的顺序进行，并始终处于裁判员的监督之下。一旦比赛开始，运动员不得持器械练习，且无论持器械与否，均不得使用投掷圈或落地区以内地面练习试掷。运动员应从投掷圈内掷出铁饼，且必须从静止姿势开始试掷，允许运动员触及铁圈内侧，不允许使用任何装置对投掷时的运动员进行任何帮助。例如，使用带子将两个或更多的手指捆在一起等。除开放性损伤需要包扎以外，运动员不得在手上使用绷带或胶布；不许使用手套；为了能更好地持握器械，运动员可以使用某种物质，但仅限于双手；为防止脊柱受伤，运动员可系一条由皮质或其他适宜材料制成的带子；不允许运动员向圈内或鞋底喷洒任何物质。

运动员进入圈内开始试掷后，如果运动员身体的任何部位触及圈外地面或铁圈上沿，均为一次试掷失败。如果在试掷中未违反上述规则，运动员可中止已开始的试掷，可将器械放在圈内或圈外，在遵守相关规则的前提下，可以离开投掷圈，然后返回圈内从静止姿势重新开始试掷。铁饼完全落在落地区角度线内沿以内，试掷方为有效。每次有效试掷后，应立即测量成绩。从铁饼落地痕迹的最近点取直线量至铁圈内沿，测量线应通过投掷圈圆心。运动员在器械落地后方可离开投掷圈。离开投掷圈时，首先触及的铁圈上沿或圈外地面必须完全在圈外白线的后面，白线后沿的延长线应能通过投掷圈圆心。应将器械运回投掷圈，不许投回。应以每名运动员最好的一次试掷成绩，包括因第一名成绩相等而进行的决名次赛的试掷成绩，作为其最后的决定成绩。

5. 标枪

（1）场地与器材。

助跑道：长度30 ~ 36.5米（国际比赛至少33.5米），为运动员提供充分的加速空间；宽度4米，表面平坦均匀，可以是合成材料或其他适合快速奔跑的材质；助跑道尽头设有投掷弧线（起掷线），弧线半径8米；助跑道末端两侧设有限制线，以防止运动员投掷时越出跑道。

投掷弧线（起掷线）：为半径8米的圆弧，宽7厘米，白色；弧线两端延伸出两条75厘米长的白线，与助跑道边线垂直；投掷时运动员不得触及或越过此线。

落地区（扇形区）：为29°的扇形区域（国际标准），边线宽5厘米，不计算在有效落地区内，长度至少100米（国际比赛要求），地面应平整、松软，能清晰显示标枪落点痕迹。

标枪标准：男子成年组标枪重量为800克，女子成年组标枪重量为600克，青年组和少年组标枪重量根据年龄和性别有不同规格；男子标枪长2.6 ~ 2.7米、女子标枪长2.2 ~ 2.3米；现代标枪多为金属（铝合金）或碳纤维材质，传统标枪为木质。标枪由枪头、枪身和握把组成，枪尖为金属，重心位于握把处，表面光滑无凸起，不得有可帮助投掷的装置。

测量工具：钢尺或激光测距仪、标记旗、角度测量器。

（2）比赛规则。

标枪比赛的目标，是将标枪投掷到尽可能远的距离。标枪的尖端必须落在落地区的范围内，标枪只需要在地面上有一个标记便可以，并不需要插在地上或者将草皮打破。运动员必须用一只手握住标枪的握把，不允许在投掷的手上佩戴手套，在投掷的过程中不能提供额外的帮助，运动员可以用胶带将手指缠住，但不允许将两个或者多根手指绑在一起。在投掷的过程中，标枪必须保持在上手的位置，即越过肩膀或者投掷手臂的上部。同其他的投掷项目不同，标枪不允许采用任何非正统的投掷方式，运动员在投掷过程中，必须遵循固定的规则。在投掷完成前，运动员不允许背对落地区。在投掷标枪时或标枪落地之前，运动员必须留在投掷弧线的后面。一旦轮到运动员投掷标枪，那么必须要在1分钟的时间内完成投掷。运动员若未能遵循上述规则，将被判罚犯规，但非规则以内的犯规不计算在内。

标枪的计分，实际上是计算标枪投掷的距离。一旦标枪的枪头降落在落地区内，裁判员便会使用一个标记物（通常为尖刺），记录标枪的初始撞击点。裁判员会计量标记点到投掷弧中心点内侧边缘的直线距离，四舍五入到最接近的厘米。

6. 男子十项全能/女子七项全能

规则：径赛项目抢跑3次取消该单项比赛资格，但仍可参加其余项目比赛；田赛中的跳远和投掷项目每人只有3次试跳、试掷机会。比赛中途，如任何一个单项弃权，则不得计总分和名次。凡需计风速的单项成绩，平均风速在4米/秒以下者，其记录可予承认。如风速超过4米/秒，仍可按总分计全能名次，但不能作为正式全能记录。全能运动中的径赛项目采用电动计时或人工计时均可，但不得混合使用，应分别设置记录。

参加十项全能比赛和七项全能比赛的运动员必须在两天内按顺序完成十项比赛。男子十项全能比赛项目依次是：第一天100米、跳远、铅球、跳高、400米；第二天：110米栏、铁饼、撑杆跳高、标枪、1500米。女子七项全能比赛项目依次是：第一天100米栏、跳高、铅球、200米；第二天跳远、标枪和800米。

男子十项全能和女子七项全能运动员的得分基于他们在每一项比赛中的表现，最后总成绩最高的运动员获胜。因此，运动员只有每项比赛都表现优异而不是偏重某一项才能最终获得冠军。实际上，人们设计了复杂的计分系统以保证在一项比赛中占尽优势的运动员的得分不会高于在几项比赛中成绩都较好的运动员。每一项比赛的得分都取决于该项目的评分标准，奥运会根据世界纪录制定出一个得分对应表格，将运动员的成绩在表格中换算成分数，然后相加得出总分。

二、游泳项目规则

（一）项目规则

1. 自由泳

（1）泳姿规定。单项自由泳比赛可采用任何泳姿；个人混合泳及混合泳接力中的自由泳段，须采用除仰泳、蛙泳、蝶泳以外的任何泳姿。

（2）触壁要求。每次转身及到达终点时，运动员身体必须有一部分触及池壁。

（3）身体位置。游程中身体须有部分持续露出水面；允许在出发及每次转身后的15米内进行水下潜泳，但头部必须在15米前露出水面。

2. 仰泳

（1）姿势与出发。出发前在水中面对池壁，双手抓握手器，禁止脚踩或勾住水槽/触板上缘；出发和转身后须保持仰卧姿势，允许身体转动，但不得超过与水平面成90°。

（2）身体位置与潜泳。游程中身体须有部分露出水面；允许在出发、转身后15米内及头部越过5米线后完全没入水中，但头部须在15米前露出。

（3）转身与到边。转身时须以身体某部分触壁，过程中肩部可转成俯卧并做一次划水动作，但须呈仰卧姿势蹬离；抵达终点时必须以仰卧姿势触壁。

3. 蛙泳

（1）身体姿势与动作周期。除转身外，运动员须始终保持俯卧姿势，不得转成仰卧；动作周期须以一次划臂和一次蹬腿的顺序完成；每个完整周期内，头的某一部分必须露出水面。

（2）手臂动作。两臂所有动作须同时、对称进行，不得交替；两手须同时于胸前伸出，向后划水不得超过臀线（出发和转身后第一次动作除外）；肘部除转身或到边前的最后一次划水外，必须保持在水下；转身和抵达终点时，两手须分开且同时触壁。

（3）腿部动作。两腿所有动作须同时、对称进行，不得交替；蹬腿时两脚须做外翻动作；除转身和到达终点外，禁止任何交替打腿或向下的蝶泳打腿动作；允许两脚露出水面，但不能接着做向下的蝶泳腿。

4. 蝶泳

（1）身体姿势与转身。须始终保持俯卧姿势，不得转成仰卧；触壁后可用任何方式转身，但须呈俯卧姿势蹬离池壁。

（2）手臂与腿部动作。两臂须在水面上同时向前摆动，水下同时向后划水；两腿须同时上下打水，允许不在同一水平面，但禁止交替动作或蹬蛙泳腿。

（3）出水、触壁与潜泳要求。出发和转身后允许水下打腿和一次划水使身体升到水面；允许在15米内潜泳，但头部须在15米前露出水面，此后身体须保持在水面上直至下次转身或到边；转身和抵达终点时，两手须分开且同时触壁。

5. 混合泳

（1）泳姿顺序。个人混合泳顺序为蝶泳、仰泳、蛙泳、自由泳；混合泳接力顺序为仰泳、蛙泳、蝶泳、自由泳。注意：每种泳姿须完成四分之一赛程。

（2）自由泳段特殊规定。允许仰卧蹬离池壁，但禁止打腿直至身体转动超过垂直面转为俯卧；除转身外，须保持俯卧姿势，转身后须先恢复俯卧，再开始打腿或划水。

（3）动作合规性。所有泳姿动作须符合各泳姿单项竞赛规则。

（二）项目竞赛

1. 基本规定

（1）个人项目按性别分开比赛，须游完全程，否则取消资格。

（2）入场后须脱除泳装外所有衣物，须在同一泳道内完成比赛。

2. 转身与泳池行为

（1）转身必须触及池壁并从池壁进行，禁止池底行走或跨越。

（2）自由泳及混合泳自由泳段允许池底站立，但禁止行走、拉分道线及干扰他人。

3. 接力规则

（1）每队4人，混合接力须2男2女，分段成绩不作为记录。

（2）交接须从出发台开始，前一名运动员触壁前后一名运动员脚不得离台。

（3）赛前须提交顺序名单，队员只能游一棒，预决赛可换人，但顺序错误或非伤病替换将取消资格。

4. 犯规与处罚

（1）未比赛运动员在比赛中下水将被取消其后续比赛资格。

（2）接力队非当前运动员入水将被取消该队比赛资格。

（3）终点后妨碍他人可取消资格。

（4）因他人犯规影响成绩，总裁判可安排重赛或补赛。

5. 禁止事项

禁止使用速度诱导装备或方法。

（三）竞赛管理

1. 相关事宜

根据世界游泳联合会（以下简称“世界泳联”）规则，主办单位任命的管理委员会有权处理规则未明确授予技术官员的一切事务，包括决定赛事推迟及依据规则对竞赛相关问题提供指引。竞赛组织方须委派充足的技术官员，以保障竞赛的公平性、公正性与安全性。如未采用自动裁判装置，每条泳道应至少配备一名计时员，并增设一名替补计时员，建议每道配置三名计时员。在不使用自动裁判装置和/或手动计时系统的情况下，可设立一名终点裁判长及若干终点裁判员。

奥运会与世界泳联锦标赛所用游泳池及技术设备，须于赛前经世界泳联代表及一名游泳技术委员会成员共同检验并获得批准。若使用水下电视录像设备，须采用遥控方式操作，且不得妨碍运动员视线与游进路线，不得变更池体结构或覆盖世界泳联规定的标识。竞赛组织方应明确运动员在预赛、半决赛及决赛中自第二检录室出发后的展示环节与赛前准备仪式的相关规程。

2. 出发

（1）自由泳、蛙泳、蝶泳、个人混合泳及自由泳接力的比赛必须从出发台出发。当执行总裁判发出长哨声信号后，运动员应站到出发台上。当发令员发出“各就位”的口令后，运动员应立即做好出发准备姿势，即至少有一只脚位于出发台前端，手臂位置不限。当所有运动员都处于静止状态时，发令员发出出发信号。

（2）仰泳、混合泳接力的比赛必须从水下出发。当执行总裁判发出第一声长哨声后，运动员应立即下水。当执行总裁判发出第二声长哨后，运动员应迅速游回池端。当所有运动员都做好出发准备时，发令员发出各就位口令，当所有运动员都处于静止状态时，发令员发出出发信号。

（3）奥运会、世锦赛及其他世界泳联赛事的出发口令必须用英语“Take your marks”，并通过安装于每个出发台的扬声器发出。运动员在出发信号发出前启动将被取消比赛资格。如果在出发信号发出之后发现犯规，应继续比赛，在该项目结束后取消该名或多名犯规运动员的录取资格。如果在出发信号发出之前发现犯规，则不再发出发信号，将召回其他运动员并重新组织出发。执行总裁判将依照规则以长哨（仰泳为第二声长哨）重新开始发令程序。

三、自行车项目规则

（一）山地车规则

1.运动员会员证和排名

国际山地自行车会员证遵守国际自行车联盟（以下简称“国际自盟”）通则，由国际自盟接纳为会员的协会向所有山地自行车运动员颁发。只有完全遵守国际自盟规则的会员证才有效，禁止使用其他非官方会员证。会员证当年有效，所有运动员在被允许参加一个项目的比赛前须出示会员证。

年龄分组由运动员出生年至颁证年的12月31日的方法来确定。依照国际自盟规则组织的国际山地自行车比赛，参赛运动员的最小年龄限制为17岁。但是也允许为提高17岁以下年轻选手的水平专门设置比赛。

持有国际自盟会员协会颁发的会员证的运动员只能参加由国际自盟或国际自盟的一个会员协会批准的比赛。

任何持有国际自盟会员协会颁发的会员证的运动员如参加了未经批准的比赛将受到处罚。

2.服装

除出现在领奖台上的世界冠军衫（彩虹战衣）外，允许在比赛服（包括参加世界和洲际锦标赛的正式队服）上做广告。世界冠军衫的复制品在制作与流通时须严格按照国际自盟有关规则来加工制作。在所有级别中，世界冠军衫上允许做广告的范围和限制如下：在骑行服前后，国际自盟五彩标记的上方10厘米高的长方形上。在两袖子上，高度不超过5厘米的单行广告。服装制造商的商标在每件骑行服上只可出现一次，而且最大面积不超过25平方厘米。除世界冠军赢得专门的比赛或系列赛的领骑衫时以外，在世锦赛中获胜的运动员，在其夺冠后的整个赛季中，参加所有相应项目的国际比赛时，必须穿着官方指定的世界冠军衫。世界冠军衫只能在其获胜级别及其获胜项目的比赛中穿着。前世界冠军获得者们，不论何种级别和项目，可穿着袖口和领子上有国际自盟五彩标记的骑行服。各国家协会须最迟于每年的12月1日前，将国家队骑行服和骑行裤的样板（颜色和式样）送交国际自盟，且在整个下一年的比赛中服装式样不能再有变动。在世锦赛所有级别和项目的比赛中运动员须穿国家队服。

设计送交国际自盟的国家队服上，只有以下的广告是允许的：在骑行服前，可有最大64平方厘米的两个标记；在袖子上只能有最大高度5厘米单行的一个名字或标记；在骑行服的两边，最大宽度9厘米的一个侧面条带；在骑行裤的两边，最大宽度9厘米的一个侧面条带；每件骑行服上，制造商标标记只能出现一次，且最大面积不超过25平方厘米。

3. 比赛场地

山地自行车比赛路线应尽可能包括：森林公路和跑道、原野、土或砾石小道。经铺设的路面或柏油道路，不能超过比赛路线总长的15%。

起、终点线的横幅放置于正对起、终点线（至少离开3米高）的上方，能覆盖赛道路面的整个宽度。集体出发项目的起点骑行区域，自起点线前至少30米的路面宽不得小于8米，自起点线后至少100米的路面宽不得小于6米，之后赛道可以变窄；在出发后至少750米或3分钟的路程内须为平路或上坡。运动员可能成群到达比赛终点的骑行区域，终点骑行区域自终点线前50米的路面宽度至少为4米，自终点线后20米的路面宽度至少4米；终点骑行区域应设在平道或上坡道上。在起、终点前后至少50米区域的道路两侧，应安装护栏。终点如与起点不在一处，也应如此。在运动员骑行的起、终点区域内应无任何可能引起摔跤或任何碰撞机会的障碍。速降赛起点区域至少有2米宽，终点区域至少有6米宽。起点区域须有顶篷。在终点线后必须有最少50米的附加制动区域，本区域必须是畅通无阻的缓冲段。个人越野赛和速降赛的比赛路线必须被区分，且不应有公用的小道。如果使用了公用的小道，在每个赛道上要安排单独的训练时间。

组织机构应在给自行车做标记的区域和准备出发区域附近留出一个供运动员做准备活动的区域。必须为裁判员提供适当设施以利于其工作，并在起、终点区提供一个有顶篷的区域。

比赛场地应设置安全系统，以便能为参赛运动员在比赛路线的任何地点最迅速地提供帮助。只允许组织机构、新闻媒介、保卫和安全的必要车辆进入比赛路线。在所有正式训练和比赛中，观众包括骑自行车的观众必须离开比赛、训练路线。

（二）公路自行车规则

1. 竞赛设施与区域

（1）起点线为4厘米宽白线；终点线为72厘米宽带状结构（两侧34厘米白带，中间4厘米黑线）。

（2）赛道需符合安全与识别要求，隧道内照明需满足一定可视距离。

（3）终点前300米及后100米区域需设安全护栏。

（4）设置终点裁判员工作区、运动员休息区、准备活动区、颁奖区及竞赛办公室，配备相应设施。

2. 竞赛用车与设备

包括竞赛车辆、服务车辆、引导摩托、赛道及里程标识等，具体规格需符合赛事规模与规则要求。

3. 运动员参赛规定

（1）年龄分组：成年组（18岁以上）、青年组（17～18岁），选手同一赛季仅可参加一个组别。

（2）报名人数：每队4～10人，具体人数由组委会规定，队伍人数不达下限不得参赛。可报不超过正式队员半数的候补队员。

（3）器材要求。

①须佩戴认证头盔，计时赛与集体出发项目头盔类型有别。

②赛车长度不超过185厘米，重量不低于6.8千克，车架为三角结构，不得有抗风阻设计。

③个人/团体计时赛可使用附加车把，集体出发项目须用传统下弯车把；青年组传动比不得超过7.93。

④骑行服需合规注册，可分体或连体，禁止无袖，风雨衣须透明；广告位置和尺寸需符合规定。

⑤号码布：个人/团体计时赛佩戴1块，其他项目佩戴2块，须牢固佩戴且符合尺寸、字体要求。

⑥行为规范：不得随意丢弃物品，退赛须上交号码布；除安全与服务需要外，不得使用无线通讯；禁止使用玻璃容器。

⑦技术帮助：队车须有赛事标志，除计时赛外高度不超1.6米；仅可提供备用车轮，不得提供整车；违规帮助将取消比赛资格。

4. 比赛事故处理

若事故影响赛事，赛事总指挥与裁判员团队可商定改道、暂停、中止、取消部分赛段成绩、就近重赛或维持现有成绩。

四、短道速滑项目规则

（一）比赛场地

短道速滑比赛在室内冰场进行。标准短道速滑比赛在60米×30米的冰场上进行，其赛道周长为111.12米。场地两端各有一个弯道，弯道半径为8米。冰面要保持平整光滑，以确保运动员能够顺畅滑行。

（二）参赛人员

1. 运动员

每队可报多名运动员参赛，但上场比赛的人数根据项目不同而有所规定。例如，个人项目一般每队上场1名运动员，接力项目一般每队上场4名运动员。运动员需要穿着符合规定的比赛服装和装备。比赛服通常采用紧身、光滑的材质，以减少空气阻力。头盔要符合安全标准，能有效保护运动员头部。冰刀鞋的刀身要锋利，并且安装在合适的鞋上，以保证运动员能够灵活控制滑行方向和速度。

2. 裁判员

有发令员、助理发令员、裁判员、助理裁判员等不同角色。发令员负责发出比赛开始的指令。助理发令员负责协助发令员工作，确保比赛流程顺利进行。裁判员要公正地判定运动员在比赛中的各种情况，如是否犯规、比赛名次等。助理裁判员则在比赛过程中密切观察运动员的动作和表现，为裁判员提供参考。

（三）比赛项目

1. 个人项目

500米：这是短道速滑中较为刺激的项目之一。运动员需要在较短的距离内全力冲刺，展现出极高的速度和爆发力。比赛中，运动员会在起跑后迅速加速，争夺领先位置，整个过程紧张激烈。

1000米：距离稍长一些，对运动员的耐力和速度分配能力要求较高。运动员要在保持一定速度的同时，合理调整节奏，在合适的时机发起冲刺，以争取更好的成绩。

1500米：这个项目更考验运动员的综合能力，包括速度、耐力和战术运用。比赛过程中，运动员会不断寻找超越的机会，通过灵活的走位和速度变化来取得优势。

女子3000米接力和男子5000 米接力：接力项目需要团队成员之间密切配合。每个队员要在自己的滑行阶段发挥出最佳水平，并且在交接棒时要准确、快速，不能出现失误。交接棒的方式通常有下压式和上挑式等，运动员需要根据比赛情况选择合适的方式。

2. 团体项目

团体追逐赛：通常由3名运动员组成一队。比赛时，各队同时出发，在规定的圈数内，看哪个队率先完成比赛或用时最短。这个项目非常注重团队的整体速度和配合，队员之间要保持良好的节奏，相互协作，以争取最好的成绩。

（四）比赛规则

1. 起跑规则

运动员在起跑前要站在起跑线后，双脚必须触及起跑线或其后方的冰面。发令员发出“各就位”口令后，运动员要做好起跑姿势，此时身体任何部位都不能触及起跑线前方的冰面。听到“预备”口令后，运动员可以抬起臀部，但不能移动双脚。发令枪响后，运动员才能起跑。如果运动员在发令枪响前起跑，将被视为抢跑，第一次抢跑给予警告，第二次抢跑则取消该运动员的比赛资格。

2. 滑行规则

比赛过程中，运动员可以使用合理的身体接触来获得有利位置，但不能有恶意的碰撞或推搡行为。例如，在弯道处，运动员可以通过合理的身体对抗来保持自己的滑行线路，但如果用力过猛导致对方摔倒，就会被判犯规。运动员要按照规定的方向滑行，不得逆行。如果违反此规则，也会被判定为犯规。

3. 超越规则

运动员可以在不犯规的情况下超越其他运动员。超越时，要从前面运动员的外侧超越，不能从内侧强行超越，否则将被判犯规。前面的运动员在被超越时，要尽量保持自己的滑行线路，不能故意阻挡后面运动员的超越。如果前面运动员故意阻挡，导致后面运动员犯规或影响其成绩，前面运动员也会受到相应处罚。

4. 终点规则

运动员冲过终点线时，身体的任何部位最先触及终点线所在的垂直平面，即为完成比赛。裁判员会根据运动员冲过终点的先后顺序来判定名次。如果出现多名运动员同时冲过终点的情况，裁判员会通过录像回放等手段精确判断名次。

（五）犯规与判罚

1. 常见犯规情况

抢跑：如前文所述，在发令枪响前起跑。

阻挡：故意阻碍其他运动员滑行。

推搡：恶意地推挤其他运动员。

不正当身体接触：除了合理的对抗外，过度的身体接触。

2. 判罚标准

对于运动员第一次犯规，通常给予警告。如果运动员第二次犯规，将根据犯规情节的严重程度给予不同的处罚。可能会被取消当前比赛的成绩，或者被取消该项目的比赛资格，甚至可能会被禁赛一段时间。

在接力比赛中，如果某一棒运动员犯规，不仅该运动员会受到处罚，整个接力队的成绩也可能会受到影响，如被取消比赛成绩或名次下降等。

（六）比赛流程

1. 赛前准备

运动员在比赛前要进行热身活动，包括在冰面上滑行、拉伸肌肉等，以确保身体状态良好，避免在比赛中受伤。裁判员要提前到达比赛场地，熟悉比赛场地和设备，检查比赛用的器材是否符合标准。工作人员要布置好比赛场地，准备好记分牌、计时器等相关设备。

2. 比赛进行

按照比赛项目的顺序依次进行比赛。每个项目比赛前，运动员要再次进行准备活动，然后进入起跑线做好起跑准备。发令员发出起跑指令后，比赛正式开始。在比赛过程中，裁判员要密切观察运动员的表现，及时判定是否有犯规情况发生。

3. 比赛结束

运动员冲过终点后，比赛结束。裁判员会立即记录运动员的成绩，并通过记分牌和广播等方式公布比赛结果。工作人员要清理比赛场地，为下一场比赛做好准备。同时，对比赛过程中的数据进行整理和统计，以便后续的分析和总结。

（七）计分与排名

1. 个人项目计分

在个人项目中，一般根据运动员的比赛成绩进行排名。第一名得分为该项目的最高分，依次递减。例如，500米比赛中，第一名可能得10分，第二名得8分，第三名得6分等。具体的计分标准会根据比赛的规模和赛事规定而有所不同。在一些综合性运动会或系列赛事中，运动员的积分会进行累积。例如，一名运动员在多场500米比赛中分别获得了不同的名次，他的积分会根据每次比赛的得分进行累加，最终根据总积分来确定个人的年度排名或系列赛排名。

2. 接力项目计分

接力项目的计分方式与个人项目类似，但更注重团队的整体成绩。接力队根据比赛名次获得相应的积分，积分同样会累加到该队的总成绩中。如果接力队在比赛中犯规，其积分会受到相应扣除，甚至可能被取消比赛成绩和积分。

3. 团体项目计分

团体项目如团体追逐赛等，根据各队的比赛用时来排名。用时最短的队获得第一名，积分最高，依次类推。团体项目的积分也会纳入团体总成绩的计算，对于一些大型赛事，会根据团体总分来评选团体冠军等荣誉。

五、速度滑冰项目规则

（一）基本规则

速度滑冰比赛的赛道长度为400米，与奥运田径跑道相同。运动员以计时方式进行比赛，每人只有一轮机会，力求滑出最佳成绩。运动员所使用的冰刀为“活页刀”，其刀刃通过后跟的铰链结构与鞋体连接，使刀刃在滑行结束时仍能保持与冰面的接触，从而提高推动效率。

（二）竞赛办法

（1）参加比赛的运动员必须佩戴大会发的号码和标志，穿着符合速滑运动特点的运动服装，并须清洁、整齐、大方，否则不准参加比赛。在全能比赛中，不允许只报名参加一项或部分项目的比赛。

（2）比赛逆时针滑跑与交换跑道：速滑比赛是按逆时针方向滑跑，也就是运动员的左侧总是朝着运动场的里圈。所有比赛均应在两条密封的跑道上进行滑跑。内道起跑的运动员在滑到换道区的直道时，要转入外道滑跑；同样，外道起跑的运动员也要转入内道滑跑，违者将被取消该项比赛成绩。只有在400米标准跑道上进行的集体出发项目，以及某些特定距离的起点设在换道区内的比赛，如1000米或1500米，运动员起跑时不立即换道，在其他规格跑道举行的比赛项目按上述相应规定处理。

（3）比赛切断雪线的规定：进出弯道线时禁止为了缩短滑跑距离而越过内侧雪线或雪线代替物下面的色线和代替物之间的跑道基本线，违者取消比赛资格。

（4）比赛发生妨碍和碰撞的规定：运动员出弯道进入换道区时（弯道雪线或其代替物结束并接无雪线的换道区直道），出内道换外道的运动员不能妨碍其对手从外道换内道的正常滑行。如果不是对手表现出阻碍动作而发生了碰撞，由出内道换外道的运动员负责。运动员在同一跑道内前后滑跑时，后者在不妨碍前者的情况下，可以由内侧或外侧超越，如因此发生碰撞，超越者应负责。若裁判长确认运动员违反上述规则，则犯规运动员将被取消该项比赛资格。

（5）运动员的间距：在双跑道比赛中，两运动员如滑入同一跑道，当后者超越前者时，被超越者只能在距超越者5米外滑跑。如运动员首次违反此规定则予以警告，若再次违反此规定，则被取消该项比赛资格，并令其退出跑道。

（6）比赛中的伴跑或带跑：在各种速滑比赛进行过程中，绝不允许为正在进行比赛的运动员伴跑或带跑，对于伴跑第1次予以警告，第2次取消比赛资格。对于被带跑的运动员一经发现即被取消该项目比赛资格，并视为舞弊行为而取消其参加全部比赛项目的资格。

（三）速度滑冰装备

速滑运动员穿尼龙紧身全连服（衣、裤、帽、袜、手套连在一起）。由于尼龙服保温不好，在温度较低的气候条件下，运动员需穿贴身的棉毛内衣。男运动员还要穿三角短裤或护身衣。天气严寒时则应在膝、胸等部位垫上防风纸或其他物品。做准备活动时，冰鞋要套上保温较好的鞋套，以防脚冻伤。练习时要穿保暖服，裤子两侧装上拉锁，以利穿脱。

速滑冰鞋主要由优质厚牛皮制成，并采用玻璃纤维和碳钢加固，呈半高腰瘦长形。鞋跟部为坚硬结构，用以包围和固定脚跟；鞋底为硬皮，冰刀通过螺钉或铆钉固定于其上。冰刀比冰鞋更长，前端超出鞋尖8～9厘米，后端超出鞋跟5～6厘米。

冰刀由优质高碳钢和轻合金制成，耐磨性强，主要包括刀刃、刀身管、前后刀托和托盘等部件。其刀刃为平刃，有助于保持直线滑行的稳定性。在安装时，左右脚冰刀的位置存在差异：左冰刀尖位于拇趾与第二趾之间，右冰刀尖则对应拇趾位置，两脚冰刀末端均应对准鞋跟中部。这种设计是为了适应逆时针弯道滑行时身体向左倾斜的需要。

与花样滑冰和冰球冰刀相比，速滑冰刀在高度、长度、厚度和重量等方面均有不同。它是三种冰刀中最长、最薄且最轻的一种，其高度居于另外两种之间。冰刀与冰鞋为配套组合，冰刀的尺寸和样式依据冰鞋的鞋码确定。

（四）速度滑冰技术要领

（1）切断雪线：切断雪线是指运动员进入弯道和在弯道途中为了缩短距离，冰刀切过雪线里沿线或其他代替雪线物的滑行。500米比赛中，运动员只要有一次触及或超越雪线即被取消比赛资格。其他项目的比赛中，运动员有三次触及或超越雪线而两次受到警告时则被取消该项比赛资格。

（2）让道：运动员在同一跑道内前后滑跑时，滑行在前者应让后者从外侧或内侧超越，不能阻挡。但是前提是后者不能影响前者的正常滑跑，否则违者将被取消比赛资格。

（3）交换跑道：速度滑冰赛场为双跑道场地，内道与外道长度不同。比赛时，运动员每滑完一圈后需在划定的换道区进行内外道交换。原先在内道滑跑运动员需在外道滑跑运动员面前穿过换到外道，而后者则换到内道。在此过程中若发生冲撞，内道运动员即被取消比赛资格。

（五）换道区

换道区是指速度滑冰中运动员交换跑道时限定的区域范围，是在标准速度滑冰的场地中，于标记1500米和100米起点的双跑道直道端划定的不少于40米长的区域。

（六）滑跑犯规

滑跑犯规是指运动员在比赛滑跑过程中的犯规行为。运动员在比赛滑跑过程中出现缩短距离、推人、横切、降速、援助、碰撞、串通和危险冲刺等行为时被认为是滑跑犯规。滑跑犯规的运动员或接力队将被取消该项目的录取资格。运动员出现犯规动作，裁判长将向其出示黄牌并给予警告，任何运动员被出示两次黄牌，立即被驱逐出场，并取消其全部比赛成绩。如果裁判长认为犯规动作十分严重，可立即将该运动员驱逐出比赛场，并取消其后续全部比赛。

知识拓展

你不知道的冬奥事：短道速滑的“追尾”你看懂了吗？

在短道速滑比赛中，常常出现运动员相互碰撞、人仰马翻的情况。

我们知道，短道速滑与速度滑冰不一样，在滑行的过程中可以抢道。因为一场比赛有4～7名运动员一起出发，比赛过程中互相超越、你争我夺的场面屡见不鲜。运动员在拼抢、卡位时争夺激烈，常常会出现碰撞、摔倒的情况，甚至因此出现判罚争议。

根据国际滑冰联盟的相关规则，有几种情况会被判罚犯规，一是脱轨，二是阻挡，三是协助犯规，四是蹬踢冰刀。其中，阻挡犯规是出现频率最高的犯规。相关规则规定，运动员的以下行为会被判为阻挡犯规：阻挡、拦截、变线或用身体的任何部位推另一名滑行者；横向穿过另一名滑行者的路线，从而引起碰撞和干扰。

身体接触和碰撞经常是在有人试图超越时发生的。国际滑冰联盟的滑行规则规定：除非两人并排，否则发生碰撞时责任在后方的运动员和队伍——前提是在前面滑行的运动员没有不恰当的动作。这个规则看似简单，裁判员实际判罚的操作过程却很复杂。观看录像回放时，裁判员要从碰撞发生的区域、疑似犯规运动员的动作、滑行过程中突然改变路线的方向和是否发生身体接触等几个方面综合考量，来判定运动员是否犯规。

在短道速滑比赛中，对被犯规的运动员是有救济机制的。比赛中运动员一旦被撞，而且撞人的运动员被判犯规且被撞运动员在冲撞发生的时候处于第一或第二位，则被撞运动员可以被判进下一轮。

（资料来源：新华社，2022年1月24日，有修改）

思政园地

从业余选手到法国巴黎奥运山地车手的不朽传奇

米久江出生于贵州省黔东南苗族侗族自治州镇远县一个小山村，按照他自己的说法，18岁之前都不知道什么是自行车比赛，2011年米久江考上了遵义医科大学，成为体育与健康学院社会体育专业的一名学生，在大学里，米久江开始接触到更多的体育运动。

谁也没有想到，32岁的米久江会出现在2024年巴黎奥运会的赛场上。在2024年7月29日的巴黎奥运会山地自行车男子越野赛中上演了神奇一幕——来自中国的32岁车手米久江位列第33名，刷新了中国车手海外参赛的最好名次。与此同时，来自贵州的米久江也完成了从一名业余爱好者到奥运选手的神奇蜕变。

从业余爱好者到专业选手，从专业选手到站上全国最高的领奖台，米久江已经创造了诸多的不可能，但他不会轻易停下追逐梦想的脚步。

值得一提的是，对于一个高龄选手而言，长年的训练比赛让其身体承受着巨大的负荷，伤病无法避免。2022年10月米久江亚洲锦标赛上不慎摔车，右手骨折；2023年4月，训练中又不幸左手骨折……眼见米久江如此挣扎，身边的人也劝过他，这个年纪，可以休息了，但米久江回应："既然认准一件事，那我就要把它做到最好。"

骨折后不过5个月，2023年9月25日，米久江又一次迎来突破，赢得了杭州第19届亚运会山地自行车男子越野赛冠军，一个月后，2023年10月28日，第28届亚洲山地自行车锦标赛男女奥林匹克越野项目成年组比赛在印度举行，米久江与吕先景、袁金伟配合默契，帮助中国队拿到了宝贵的2024年巴黎奥运会入场券。有了一系列亮眼表现，10个月后，2024年巴黎奥运会中国自行车队名单出炉时，米久江不出意外入选。

来到巴黎后，米久江非常兴奋，7月24日进行首场适应性训练时，米久江表示："巴黎体感温度有点凉，训练主要是熟悉赛道，这边的赛道整体来说难度偏上，我会全力以赴，力争获得好成绩。"

这是米久江第一次参加奥运会，32岁的年纪可能也是他最后一次参加奥运会，但对于米久江而言，无论最终结果如何，他的体育人生已然写成了一个大大的惊叹号。

（资料来源：澎湃新闻，2024年7月30日，有修改）

◎ 案例简析

两名运动员共享金牌，是新奥运格言的完美诠释

2020年东京奥运会田径比赛在东京奥林匹克体育场继续进行。

决赛中，日本选手户边直人在2米27高度三次试跳不过提前被淘汰。卡塔尔的巴尔希姆状态非常好，他轻松跳过2米30、2米33、2米35。意大利的坦贝里同样也是一次失误也没有，跳过2米35。韩国的禹相赫2米33高度第二次试跳才过杆，但随后挑战2米35高度他也是直接第一次试跳就过杆。澳大利亚的布兰登在2米33高度第三次试跳才过，他也过了2米35。

巴尔希姆2米37直接第一次试跳就成功，白俄罗斯选手内达塞考2米35第一

次试跳失败，他随后直接要了2米37并一次性过杆，他创造了新的个人最好成绩及白俄罗斯的国家纪录。俄罗斯奥运代表队的阿基门科也直接选择冲击2米37，但他没能过杆就退出了奖牌的竞争。布兰登、禹相赫、美国的哈里森第一次挑战2米37高度均没能成功，但坦贝里成功越过2米37高度。

巴尔希姆率先挑战2米39，但三次试跳都没能成功，内达塞考随后同样三次冲击2米39失败，坦贝里同样三次试跳2米39均未能成功。因为巴尔希姆、坦贝里从2米30起跳到2米37都是一次性过杆，2米39均三次试跳失败。两人商量不再加赛，并列获得这场比赛的男子跳高冠军。

两名运动员共享一枚金牌，是规则允许范围内英雄的惺惺相惜，也是对新奥林匹克格言中“更团结”一词的完美诠释。

（资料来源：《扬子晚报》，2021年8月2日，有修改）

阅读上述材料，思考跳高比赛在什么情况下允许两名运动员共享冠军。

解析

实训项目

B市将于下月在全市范围内开展田赛项目后备人才选拔赛，假设你是此次选拔赛的负责人，请设置本次田赛项目后备人才选拔赛的参赛项目及规则。

要求

(1) 明确田赛的项目设置。

(2) 明确田赛的竞赛规则。

解析

学中做 做中学

请列举在径赛中哪些项目需要分道跑，哪些项目不需要分道跑。

解析

项目三 竞速计时计远度类运动项目编排

一、田径赛事活动编排

（一）编排的基本原则

1. 保障运动员恢复时间

径赛各赛次间隔：200米及以下项目≥45分钟，200米以上至1000米≥90分钟，1000米以上项目不安排在同一天。全能项目单项休息时间≥30分钟。

2. 减少兼项冲突

相关项目分开编排（如100米与200米、跳远与三级跳远），按“先短后长”“先易后难”顺序安排。

3. 优化赛事观赏性

决赛或破纪录潜力项目分散至各单元，优先安排在下午；跨栏项目常置于单元首项或长跑后，节省栏架调整时间。

4. 统筹场地与时间资源

同一田赛项目不同组别不连续安排；同一径赛项目不同组别衔接进行。每单元尽量确保径赛和田赛同时结束。撑杆跳项目需考虑光照因素，优先安排在上午进行；长投项目（标枪、铁饼等）不与竞走/长跑项目同时段进行，确保安全。

（二）编排的操作流程

1. 径赛编排

（1）审查报名信息。

统计各项目参赛人数、兼项情况。

（2）准备工具与表格。

填写径赛成绩记录卡，或使用网络编排系统实时处理数据。

（3）分组方法。

常见的分组方法主要有斜线分组法、蛇形分组法及卡片分组法三类。

①斜线分组法：首先将同单位的运动员卡片上下排列，然后在卡片上画出斜线，再在斜线上编号，按照编号顺序将运动员分配到各组内。适用于没有报名成绩的情况，或者报名人数较多时使用。

②蛇形分组法：首先将运动员按成绩排序，然后按蛇形走向将运动员排列分成不同的小组。如果同组中有多个同单位的运动员，只能就近上下调整。适用于有报名成绩的情况，

可以将成绩较好的运动员相对集中编在一组。

例如，某次田径比赛有32位运动员报名参加男子100米比赛，将运动员按报名成绩由优到劣排序，编号1（最优）至32（最差）。按“蛇形走向”分配组别如图3-1所示。

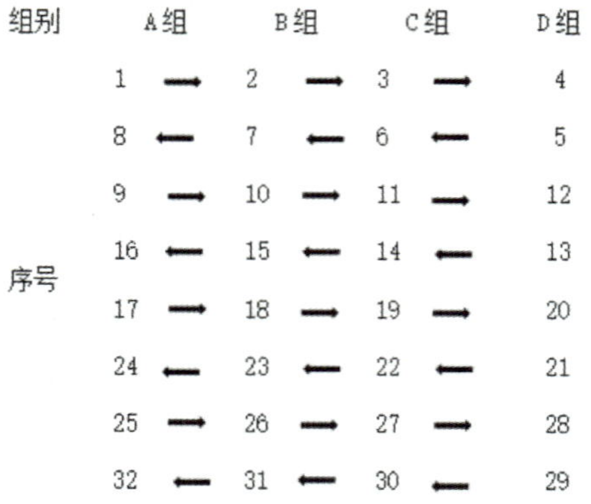

图3-1　蛇形分组图

结合图3-1可知，分组结果如下：

A组：1，8，9，16，17，24，25，32；

B组：2，7，10，15，18，23，26，31；

C组：3，6，11，14，19，22，27，30；

D组：4，5，12，13，20，21，28，29。

若A组中25号与8号为同一单位，则将A组25号与B组26号对调；若仍有冲突，继续与C组27号或D组28号调整。技术代表抽签决定组别比赛顺序，再抽签分配组内运动员道次（成绩优者常抽中间道次）。若遇长距离项目（如1500米以上），将成绩相近者分同组，优绩者优先安排在第一组。起跑位置由抽签决定（由内向外排列）。

③卡片分组法：主要用于记录和安排比赛的具体细节。首先准备各种比赛表格，如径赛成绩记录卡片。根据报名单填写卡片，包括运动员姓名、号码、单位和报名成绩等信息。将填写好的卡片按照项目归类，用于径赛分组和记录。在基层学校田径运动会上，一般不用成绩记录卡片，径赛分组编排时直接使用“起、终点用表”即可。成绩记录卡片一般适用于需要详细记录和安排比赛的情况。其优点是记录详细，便于管理和查询；缺点是操作复杂，容易出错。

2. 田赛编排

（1）不分组统一比赛。

田赛项目通常不分组进行，所有运动员按统一顺序参赛。编排时依据赛前抽签结果确定比赛顺序，并将该顺序编入秩序册。

（2）抽签定序。

运动员的比赛顺序通过公开抽签决定，以确保公平性。抽签结果需在赛前公示，并作为正式比赛依据。

（3）及格赛机制。

当参赛人数超过场地承载或时间限制时，采用及格赛进行预筛选：达标者进入正赛，未达标者淘汰。及格赛与正赛至少间隔1天。

（4）运动员编号。

采用分级编号系统，如学校运动会中的运动员编号：年级（1位数）+班级（2位数）+运动员序号（2位数）。

示例：编号“10508”表示一年级五班8号运动员。

表3-1为常见问题与解决方法。

表3-1　常见问题与解决方法

问题	解决方案
兼项时间冲突	延长间隔至90分钟以上，调整项目顺序
田赛场地冲突	错开长投项目，竞走时不安排标枪等
单元赛事时长不均	最后单元减少项目或安排长距离赛事

二、游泳赛事活动编排

（一）编排的基本原则

1.项目分散安排

自由泳项目最多（含长短距离及接力），应分散编排至不同时段，避免扎堆。预赛、半决赛及决赛不安排在同一场次，且相隔时间合理（如短距离项目半决赛与决赛间隔≥90分钟）。

2.单元时长均衡

每单元时长需合理控制，避免冷热不均；决赛或热门项目（如接力）优先安排在黄金时段（如下午或开闭幕式时段）。

（二）分组与泳道分配

1.预赛分组规则

常见的分组方法主要有蛇形分组法，即按报名成绩优次排序，成绩最优者编在最后一组，次优者编在倒数第二组，依此类推。每组应至少有3名运动员，不足时调整分组或取消项目。

2.泳道分配原则

泳道分配要遵循泳道居中优先原则，即成绩最优者分配中间泳道，次优者交替排列两侧。不同泳池泳道数量不同，具体道次安排可参见表3-2。

表3-2　泳道数量与道次分配参照表

泳道数量	最优选手泳道	次优选手分配顺序
6道	第4道	第5道→第3道→第6道→第2道→第1道
8道	第4道	第5道→第3道→第6道→第2道→第7道→第1道→第8道
10道	第5道	第4道→第6道→第7道→第3道→第8道→第2道→第9道→第1道→第10道

（三）兼项与项目冲突规避

1. 兼项分离

同一运动员的兼项（如200米混合泳与单项蝶泳）需间隔≥90分钟。不同泳姿项目（如蛙泳与自由泳）错开编排。

2. 接力项目安排

接力常置于单元末项，预留检录与队员协调时间。

（四）场地与安全协同

1. 公开水域赛事

需提前30天向属地体育部门备案，按参赛规模分级报批（如5000人以上报省局）。严格审核承办方资质（独立法人、医疗保障、保险完备）。

2. 泳池安全规范

长距离项目（如1500米）单独编排，避免与短距离项目冲突。

三、自行车赛事活动编排

（一）编排的基本原则

1. 赛道设计要遵循类型适配性原则

公路赛需融合城市街道与自然地形（如爬坡/下坡路段），测试运动员综合能力，同时实施交通管制与医疗救援保障。

山地越野赛设计砂石路、陡坡等挑战性路段，要求赛道防护措施完备，并按组别（如公开组、青少年组）设置隔离路线。

场地赛中短距离赛道（如250米）需明确分界线，禁止运动员越界骑行，弯道坡度严格控制在25°～45°。

2. 赛道设计要遵循安全与体验平衡原则

起、终点需预留观众区域，长距离赛段（如环法自行车赛）需避开极端天气区域。山地赛道需标注海拔变化，便于运动员制定策略。

（二）赛段与分组规则

1. 赛段结构优化

（1）多日分段赛（如环法自行车赛）：设20个赛段，平原、高山赛段交替安排，每赛段设间隔休整日。

（2）单日赛：短道越野、淘汰赛等项目独立编排，避免场地冲突。

（3）单元时长：每单元时长均衡，决赛置于黄金时段（如下午或开幕式）。

2. 分组与出发机制

（1）争先赛：通过资格赛（200米计时）确定分组，赛道＜333.33米时赛3圈，反之赛2圈；允许对手弃权时直接宣布获胜。

（2）团体追逐赛：资格赛取前8名晋级，按成绩倒序编排对阵；决赛按前两轮最优成绩分组。

（3）公路团体赛：按上届排名或世界杯积分分配赛道优先级。

（三）冲突规避与特殊规则

1. 兼项与资源协调

个人计时赛与团体赛分日进行，长距离项目（如1500米）单独编排。使用芯片计时系统，山地绕圈赛采用间歇出发制，公路A–B赛启用多主机5G联网计时。

2. 规则更新要点（2025年生效）

（1）公路赛：新增“帮扶人员”条款，允许同队成员在队尾协助车手，但禁止携带装备。

（2）场地赛：取消500米计时赛，统一改为1000米；C级争先赛引入三人场淘汰制。

表3–3为常见问题与解决方案。

表3–3　常见问题与解决方案

问题	解决方案
兼项时间重叠	调整间隔≥90分钟或调换项目顺序
赛道资源不足	分时段共用赛道（如上午资格赛/下午淘汰赛）
计时设备故障	启用备用主机+人工复核成绩

四、短道速滑赛事活动编排

（一）编排的基本原则

1. 赛道与分组规则

内/外道分配：每组比赛通过抽签决定运动员站位，同组运动员交替使用内道和外道（如500米/1000米项目每圈换道）。长距离项目（5000米/10000米）按报名成绩分组，成绩优者优先分配内道。

2. 团体追逐赛分组

资格赛取前8名晋级，按成绩倒序编排对阵（第1名 VS 第8名），决赛按最优成绩分组。

3. 淘汰晋级机制

所有项目均采用“预赛→复赛→半决赛→决赛”逐级淘汰机制，每组前2～3名晋级下一轮。决赛人数按距离调整：500米/1000米为4人决赛，1500米为6人决赛，3000米为8人决赛。

4. 复活赛机制

未进入主赛程的运动员可按成绩参加复活赛争取晋级资格。

（二）赛道与站位规则

首轮站位通过抽签决定，后续轮次按上一轮成绩排序，成绩优者优先分配内道。起跑点间隔1.3米，弯道放置7个黑色标志块防止滑入禁区。接力决赛分A、B两组（A组争夺奖牌，B组确定排名），资格赛成绩决定分组。

（三）赛程优化策略

1. 项目时段分配

短距离（500米/1000米）与长距离（3000米/5000米）分单元进行，避免兼项冲突，热门项目（如500米决赛）置于黄金时段；接力/集体出发项目置于赛程末段，预留检录时间。

2. 兼项冲突规避

同一运动员的兼项（如500米与混合赛）间隔≥90分钟，避免体能透支；长短距离项目（如500米与1500米）分日进行；青年组赛事严格按年龄分段（U11～U19组）。

（四）集体项目编排的特殊性

1. 集体出发

赛程包括3次途中冲刺（每4圈1次）和终点冲刺，积分由冲刺名次决定。如果积分相同则按照终点名次确定排名。半决赛按国际排名分组，同国运动员分至不同组别。

2. 团体追逐

每队3～4人，采用淘汰制；若队伍被对手追上则直接判负。

3. 集体项目编排

表3-4为集体项目编排对比。

表3-4　集体项目编排对比表

项目	晋级机制	赛道规则
集体出发	半决赛每组前8进决赛，按冲刺积分排名	无分道线，16圈设3个冲刺点
团体追逐	资格赛前8名交叉对阵，胜者晋级	两队分内外两道同时出发

知识拓展

相信彼此　奋力拼搏

2024年8月8日的法兰西体育场紫色跑道上刮起了一阵“红色旋风”。在2024年巴黎奥运会田径男子4×100米接力第一轮第二组的比赛中，身着红色比赛服的邓智舰、谢震业、严海滨、陈佳鹏组成的中国接力队，发挥出色，以38秒24刷新赛季最佳成绩，获得小组第一晋级决赛。

中国队被分在第五道。发枪起跑开始，第一棒邓智舰出发反应时间为0.139，他以第五的成绩来到第二棒；第二棒谢震业持续加速，中国队反超到第三位；第三棒严海滨继续追赶，在持续保持加速的情况下，以第二的排名完成交接；最后一棒陈佳鹏速度同样很快，进入直道后，他已经领先其他选手一段距离。最后几十米冲刺，陈佳鹏身后的法国和加拿大选手也紧追不舍，但陈佳鹏将优势保持到了最后，稳住了第一。比赛结束后，现场的大屏幕显示中国队成绩为38秒24，创造赛季最佳。

中国队以小组第一的身份晋级决赛，赛后谢震业坦言，“比赛正常发挥，预赛分组我们占有一定优势。”在另外一组，美国队以37秒47获得第一，同组其他六支队伍的成绩也都好于中国队。在两个小组排名中，中国队仅名列第八。“预赛在早场进行，不是很兴奋，希望决赛能够更兴奋一些，在细节处理上做得更好。”进入决赛只是第一步，谢震业和其他人有一个共同的目标就是突破队伍最好成绩。“要想在决赛中有所作为，肯定要朝着突破最好成绩的目标去。”谢震业强调，“对于我们而言，如果能够突破最好成绩就没有什么遗憾了，当然如果还能登上领奖台就最好不过，但这不是我们能奢求的，更重要的是能够发挥出我们目前的最高水平。”

中国队在这一项目上跑出的最好成绩是37秒79，想要跑出这样的成绩难度不小，担任第四棒的陈佳鹏的发挥也至关重要。“现场的声音太大，我一开始以为严海滨在喊我，就已经启动了，伸手等半天，后来他真正喊我，我才反应过来。”陈佳鹏谈及预赛中的小意外，让他最后一棒的成绩并不是很好，他也庆幸这个意外发生在预赛，让他决赛可以有更充分的准备。“大家整体发挥得都不错，可能自己这一棒不是很好，希望决赛能够有更好的发挥。”陈佳鹏说。

从杭州亚运会开始就为中国接力队镇守第四棒的陈佳鹏，赛前眼睛稍有不适，“上战场后，什么都不管了。”陈佳鹏说。对于决赛突破最好成绩的目标，陈佳鹏知道压力很大，但是他和其他队友一样，目标坚定不移，“我们相信彼此，就是拼！”

（资料来源：《中国体育报》，2024年8月9日，有修改）

◆ 思政园地

巴黎奥运赛场上的中国裁判员：公平与荣耀的守护者

在2024年巴黎奥运会的激烈竞争中，中国运动员的卓越表现赢得了全球的瞩目，与此同时，一批中国裁判员也在各自的岗位上默默贡献，以他们的专业和公正，守护着每一场比赛的公平性。他们不仅是规则的执行者，更是中华体育精神的传播者。

郭晶晶：从跳水传奇到裁判长。曾是跳水界的传奇人物，郭晶晶在巴黎奥运会上以裁判长的身份，再次成为焦点。她的转型不仅是个人职业生涯的新篇章，更代表了中国体育界对专业精神的不懈追求。在跳水比赛中，她的每一次判定都体现了对运动规则的深刻理解和对公平竞赛的坚守。

朱玲：乒乓球赛场上的中国面孔。朱玲，作为国际金牌裁判员，她的名字在乒乓球界内响当当。在巴黎奥运会的乒乓球比赛中，朱玲以精准的判断和专业的执裁，展现了中国裁判员的风采。她的每一次举手投足，都传递出对比赛规则的尊重和对运动员的负责。

王子凌：排球赛场上的中国声音。作为中国女排的前名将，王子凌在巴黎奥运会上以裁判员的身份，继续为排球运动贡献力量。她的执裁不仅体现了其对排球运动的深刻理解，更传递了中国体育的公正与严谨。

张光玥：柔道赛场上的中国力量。张光玥，中国首位女性柔道国际裁判员，在巴黎奥运会上展现了中国裁判员的力量与魅力。她的每一次判决都准确无误，确保了柔道比赛的公正性，同时也为提升中国在国际柔道界的影响力做出了贡献。

施启蓉：三人篮球的中国哨声。施启蓉，作为三人篮球项目的国际级裁判员，她的哨声在巴黎奥运会上回荡。她的执裁不仅保障了比赛的顺利进行，更向世界展示了中国裁判员的专业水平和公正精神。

这些中国裁判员在巴黎奥运会上的出色表现，不仅为比赛的公正性提供了坚实保障，更为中国体育的国际形象增添了光彩。他们是体育赛场上不可或缺的一部分，是公平竞争的坚定守护者，也是中国体育精神的传播者。随着中国体育的不断进步与发展，我们期待在更多的国际赛场上看到中国裁判员的身影，见证他们的专业与荣耀。

（资料来源：《半岛都市报》，2024年8月5日，有修改）

◎ 案例简析

是什么促成了这场奥运田径史上最伟大的“万米大决战”？

2024年8月2日的法兰西体育场，上演了被认为是奥运田径史上最伟大的一场万米大决战——在2024年巴黎奥运会男子10000米项目中，乌干达选手切普特盖表现出色，以26分43秒14的成绩夺得金牌，打破奥运会纪录的同时，他也实现了自己在该项目上的“金满贯”（集世界纪录、奥运会纪录、世锦赛冠军、奥运会冠军于一身）。若只有如此，还不足以让这场比赛“封神”。最精彩的是这场比赛共13人组成的冲刺集团均冲进了“27分大关”——这13位万米高手均打破了由埃塞俄比亚选手贝克勒在2008年北京奥运会上跑出的27分01秒17的原奥运会纪录。促成这场“历史第一万米决战”的有三点：选手水平高，天气特别好，再有就是最合适的“战术”。好天气和好对手，对于好成绩的促成效果毋庸赘言。因为几乎所有的田径项目要出好成绩，这两点都是很重要的条件。而事实上，第三点最合适的“战术”才是最为关键和难得的。

要说明这件事，有一个非常合适的案例可以和2024年巴黎奥运会万米赛场拿来一起说——2020年东京奥运会的男子10000米决赛。

那场万米决赛在一场大雨之后，温度达28℃，湿度达到80%，在这样的气候条件下，万米比赛事实上整体成绩是非常糟糕的。夺标大热门来自乌干达的两名选手，当时已经成为万米世界纪录保持者的切普特盖，和他的年轻同胞基普利莫，还有一位是充当“兔子”角色的基萨。但在这样极为难受的天气条件下，乌干达代表队所制定的一人突在最前面，打乱其他对手节奏的战术就很难奏效，因为大家速度都带不起来，基萨在做了16圈的“兔子”后下场，虽作出了很大牺牲，但完全没有起到效果。基萨退出比赛时，切普特盖开始处于第一集团靠前的位置，他似乎想把体力保持在最后几百米冲刺，但他又想突出重围，怕最后阶段顶不住，所以最后5圈众多选手交替领先，没有人有绝对优势，大家处于混战状态。切普特盖的犹豫不决，让他最终付出了代价。最后一圈的时候，一直咬住切普特盖的埃塞俄比亚选手开始加速往前，且三人站位非常有讲究，一人领先，一人卡在偏外道的位置，这让切普特盖和基普利莫跑得非常难受。直到最后一个弯道，两人才如梦初醒，开始猛追。无奈切普特盖和基普利莫并非冲刺能力极强的选手，最后只能目送埃塞俄比亚选手巴雷加冲过终点。那场比赛，巴雷加的夺冠成绩仅仅为27分4秒22，甚至还没达到2020年东京奥运会万米达标线（为27分28秒）。可见，临场发挥和战术布置成为最后制胜的关键性因素。

发生在切普特盖身上的两个故事，证明了场地万米比赛争夺的激烈程度，选手彼此间斗智斗勇，战术和临场发挥往往对最后成绩发挥着决定性作用。

（资料来源：《上观》，2024年08月3日，有修改）

请结合以上素材，谈谈你认为促成巴黎奥运会万米比赛13名运动员集体冲进27分大关的因素有哪些？

解析

● 实训项目

A公司计划在四月第一个周末的周日举办职工田径运动会，设有以下项目：男子/女子100米、男子/女子400米、男子/女子1500米、男子/女子4×100米、男子/女子4×400米、男女混合4×100米。报名参加男子100米40人，女子100米28人，男子400米25人，女子400米30人，男子1500米50人，女子1500米38人，男子4×100米19队，女子4×100米12队，男子4×400米17队，女子4×400米10队，男女混合4×100米20队。以上参赛队员不允许兼项。

请依据所学知识合理编排该职工田径运动会。

（1）明确田径项目的编排原则。

（2）采用田径项目的编排方法。

解析

学中做 做中学

B校25人报名参加男子100米比赛，请用蛇形分组法对其进行编排。

解析

模块四　搏击打点类运动项目

教学提示

1. 搏击打点类运动项目分类
2. 搏击打点类运动项目规则
3. 搏击打点类运动项目编排

搏击打点类运动项目特点鲜明，常见于拳击、散打、跆拳道、击剑等项目，参与人群以青少年和青壮年为主。近几届奥运会中，中国运动员在该类项目中屡获佳绩，不仅社会关注度日益提升，也带动了群众强烈的参与热情。因此，深入了解其项目分类、竞赛规则与编排方法显得尤为重要。

项目一　搏击打点类运动项目的概念与分类

一、搏击打点类运动项目的概念

搏击打点类运动项目是指那些通过击中对手特定有效部位积累点数来决定胜负的搏击运动，这些项目通常强调技巧、速度和准确性，而非单纯追求击倒，包括拳击、跆拳道、散打、击剑等。

二、搏击打点类运动项目的分类

根据现有搏击运动规则与技术特征，搏击打点类运动项目可依据有效攻击部位和技术体系分为以下四类。

（一）纯上肢打点类：拳击

技术要求：仅允许使用拳头击打对手头部及腰部以上躯干，禁用腿、膝、肘等技术。

得分机制：以清晰命中有效部位次数累计点数，回合制裁判员评分定胜负。

技术核心：依赖精准拳法组合、闪避步法及距离控制，上肢攻防转换频率极高。

根据2024年巴黎奥运会拳击项目设置，具体小项如下（按性别和体重级别划分）：

男子项目（7个级别）：51千克级、57千克级、63.5千克级、71千克级、80千克级、92千克级、92千克以上级。

女子项目（6个级别）：50千克级、54千克级、57千克级、60千克级、66千克级、75千克级。

（二）拳腿组合打点类：自由搏击（踢拳）、散打

1. 自由搏击

技术要求：允许拳、腿、膝攻击（部分规则限制肘击），禁止摔法及长时间缠抱。

得分机制：通过连续组合击打有效部位（头、躯干）得分。

技术核心：强调攻击密度与节奏控制。

自由搏击既不是奥运会的竞赛项目，也不是亚运会、全运会的竞赛项目，但自由搏击具有很高的观赏性，自由搏击的比赛在国内赛事中项目设置具体如下：

男子项目（10个级别）：54千克级、57千克级、60千克级、63千克级、67千克级、71千克级、75千克级、80千克级、85千克级、≥85千克级。

女子项目（10个级别）：45千克级、48千克级、51千克级、54千克级、57千克级、60千克级、63千克级、66千克级、70千克级、≥70千克级。

2. 散打

技术要求：结合拳法、腿法及快摔技术，摔倒对手后需立即分离。

得分机制：按部位差异化计分（如腿击头部3分、躯干2分），摔法成功得2分。

根据第十五届全运会武术散打项目最新规程，散打设置延续团体与单项结合的特色模式，具体如下：

男子项目（共4个小项），团体赛：56千克级、65千克级、70千克级、80千克级、90千克以上级（按团体总分决出1枚金牌）；单项赛：60千克级、75千克级、90千克级（各产生1枚金牌）。

女子项目（共1个小项），团体赛：52千克级、60千克级、70千克级（按团体总分决出1枚金牌）。

（三）腿部主导打点类：跆拳道

技术要求：以高段踢击头部、躯干护具为核心，拳法使用受限。

得分机制：电子护具自动感应有效踢击力度，头部踢击得分高于躯干。

竞赛形式：分品势（套路）与竞技对抗，后者以点数累积判定胜负。

2024年巴黎奥运会跆拳道项目共设以下 8个小项，无团体或混合项目，具体如下：

男子项目（4个级别）：－58千克级、－68千克级、－80千克级、＋80千克级。

女子项目（4个级别）：－49千克级、－57千克级、－67千克级、＋67千克级。

（四）上肢借助外物主导打点类：击剑

1. 花剑

技术要求：仅允许剑尖刺击，禁用劈砍动作。

有效部位：躯干（覆盖金属衣的区域），头部与四肢无效。

得分机制：采用“优先权”判定，主动进攻者得分，防守方需格挡后反击才有效，双方同时刺中无效。

装备特征：剑身轻（≤500克），护手盘小，剑身横截面为矩形。

2. 重剑

技术要求：仅限剑尖刺击，禁用劈砍动作。

有效部位：全身（头、躯干、四肢）无禁区（除后脑外）。

得分机制：无优先权限制，刺中即得分；双方1/4秒内互中判“双中”，各得1分。

装备特征：剑身最重（≤770克），护手盘大，剑身横截面呈三棱形。

3.佩剑

技术要求：允许刺击与劈砍（剑尖或剑刃）。

有效部位：上半身（头、躯干、手臂）。

得分机制：采用“优先权”判定（同花剑），但攻防节奏更快；双方同时击中无效。

装备特征：剑身长度最短（105厘米），护手盘为月牙形。

2024年巴黎奥运会击剑项目共设12个小项（含个人赛与团体赛），按性别和剑种划分如下：

男子项目（6个小项）：个人花剑、个人重剑、个人佩剑、团体花剑（每队3人）、团体重剑（每队3人）、团体佩剑（每队3人）。

女子项目（6个小项）：个人花剑、个人重剑、个人佩剑、团体花剑（每队3人）、团体重剑（每队3人）、团体佩剑（每队3人）。

击剑运动依据剑种特征和竞技规则可分为三类核心项目，其分类标准主要基于攻击方式、有效部位及计分规则差异。具体差异见表4–1。

表4–1 击剑运动分类对比表

剑种	攻击方式	有效部位	核心规则差异	装备特性
花剑	仅刺击	躯干	优先权判定，双中无效	最轻（≤500克）
重剑	仅刺击	全身	无优先权，双中有效	最重（≤770克）
佩剑	刺击+劈砍	上半身	优先权判定，双中无效	最短（105厘米）

知识拓展

李倩“拳”释真英雄

三战奥运，34岁的老将李倩终于圆梦，“一定要拿金牌的信念，让我一直坚持到现在。”

2024年8月10日晚间进行的2024年巴黎奥运会女子拳击75千克级决赛中，中国选手李倩4∶1击败巴拿马选手贝隆，拿到了中国女子拳击在巴黎奥运会上的第三金，这也是中国体育代表团在本届奥运会的第39枚金牌。

从常园在54千克级摘金，捅破女子拳击在奥运会上的“这层窗户纸”开始，属于中国女子拳击的天空就越来越广阔。随后，吴愉在50千克级夺冠，如今李倩又在75千克级登顶，中国女子拳击共有6名运动员出战巴黎，五人晋级决赛，共收获3金2铜，成绩斐然。

34岁的李倩是6位拳手中年龄最大的，她的决赛对手贝隆也是3次征战奥运会。对于冠军的渴望，两人同样强烈。

决赛开始后，经过简单试探，两人进入比赛模式，李倩打得更加主动，在前两局结束后保持领先。第三局，落后之下对手发起了猛烈反扑，李倩毫不畏惧，在做好防守的同时找准机会不断命中对手，最终李倩以4∶1拿下这枚宝贵的金牌。

巴黎奥运会是李倩第三次站上奥运赛场。在前两次奥运之行中，李倩都站上了领奖台，但都没能最终登顶。站上奥运最高领奖台，听见国歌奏响，成为她一直坚持下去的最大动力。

2016年里约热内卢奥运会，李倩拿到铜牌，“当时是初生牛犊不怕虎，就是想拼金牌，但最终拿到了第三名。”2020年东京奥运会，李倩憾负英国选手普莱斯，拿到一枚银牌。那场决赛，也是中国体育代表团在东京奥运会的最后一个争金点，在万众瞩目之下输掉了比赛，让李倩压力很大。“当时没能拿到金牌，觉得有愧于自己，更有愧于祖国。”李倩说，“如今终于圆了自己的奥运冠军梦，这枚金牌不仅是给自己一个交代，也是给祖国一个交代，把东京的遗憾弥补了。”

巴黎周期的这3年，中国女子拳击队请来古巴外教，带来了全新的理念和训练方式，在自身伤病较多和高强度训练面前，李倩选择了咬牙坚持，“我们的方向是对的，要拿金牌的信念让我一直坚持到现在。”

（资料来源：《中国体育报》，2024年8月12日，有修改）

◆ 思政园地

一剑封喉、夺冠奥运神奇时刻

中国名将13∶12极限绝杀激动落泪。

2024年巴黎奥运会女子个人重剑金牌赛，上演了神奇的时刻，中国名将完成了13∶12的极限绝杀，击败了东道主选手，一剑封喉、强势夺冠，赛后的她也是激动落泪。

击剑项目非常具有观赏性，巴黎奥运会女子个人重剑冠军之争，来自中国香港队的名将江旻憓出战，对阵法国选手奥丽安-马洛，这场比赛，江旻憓赢得非常惊险！常规时间分成三个回合进行，第一回合，江旻憓状态不好，0∶4落后，第二回合，江旻憓虽然是稍稍缩小了分差，但仍旧是6∶9落后，处于被动。

第三回合，江旻憓终于是追了上来，12∶12，三回合过后，两人站在了同一起跑线，根据规则，两人将进入加时赛。在加时赛中，江旻憓完成了决胜一剑，13∶12大逆转击败了奥丽安-马洛，拿到了这枚宝贵的金牌。

夺冠之后，江旻憓激动落泪，她的教练员更是激动挥舞双臂，中国选手拿到了金牌，国歌将再次奏响。而主场作战的奥丽安-马洛显得很是沮丧，原本优势很明显的情况下，却惨遭大逆转，这样的过程和结果，显然是让现场的法国观众唏嘘不已，真是悲喜两重天。

令人遗憾的是，女子个人重剑32强赛，卫冕冠军、中国选手孙一文输给了日本选手，最终无缘晋级16强，比赛中也是出现了争议判罚，孙一文和裁判员沟通，结果也未能改变。

（资料来源：《科技生活快报》，2021年7月10日，有修改）

◎ 案例简析

2020年东京奥运会：空手道一银一铜来之不易！

东京奥运会上，空手道首次作为正式项目进入奥运赛场。中国空手道队的两名队员尹笑言和龚莉凭借着出色的发挥，收获了一银一铜，让人们看到了中国空手道的实力。

中国空手道队教练员李红说，奥运会两枚奖牌“来之不易”。虽有遗憾，但中国空手道前进的脚步不会停止。

此前，空手道项目只出现在亚运会，而东京奥运会是空手道项目的奥运“处子秀”，也是中国空手道队首次亮相奥运会舞台。李红说，没能为中国代表团夺得金牌，让她有点难过，但或许这就是竞技体育的魅力。李红是中国第一个空手道世界冠军。2010年，她在世界空手道锦标赛中夺得金牌，为中国空手道实现了历史性突破，也为中国在国际空手道界赢得了尊重。“空手道起源于中国，原名‘唐手’。2007年，中国空手道协会正式成立，组建了国家空手道队。”李红说，空手道项目在中国经历14年的推广与发展，目前大部分省区市都组建了专业队，越来越多的人喜欢并参与到这项运动中来，发展势头非常好，涌现出了一批非常有潜质的高水平运动员。”李红说，“目前中国空手道在女子项目的竞技能力处于世界中上等水平，个别级别可以进入世界前三。”

作为东京奥运会“限定项目”，空手道并不会出现在3年后的巴黎奥运会上。李红认为，即便没有奥运会的光环，一项好的运动项目也一样会有很多人追随。“暂别奥运会，还有明年的杭州亚运会、世锦赛、亚锦赛等一系列比赛。我们随时为国际比赛备战，也相信有重回奥运的日子！”李红说。

李红表示，如今有越来越多的人认识、了解和喜欢上空手道项目。诸多利好政策也在极大地调动全国各级空手道运动队和空手道从业者的积极性，这将促进空手道项目持续健康发展。

“我相信，空手道项目不仅在竞技层面的发展会越来越好，而且将丰富中国人的健身方式，促进人民的身体健康。”李红说。

（资料来源：《人民日报海外版》，2021年8月25日，有修改）

阅读以上材料，思考空手道项目为何仅出现在东京奥运会的赛项中。

解析

● 实训项目

某市要开展中小学生跆拳道锦标赛，请为此次赛事设计一份赛事活动方案。

要求

（1）明确跆拳道项目竞赛的类别。

（2）明确跆拳道项目设置级别。

解析

学中做 做中学

请参照所学知识，列出搏击打点类运动项目的分类标准有哪些。

解析

项目二 搏击打点类运动项目规则

一、拳击项目规则

（一）参赛级别

拳击项目的参赛级别是按年龄划分的。

成年组：19～40岁的男子、女子运动员。

青年组：17～18岁的男子、女子运动员。

少年组：15~16岁的男子、女子运动员。在少年组及14岁以下年龄组运动员参加的比赛中，参赛运动员的年龄幅度不得超过2岁。

（二）比赛报名

运动员必须按照《国际拳联技术和竞赛规则》中“规则2.参赛级别”和“规则4.会员体系及运动员资格”的规定进行国际拳击联合会（以下简称“国际拳联”）公开赛（不包括国家级赛事和综合性运动会，如奥运会、亚运会）的报名。国际拳联公开赛中，每个国家在每个级别限报一人。报名时，所有运动员和随队官员必须提交当前有效护照复印件、国籍证明或难民身份证明。除国家级赛事外，运动员和随队官员报名国际拳联公开赛时，必须完成以下两个步骤：在国际拳联数据库进行报名（此步骤不适用于综合性运动会）、在运动员资格审查时进行信息确认。

（三）运动员资格审查

除国家级赛事外，所有国际拳联公开赛都必须进行运动员资格审查。所有代表队均需准时参加资格审查，以确认参赛运动员及随队官员信息。资格审查必须提前于首个比赛日前两天进行，且应安排在抽签前。如有代表队尚未抵达等特殊情况，技术代表可酌情推迟资格审查时间。领队和随队医生必须参加资格审查。如有特殊情况不能到场，可由主教练代替参加。

确认代表队信息时，应提供以下文件：运动员的有效护照或国籍证明；运动员参赛手册；最近3个月内的体检证明，以及年度乙型肝炎、丙型肝炎及艾滋病毒的检测报告；运动员比赛服装；运动员护具；手册要求携带的其他文件或物品；技术代表要求携带的其他文件或物品。

资格审查由国际技术官员分组完成，技术代表将技术官员分成2人一组，每组尽量安排1名医生；资格审查时，由国际技术官员现场审核上述文件，队伍代表在确认表上签字后报名生效；国际技术官员及队伍代表双方在确认表上签字后，报名信息将无法更改；未参加运动员资格审查的代表队将被取消参赛资格；如未按要求提供上述文件，文件缺失的运动员将被取消参赛资格。

国际拳联公开赛事的资格审查时，可以进行运动员的替换，但该运动员必须是已在数据库报名的替补队员或报名其他级别的队员；在非公开拳击赛事（通过资格赛确定参赛资格的比赛）中，代表队不得在资格审查时替换运动员。

（四）抽签

抽签必须在资格审查结束后进行，且应至少在提前于首个比赛日首场比赛前3小时进行。代表队应至少派1名随队官员参加抽签。国际拳联公开赛中，抽签将通过国际拳联计分系统完成。如遇计分系统故障，可使用人工抽签。在所有级别抽签结束前，如出现因系统或人工导致的故障，技术代表有权决定对出现问题的级别重新抽签。技术代表应确保运动员在打同一级别第二场比赛之前，该级别其余运动员都已打过一场比赛。

（五）赛程安排

在世界拳击锦标赛、奥运会拳击比赛和洲际拳击锦标赛中，比赛应尽量按照重量级别由小到大的顺序进行。

在半决赛和决赛的赛程安排上，如果当地组委会提出的请求不会对抽签结果产生影响，技术代表可适当予以满足。应赛事转播方的要求，并经技术代表同意，可修改给定日期的赛程安排，使同一国家的运动员出现在同一单元的比赛中，但前提是：应在赛前至少提前1天通知各代表队；某一级别的一场比赛进行单元调整后，则另一场产生下一轮对手的比赛也应移到相同的单元。运动员在两场比赛之间的间隔应至少为12小时。

（六）种子设置

在下列成年组拳击赛事中，编排委员会将根据运动员的世界排名以及在下列比赛中的成绩设置一定数量的种子选手：奥运会拳击比赛、世界拳击锦标赛、洲际拳击锦标赛、洲际综合性运动会拳击比赛。编排委员会应至少于赛前1个月成立，由3名技术和竞赛规则委员会委员组成。编排委员会将根据运动员最新世界排名及近期比赛成绩设置种子选手。

1. 种子设置流程

（1）编排委员会从国际拳联获得参赛运动员名单。

（2）编排委员会选取种子并至少提前于抽签前10天将名单提交给国际拳联。

（3）国际拳联至少提前于抽签前5天将名单发送给电子裁判员。

2. 种子选手的资格标准

选拔种子时，编排委员会必须严格按照以下规则。未达到下列要求的选手将不予以考虑。

（1）种子选手必须具有国际拳联世界排名。

（2）进入最近一届国际拳联（成年组）世界锦标赛四分之一决赛。

（3）进入最近一届洲际（成年组）锦标赛四分之一决赛。

（4）进入最近一季世界拳击联赛个人排名前8。

3. 种子选手位置安排

（1）种子选手不超过2名时：将1号种子和2号种子分别安排在抽签表的顶部和底部；其余非种子位由计分系统随机排布。

（2）种子选手不超过4名时：将1号种子和2号种子分别安排在抽签表的顶部和底部；将3号和4号种子安排在2号和1号种子半决赛中的对阵位置；其余非种子位由计分系统随机排布。

（3）种子选手不超过8名时：将1号种子和2号种子分别安排在抽签表的顶部和底部；将3号和4号种子安排在2号和1号种子半决赛中的对阵位置；将5号、6号、7号、8号种子安排在4号、3号、2号、1号种子四分之一决赛中的对阵位置；其余非种子位由计分系统随机排布。

4.轮空排位规则

（1）当运动员人数是4、8、16、32、64、128等2的幂次数时，可成对对阵。

（2）当运动员人数不是2的幂次数时，第一轮将出现轮空。轮空场数等于更高一级的2的幂次数与运动员人数之差，如17名运动员的轮空数为32-17=15。

（七）比赛日称重

运动员参加第一次称重时，体重应控制在该级别的上下限之间。运动员的体重既不能高于参赛级别体重的上限也不能低于下限。资格审查时确认的体重即为运动员的参赛级别。在后面的比赛日称重，运动员体重只要不超出其级别的上限即可。如运动员在称重时超重，按照规则将取消其比赛资格。运动员只能在正式体重秤上称量一次体重。运动员体重以秤上显示的重量为准。称重时可着泳衣或内衣裤。如有必要，可全裸称重。对于运动员超重零容忍。称重必须由技术代表任命的竞赛官员执行。称重官员必须与运动员为同一性别。试称和正式称重的体重秤必须为同一品牌且同一型号的电子秤。称重官员每日校准，校准后不可移动称位。组委会应在体检称重区及酒店提供试秤。比赛日称重结束与当天第一场比赛开始应间隔3小时以上。如有不可抗力因素，技术代表在征询拳赛医生主任后有权放宽上述规定。男子和女子运动员共同参加的比赛，组委会应设立分区进行称重体检。

（八）比赛胜负判定方式

1.按得分判定

（1）比赛根据五名台下评判员的打分结果判定胜负，分为两种形式：

一致获胜：五名评判员均判定同一方运动员获胜。

多数获胜：四名判一方胜，一名判另一方胜或平；三名判一方胜，两名判另一方胜或平。

（2）出现总分平局时，按以下机制裁定胜方：一名评判员判平，其余四人以2∶2判定不同运动员获胜；两名评判员判平，其余三人未一致判定同一方获胜；三名及以上评判员判平局。注意：不存在“技术性平局”，须最终确定一名获胜者。

2.弃权（ABD）

运动员自愿放弃比赛，或教练员向拳台内扔毛巾示意弃权。若不在裁判员读秒过程中弃权，对手以ABD方式获胜。

3.裁判员终止比赛（RSC）

因运动员受击打无法继续比赛而终止，区分以下情况：

（1）RSC-H：因头部受击打终止。

（2）RSC-B：因身体受击打终止。

(3) 具体包括以下情形：回合休息后无法继续比赛；裁判员认定实力悬殊或一方受到过多重击；运动员被击倒后数八结束仍无法继续；被击出拳台后30秒内未能返回；经拳赛医生建议终止比赛。

4. 因伤终止比赛（RSC-I）

因运动员受伤无法继续比赛而终止，无论是否由击打造成，主要包含以下两种情况：

(1) 因有效击打致伤或伤情加重。

(2) 非击打所致受伤（如扭伤、骨折等）。

5. 取消比赛资格（DSQ）

一方运动员因犯规被取消资格，对方以DSQ方式获胜，常见原因包括：累计三次警告；故意犯规致使对手受伤无法比赛。注意：被取消资格者不能获得该赛事奖牌、积分或排名。

6. 因违反体育道德被取消资格（DQB）

针对极端不当行为，如攻击裁判员、官员或其他人员，则对手以DQB方式获胜，且犯规者还将报送国际拳联纪律委员会处理，不获得任何奖项与积分。

7. 双方取消资格 (BDSQ)

双方运动员均被取消资格，包括彼此犯规或均未出场（WO）等情形，双方皆判负，无奖牌与积分。

二、自由搏击项目规则

自由搏击，也称为混合武术或综合格斗，其规则通常由相应的组织或俱乐部制定，一般包括以下基本规则。

（一）比赛时间

通常为3~5个五分钟回合，每回合间有一分钟的休息时间，部分赛事可能采用标准的三回合制。青少年组的赛事，每回合时长通常为1分30秒，每回合间休息45秒。若常规回合结束后，双方平手则加赛一回合，冠军赛最多加赛两回合。

（二）比赛场地

比赛在一个有着固定尺寸的擂台或笼子中进行。擂台通常是一个带有绳网的方形区域，而笼子则是一个类似篮球场的六角形结构。

（三）比赛装备

运动员通常穿着短裤，佩戴拳击手套和脚踝绑带。有些规则要求使用缠手带、护裆、护胸、护腿、护头、护齿等装备，且禁止在身体任何部位使用泰王油或类似的油性物质。

（四）允许的技巧

自由搏击允许使用多种技巧，包括拳击、踢击、膝击、肘击、摔跤、扭打和地面格斗。然而，一些危险技巧如击打头部、踢击头部、捅击眼睛、咬人等是被禁止的。

（五）禁止行为

攻击喉部、下腹、肾部、背部、关节、胯部、后脑及颈部，使用肘击、劈掌、头撞、拇指和肩膀攻击，扫腿时脚扫到脚踝以上，背向对方、逃跑、倒下、故意扭抱、盲眼法、摔跤和下潜至对方腰部以下等行为都是被禁止的。

（六）胜负判定

比赛可以以击倒对手、击晕对手、技术性击倒、对手投降等方式结束。如果比赛结束时没有决出胜负，裁判员将根据运动员在比赛中的表现、技巧和攻防能力来判定胜负。

三、散打项目规则

（一）竞赛办法

比赛设有团体赛与个人赛，采用循环赛、淘汰赛等赛制。每场比赛采用3局2胜制，每局净打2分钟，局间休息1分钟。

（二）资格审查

成年运动员的参赛年龄为18～35周岁。青年运动员的参赛年龄限制在15～18周岁。参赛运动员必须携带《运动员注册证》。运动员必须有参加比赛的人身保险证明。运动员必须出示自报到之日起前20天内由县级以上医院出具的包括脑电图、心电图、血压、脉搏等指标在内的体检证明。

（三）称量体重

称量体重须在仲裁委员的监督下，由检录长负责，由编排记录员配合完成。经资格审查后，运动员方可参加称量体重。称量体重时必须携带《运动员注册证》。运动员必须按照大会规定的时间到指定地点称量体重。称量体重时运动员可裸体或只穿短裤（女子运动员可穿紧身内衣）。

称量体重先从体重轻的级别开始，每个级别在1小时内称完。如运动员体重不符，且在规定的称量时间内达不到报名级别时，则不准参加以后所有场次的比赛。

（四）抽签

抽签由编排记录组负责，由仲裁委员会主任、总裁判长及参赛队的教练员或领队参加。抽签一般在第一次称量体重后进行。抽签由小级别开始，如本级别只有一个人，则不能参加比赛。

（五）服装和护具

运动员必须穿戴大会指定的全套护具，必须穿戴自备的护齿、护裆（护裆必须穿在短裤内）。比赛的护具分红、黑两种颜色。运动员必须穿指定的与比赛护具颜色相同的比赛服装。65千克级及以上级别的拳套重量为230克（女子和青少年运动员均使用该重量的拳套）；70千克级及以上级别的拳套重量为280克。

（六）竞赛中的礼节

介绍运动员时，运动员向观众行抱拳礼。每场比赛开始前，运动员都相互行抱拳礼。宣布结果时，运动员交换站位，宣布结果后，运动员先相互行抱拳礼；再向台上裁判员行抱拳礼，裁判员回礼；然后向对方教练员行抱拳礼，教练员回礼。裁判员换人时，相互行抱拳礼。

（七）弃权

比赛期间，运动员因伤病或体重不符不能参加比赛者，作弃权论，不能参加以后的比赛，但已进入名次的成绩有效。比赛进行时，若运动员实力悬殊，为保护本方运动员的安全，教练员可举弃权牌表示弃权，运动员也可举手要求弃权。不能按时参加称量体重，赛前3次点名未到或点名后擅自离开，不能按时上场者，作无故弃权论。比赛期间，运动员无故弃权，将取消其全部成绩。

（八）竞赛中的有关规定

临场执行裁判员应集中精力，不得与其他人员交谈，未经裁判长许可不得离开席位。运动员必须遵守规则，尊重和服从裁判员，在场上不准有吵闹、谩骂、甩护具等任何表示不满的行为。比赛时教练员和本队医生坐在指定位置，局间休息时，允许给运动员按摩和指导。运动员严禁使用兴奋剂，局间休息时不能输氧。

四、跆拳道项目规则

（一）比赛场地

跆拳道比赛场地是一个10米×10米的水平场地，四周设有1～2米安全区域。比赛场地中央有一个8米×8米的比赛区域，比赛区域上面铺有软垫。

（二）赛制设置

1. 局数与时长

（1）成人比赛：共进行3回合，每回合2分钟，回合间休息1分钟。

（2）青少年比赛：通常为3回合，每回合2分钟，回合间休息1分钟（部分赛事或低年龄组别可能会调整回合时长，但赛制通常仍为3局2胜或类似形式）。

2. 胜负判定方式

（1）击倒胜（KO / TKO）。

KO（Knockout）：一方运动员被合法击倒，主裁判读秒至“10”后仍无法继续比赛。

TKO（Technical Knockout）：一方运动员因受伤、实力悬殊等原因，裁判员或赛事医生判定其无法继续比赛。

（2）分差胜。

在任何一方运动员的得分领先对手20分或以上时，比赛立即结束，领先者直接获胜（此规则通常在第三局比赛开始后适用）。

（3）得分胜。

这是最常见的胜负判定方式之一。如果比赛未出现KO/TKO或分差胜的情况，则比赛打满全场（3局）。结束后，三局累计总分高者获胜。

（三）得分标准（2025年新规）

电子护具自动感应力度，未达阈值不记分；头部攻击仅允许脚踝以下部位。

（1）拳法击中躯干：准确命中护具有效区域得1分。

（2）腿法击中躯干：基础踢技（如横踢等）得2分。

（3）旋转踢/后踢命中躯干：需完成180°以上转身得4分。

（4）腿法击中头部：仅限脚部攻击得3分。

（5）旋转踢命中头部：需完成180°以上转身得5分。

（四）禁击部位与行为

禁击部位：后脑、颈部、脊柱、裆部。

禁止行为：摔法、肘膝攻击、抓抱、攻击倒地对手、故意越出边界逃避对抗。

（五）护具

基础装备：电子护具（躯干+头盔）、护齿、护裆、护臂/护胫。

特殊要求：青少年参赛需佩戴全防护头盔；参加省级比赛的运动员须达跆拳道9级以上段位。

五、击剑项目规则

（一）比赛场地

场地表面必须平坦并成水平状态，不能有利于也不能不利于双方运动员中的任何一方，特别是在光线问题上。比赛场地用于击剑实战的部分叫作剑道。三个剑种的比赛均在同样的剑道上进行。剑道的宽度一般为1.5米～2米，长度为14米。以中心线为界，比赛开始时，双方运动员应各自位于距离中心线两侧2米处，身后5米的剑道为其活动空间。运动员可以后退，但双脚不得同时越过剑道的端线。

剑道上要非常明显地画出与剑道长边垂直的5条线，包括一条中心线，与剑道宽度等长，画为虚线；两条准备线，在中心线两边各2米处，与剑道宽度等长；两条端线，剑道两端，距中心线各7米处，与剑道宽度等长。在剑道端线前最后的2米区域应做出明显标记，如有条件可使用不同颜色的剑道加以区别，以便运动员更容易确定自己在剑道上所处的位置。

（二）击剑技术规则概述和通则

1. 规则的适用

此规则必须“原封不动”地适用于国际击剑联合会（以下简称“国际剑联”）正式比赛，即世界锦标赛各组别比赛、奥运会击剑比赛、世界杯赛、洲际锦标赛等。

2. 比赛规则

两名击剑运动员之间的友好交锋叫作一次实战。如果为这种实战记录比分并计算成绩，一次实战便成为一局比赛。两个不同队的运动员之间进行的若干局比赛的集合称为一场团体比赛。为了确定竞赛的优胜者而进行的个人比赛或团体比赛的集合称为一站比赛。比赛按照剑种、参赛者性别、年龄以及个人或团体来划分。对于一个协会、一个地区或全世界，在一个特定的时期，为确定每个剑种的最佳击剑运动员或最优秀团体而进行的一站比赛称作锦标赛。

3. 击剑比赛的常用术语

击剑时间：指完成一个简单击剑动作所用的时间。

进攻：一个攻击动作，在发动弓步或冲刺动作之前，首先伸出手臂，在攻击动作中连续威胁对手的有效部位。当进攻通过单一动作实现时即为简单进攻，简单进攻既可以是直接的（在一条线上），也可以是间接的（在另一条线上）；当进攻由多个动作组成时即为复杂进攻。

还击：对进攻进行防守后的攻击动作，可分为直接还击和压剑还击等，直接还击即防守后未离开防守线而击中对手，压剑还击即防守后沿对方剑身滑动并击中对手。根据动作速度和形式还分为及时与不及时还击。

反还击：对还击进行防守后的攻击动作。

防御动作：包括各种防守行为，防守是指为阻止对方的攻击动作击中自己，用武器所做的防御动作。

反攻动作：指在对手攻击动作进行过程中，做出的攻击动作或防御性的攻击动作，包括一般反攻、对抗反攻、及时反攻、其他攻击动作。

4. 持剑方法

在三个剑种中，防御动作只能借助于剑身和护手盘，可分别或配合使用。如果没有专用装置、系扣带或专用（矫形）物等限制，运动员可以自由随意地握住手柄，可以在比赛中改变手握剑的位置或姿态。但是无论以持久或短暂的、明显或隐蔽的方式，都不得抛掷武器；武器必须紧握在手中，手不能离开手柄；在一个进攻动作中，手不能在手柄前后滑动。如果有专门装置、系扣带或专门（矫形）物存在，则握手柄的拇指指面（花剑和重剑）应与剑身凹槽方向一致；而佩剑中拇指应与剑身柔韧面垂直。武器只能用单手控制，一局比赛结束前不能换手。除非手或手臂受伤，在裁判员允许的情况下才能换手。

5. 赛前准备

在击剑比赛中，第一位被点名的运动员应站到裁判员的右侧；但若比赛双方分别为右手持剑和左手持剑，且第一位被点名的又是左手持剑的运动员，则运动员应站于裁判员左侧。裁判员让比赛双方各就各位，双方前脚应站在离剑道中心线2米的位置（即在开始线后面）。不管是比赛开始还是重新预备时，运动员都应站于剑道宽度的中央处。实战中重新处于预备姿势时，两名运动员的距离应为双方伸直手臂成击剑线，剑尖不能有接触。在每次被视为有效的击中之后，运动员在开始线后恢复预备姿势；如果击中不被承认，双方运动员应回到实战中断时各自所占据的位置上恢复预备姿势。

在每一局及可能进行的加时赛开始时，运动员都应当在场地中央进入预备姿势。运动员双方恢复预备姿势时应相隔一段距离，但是在比赛“停”时站在端线以内的运动员不能被安排在端线以外恢复预备姿势。如果当时该运动员的一只脚已越出端线之外，那么他（她）应站在原地不动。如果运动员的单脚或者双脚越出边线，则必须按照正确的距离恢复预备姿势，即使这将导致他（她）站在端线之外并被处罚一剑。裁判员发出“预备”命令时，运动员做预备姿势，然后裁判员询问“准备好了吗？”在得到肯定回答或者没有否定回答时，裁判员会发出比赛信号“开始”。运动员必须处于正确预备姿势，并且完全保持不动，直到裁判员发出“开始”口令。在花剑和佩剑中，预备姿势不得成击剑线。

6. 比赛开始、停止和重新开始

“开始”口令的发出表明双方可以开始交锋。在此口令前发起的任何动作都无效。交锋的终止是以“停”口令为标志的，除非出现特殊情况，改变了正常的交锋条件。“停”口令一旦发出，运动员便不能再进行新的动作；在口令发出前已经开始的动作仍然有效，此后发生的一切均无效。如果运动员一方在“停”口令前停下，并被击中，这一击中有效。

如果运动员动作危险、混乱或违反规则，或者一方运动员武器脱落或离开剑道，或者后退时距离观众或裁判员太近，都可以下达“停”口令。花剑比赛中，运动员非持剑手的肩部不得超越持剑手的肩部，否则将接受处罚，并导致击中被取消。除特殊情况外，裁判员不得准许运动员离开剑道。如果运动员未经允许擅自离开剑道，他将受到相关条款规定的处罚。

7. 近战

只要运动员能正常使用武器，且在花剑和佩剑中裁判员能继续观察运动员的动作，就允许进行近战。

8. 身体接触

双方运动员在交锋时如身体互相接触，裁判员应发令停止交锋。三个剑种的比赛均禁止为避免被击中而故意造成身体接触或挤撞对手。如发生此类犯规，裁判员应按相关条款规定处罚犯规运动员，同时该运动员可能击中的一剑将被取消。

9. 躲闪和超越

移动和躲闪是允许的，甚至非持剑手和后腿的膝关节都可以接触地面。在比赛过程中，禁止转身背向对手。当发生这种犯规行为时，裁判员将按相关条款处罚犯规运动员，同时该运动员可能击中的一剑将被取消。在比赛过程中，当一个运动员完全超越他的对手时，裁判员应立即发出“停”口令，命令双方回到超越之前各自占据的位置。在超越过程中，如发生相互击中的情况，立即做出的击中被视为有效；而超越之后的击中则被视为无效，但是受到攻击并且被超越的运动员在转身时立即做出的击中应为有效。比赛过程中，当一名进行冲刺攻击的运动员显示被击中，同时他超越剑道范围较长距离，而导致拖线盘或拖线盘连接线被脱开时，则他受到的击中不会被取消。

10. 遮挡和非持剑手与手臂的使用

运动员禁止使用非持剑手和手臂进行攻击或防御动作，如发生此类犯规，该运动员刺中的一剑视为无效，并接受第二类犯规处罚（红牌）。在花剑与佩剑中，运动员禁止用身体其他部位做出遮掩来保护或替代有效部位，同时该运动员击中的那一剑将被取消。交锋过程中，如果保护或替代有效部位，犯规运动员将受到第一类犯规的处罚。交锋过程中，如果因保护或替代有效部位导致正确刺中的一剑被记录为无效，则犯规运动员将受到第一类犯规的处罚，正确刺中的一剑由裁判员判得分。在比赛进行时，运动员非持剑手在任何情况下都不得抓握电动器材的任何部位。如有犯规，则该运动员可能击中的一剑将被取消。如果裁判员发现在一场比赛中两名运动员之一使用非持剑手或手臂，或者用无效部位保护或遮盖有效部位，他可以请求技术委员会指定两名中立的助理裁判员协助自己。两名助理裁判员分别站在剑道两侧，观察整个比赛，助理裁判员可以主动举手或应主裁判要求，报告运动员是否使用非持剑手或手臂或无效部位保护或遮挡有效部位。主裁判也可以让两名运动员交换位置，使犯规者不背向自己。

11. 获得和失去比赛场地

“停”口令发出后，该运动员获得的场地应得到承认，直到得分。当恢复预备姿势时，每名运动员应退回同样距离以保持预备距离。然而，当因双方发生身体接触而中断比赛时，运动员应按照以下方式重新恢复预备姿势，即受到身体接触的运动员回到其原先占据的位置；这种方式也同样适用于受到对方运动员冲刺攻击但没有发生身体接触的情况。

12. 越出边界

（1）停止交锋。

当某一运动员的一只脚或双脚完全越出剑道的边线时，裁判员应立即叫“停”。当某一运动员双脚越出剑道的边线时，裁判员要取消运动员出界以后的一切动作。除非出界运动员被击中，即使击中是在出界以后，只要这个击中是由简单即时动作造成的均应被取消。但是如果运动员只有一只脚越出边线，只要击中是在“停”口令之前发生，那么他的击中就是有效的。当双方运动员之一双脚出了界，即使双方互相击中，也只有留在剑道上的运动员（至少要有一只脚在界内）做出的击中视为有效。

（2）端线。

当一名运动员双脚完全越出剑道端线时，将判被击中一剑。

（3）边线。

如果运动员单脚或双脚出边线，则运动员须回到出边线的位置并后退1米；如果运动员在进攻时出边线，则须回到发起进攻的位置并后退1米。运动员被执行这一处罚时，如双脚已被置于端线之外，则将判被击中一剑。运动员为避免被击中，尤其在冲刺时双脚越出边界，将受到处罚。

（4）意外出界。

运动员由于任何意外情况（如挤撞）而越出界线，不受任何处罚。

（三）比赛时间。

比赛时间应理解为实际比赛时间，即“开始”和“停”之间的总和，并除去暂停的时间。比赛时间由裁判员或一名计时员控制。国际剑联正式比赛决赛及所有其他阶段的比赛都应配备计时装置，计时器应放置在剑道上两名运动员和裁判员都能看见的地方。有效比赛时间为：小组循环赛，击中5剑，最长3分钟；直接淘汰赛，击中15剑，最长9分钟，分成3局，每局3分钟，每两局间休息1分钟；团体赛，每局3分钟。击剑运动员在每次中断比赛时可以询问中断时间。如果一名运动员多次企图引起比赛中断或延长中断时间，裁判员将按规定对其进行处罚。

知识拓展

击剑：了解花剑、重剑、佩剑之间的区别

击剑运动自1896年雅典奥运会起就一直是奥运会正式比赛项目，其历史可以追溯到3000年前，当时击剑被视为生存和狩猎技能。

击剑运动是奥运会格斗项目中唯一一个不允许有身体接触的项目。击剑比赛在长14米、宽1.5 ~ 2米的击剑台上进行。其比赛目的是争取通过剑尖触碰到对手身上的攻击区域，同时避免自己被对方击中。

17—18世纪，击剑运动因制定了一套规则以确定攻击区域而变得更受欢迎，同时击剑运动员开始佩戴有线网设计的头盔（面具）。与此同时，一种配有平头的剑，即花剑，也被发明出来。19世纪，这项运动的规则得到了升级，裁判员制度建立起来的同时击剑的类型也被确定了下来，分为花剑、重剑、佩剑。

（1）花剑。

花剑是现代击剑的基础，在18世纪时以训练为目的而诞生，剑身不开刃，也没有尖。花剑是一种轻型武器（重量0.5千克），全长110厘米，剑身长90厘米。武器剑身呈梯形状，使用起来非常灵活。花剑比赛的目标是通过剑前端触碰到对手身上的目标区域（躯干）来获得分数。花剑是击剑运动中最常见的类型，国际奥委会前主席托马斯·巴赫曾在1976年蒙特利尔奥运会的团体花剑比赛中获得金牌，是花剑运动最知名的支持者之一。

（2）重剑。

重剑比赛的目标是通过武器的前端触及或刺中对手身上的任何区域。重剑比赛中允许出现双方同时得分的情况。由于重剑允许触及对手身上的任何部位，因此重剑运动员在比赛中的动作更为保守，运动员更愿意使用直立站姿。重剑的重量是0.77千克，全长110厘米，剑身长90厘米（重剑是三类击剑类型中最坚固的一款）。重剑于1900年巴黎奥运会首登奥运会舞台。

（3）佩剑。

佩剑比赛允许击剑手用剑尖和剑刃攻击对手头部、躯干和除手部之外的上半身区域。这使得佩剑比赛速度更快、攻击性更强。佩剑是三种击剑类型中长度最短的，但同时也是最灵活的。佩剑全长105厘米，剑身长88厘米，稍有弧度。佩剑在握把部位配有护手，以保护击剑运动员的手部。

（资料来源：国际奥委会官网，有修改）

◆ 思政园地

黄芊芊：专注当下　不断超越

在2024年全国击剑锦标赛上，黄芊芊代表福建队参加了女子花剑个人赛和团体赛，凭借出色的发挥，她收获了两项目的冠军。赛后她表示："能在全国击剑比赛的最高舞台上获得冠军很高兴，最重要的是感谢福建队、感谢教练员、感谢医疗团队和队友们，在这个大家庭里感到很温暖。我们团结一致，是取得成绩的关键。"

2024年对于黄芊芊来说是成长与进步的一年，在2024年巴黎奥运会黄芊芊完成了自己的奥运首秀，虽然未能获得奖牌，但是能在世界最高舞台上与高手过招，对于成长还是有很大的帮助的。"第一次参加奥运会还是感觉紧张。"她回忆道。在平时的比赛中并没有感觉到状态起伏变化很大，但是在奥运会舞台上会因为未知的变化而影响到状态。"对手都很强，虽然也做了针对性的准备，但是比赛总有计划之外的事，当我在场上遇到被动情况时会失去节奏，这个时候也会影响到自己的状态，会变得更紧张。"黄芊芊说。

对于运动员来说，在大赛中参与和体验很重要，尤其是在顶级赛事中和高手过招，会有意想不到的收获。

"以前觉得自己的节奏很快，进攻是强项，但是来了这里才发现自己在防守中存在不足，打不出自己的节奏就会很被动，这是在国内赛事中很少遇到的。"巴黎归来之后，黄芊芊参加了全国击剑冠军赛总决赛，她注重调整自己的比赛节奏，尝试从防守带动进攻，虽然会有不适应，但还是取得了不错的成绩。对于22岁的黄芊芊来说，未来还有很长的路要走。

（资料来源：《中国体育报》，2024年10月25日，有修改）

◎ 案例简析

跆拳道首金！中国队夺得跆拳道混合竞技团体金牌

2023年9月25日下午，杭州亚运会跆拳道混合竞技团体项目决赛在杭州临安体育文化会展中心体育馆举行，由崔阳、宋兆祥、宋洁和周泽琪组成的中国队以84∶77战胜韩国队，夺得冠军，这也是中国跆拳道队在杭州亚运会上所收获的首枚金牌。

跆拳道混合竞技团体项目共进行3局，第一局4分钟，后两局各3分钟，3局累计得分更高者获胜。本届亚运会的混合竞技团体项目共有7支队伍参赛，半决赛中，中国队以88∶18大胜越南队，韩国队则以48∶47一分险胜乌兹别克斯坦队，双双进入决赛。

与中国队相比，此次参加混合竞技团体项目的韩国队实力同样强大，阵容中包括2020年东京奥运会银牌得主李多滨等名将。决赛开始后，场上形势比较胶着，比分交替上升，首局后半段，韩国队逐渐将比分拉开，以30：21领先结束首局。

进入第二回合，背水一战的中国队开始奋起直追，在回合结束时将比分反超为60：57。最后一个回合开始，韩国队在20秒后将比分扳平，在比赛还剩最后一分钟时，中国队以71：70领先一分。最终，中国队以84：77获胜，夺得了宝贵的金牌。

值得一提的是，混合竞技团体项目在东京奥运会上首次成为表演项目，中国队参赛并获得冠军。本届亚运会上，混合竞技团体项目也成为新增项目，中国队成为该项目进入亚运会后的首个冠军。

（资料来源：杭州网，2023年9月25日，有修改）

阅读以上材料，思考杭州亚运会跆拳道项目设置与东京奥运会跆拳道项目设置有何区别。

解析

实训项目

某自由搏击馆要举办一次区域性的自由搏击邀请赛，请为此次赛事设计一份赛事活动方案。

要求

（1）明确自由搏击项目规则。

（2）明确举办自由搏击赛事的细则要求。

解析

学中做　做中学

请参照所学知识，列出自由搏击与散打规则的区别。

解析

项目三　搏击打点类运动项目编排

一、拳击、跆拳道、自由搏击、散打赛事活动编排

搏击打点类运动项目中如拳击、跆拳道、自由搏击、散打等项目因赛制相通，其编排方式均采用单淘汰赛制，不同项目编排方式仍存有细微差别，但万变不离其宗的是所有搏击打点类运动项目必须根据竞赛规程和规则，科学安排赛程、分组及场地，且需兼顾公平性、流畅性和观赏性。

（一）拳击、跆拳道、自由搏击、散打赛事活动编排的基本原则

1. 动作编排原则

（1）单次击打为基础。基础动作需要精准发力，避免无效动作，确保每次击打都具备独立杀伤力。

（2）组合动作逻辑性。发力衔接：上肢拳法与下肢步伐同步转动，利用身体爆发凝聚力量；攻防交替：进攻后立即回防，形成攻守循环；目标针对性：组合动作需针对对手弱点。

2. 战术适配原则

（1）距离控制。远距离以刺探为目标，中近距离衔接实打动作，配合滑步调整攻防位置。

（2）节奏变化。慢速虚晃接高速连击，破坏对手预判。

3. 体能分配原则

（1）回合时间匹配。业余赛侧重高频输出，职业赛需保留体力，避免前三回合过度消耗。

（2）恢复节点设计。回合间1分钟休息需补充水分、调整呼吸，教练员利用间隙修正战术。

4. 规则合规原则

（1）体重分级适配。按照赛事要求严格分组，赛前称重无误差。

（2）规避禁区动作。禁止肘膝攻击、腰带以下击打，消极躲避超5秒将被扣分。

5. 安全性原则

（1）必须强制使用护具。

(2) 医疗监护。赛前体检合格，现场配置AED除颤仪及急救团队。

(二) 拳击、跆拳道、自由搏击、散打赛事活动编排的操作流程

拳击、跆拳道、自由搏击、散打项目在比赛中均采用单淘汰赛制。淘汰赛制是指逐步淘汰失败者，使胜者按预定比赛表进入下一轮比赛，最后决出有限名次的一种比赛方式，比赛过程中失败一次即被淘汰的方法为单淘汰赛制。具体的编排操作流程如下。

1. 筹备阶段（赛前60 ~ 30天）

(1) 分级报名：按年龄（青年组17 ~ 18岁、成年组19 ~ 40岁）及体重（如男子57 ~ 60千克轻量级）分组接收运动员报名。

(2) 裁判员配置：启用国际拳联认证裁判员，培训电子计分系统及最新判罚规则。

(3) 场地验收：检查擂台合规性及消防通道，规划观众席与后勤区。

2. 启动阶段（赛前7天）

(1) 称重体检：赛前24小时称重（误差≤0.25千克），超重者取消其参赛资格。

(2) 对阵抽签：依据单淘汰赛制，采用“轮空机制”（非2的幂次方人数参赛时首轮设轮空位）。

(3) 种子排位：前16名种子选手按排名固定位置（如1号种子在1号位），其余抽签分配。

3. 单淘汰赛对阵图

16席位对阵图如图4-1所示。

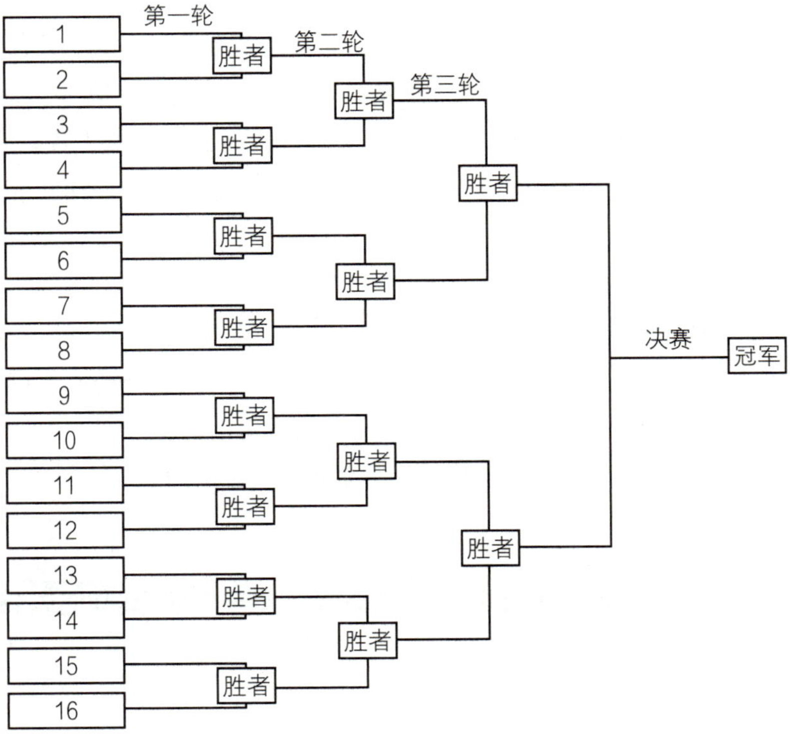

图4-1 16席位对阵图

二、击剑赛事活动编排

击剑赛事活动编排采用淘汰赛制和循环赛制两种方式。不同赛事采用不同的编排方式，其编排原理必须根据竞赛规程和规则，科学安排赛程、分组及场地，且需兼顾公平性、流畅性和观赏性。

（一）个人赛

1. 混合式直接淘汰赛制

击剑个人赛的混合式直接淘汰赛制结合了小组循环赛与直接淘汰赛两个阶段，是奥运会等顶级赛事采用的赛制。其核心流程如下：

（1）小组循环赛。所有运动员分为若干小组进行单循环赛，根据胜场数和净胜剑数排名，以此确定后续淘汰赛的种子顺序。

（2）预淘汰赛。小组赛后，排名靠后的部分运动员可能需进行一轮预淘汰赛，以决出晋级64强表的选手。

（3）64强表直接淘汰赛。晋级的64名运动员进行单淘汰赛，每场比赛负者被淘汰，胜者晋级，直至决出8强或4强。

（4）决赛阶段直接淘汰赛。最终晋级的8名或4名运动员进行单淘汰赛，直至决出冠军。

2. 小组循环赛的基本规则

在所有包含小组循环赛的比赛中，如果运动员人数是7的整数倍，则每个小组由7名运动员组成；如果不是7的整数倍，则每个小组由7名或6名运动员组成。任何情况下，小组参赛运动员人数不得少于6人。如果由于一名或几名运动员的缺席，使一个或多个小组的参赛运动员人数减少至5人或更少，组织者须从7人组中调剂出一名或几名运动员到这些组，且要考虑被调整运动员的最初排名。击剑世界杯赛中，东道主有权增加必要数量的本国运动员，以确保每个小组都有7名运动员。

（1）小组循环赛分组办法。

小组循环赛的分组依据国际剑联最新排名进行，无积分排名的运动员，将采取抽签方式决定其位置。在进行小组循环赛分组时，必须按照同一国家的运动员尽可能不被安排在同一小组的原则进行。运动员在小组循环赛中的出场位次由抽签决定。小组循环赛必须完成所有对阵的比赛。小组循环赛中各场次的对阵按照表4-2顺序进行。

表4-2　运动员小组循环赛分组办法

7人组			6人组		
1 VS 4	5 VS 1	3 VS 5	1 VS 2	5 VS 4	6 VS 4
2 VS 5	4 VS 3	1 VS 6	4 VS 3	1 VS 6	2 VS 3
3 VS 6	6 VS 2	2 VS 4	6 VS 5	3 VS 5	1 VS 4

续表

7人组			6人组		
7 VS 1	5 VS 7	7 VS 3	3 VS 1	4 VS 2	5 VS 2
5 VS 4	3 VS 1	6 VS 5	2 VS 6	5 VS 1	3 VS 6
2 VS 3	4 VS 6	1 VS 2	6 VS 7	7 VS 2	4 VS 7

注：1～7为运动员编号。

当一个小组中包含几名来自同一国家的运动员时：如果他们不占多数，他们相互之间必须先进行比赛。如果他们占多数，技术委员会可制定一则特别的比赛顺序，以避免少数运动员比赛过于频繁或长时间轮空，同时必须尽可能不违背上述原则。

①含有相同国籍运动员的6人组比赛顺序示例。

当该组6名运动员中有两人来自同一队，那么运动员的出场安排须保证同一队的两人之间首先进行比赛，同时依照表4–2的6人组比赛顺序安排。

当该组6名运动员中有3人来自同一队，那么比赛顺序安排见表4–3。

表4–3　同组6名运动员中有3人来自同一队小组循环赛分组表

分组安排	分组安排	分组安排
1 VS 2	6 VS 4	4 VS 2
4 VS 5	2 VS 5	3 VS 6
2 VS 3	1 VS 4	5 VS 1
5 VS 6	5 VS 3	3 VS 4
3 VS 1	1 VS 6	6 VS 2

注：1～6为运动员编号。运动员按以下方式获得小组序号：来自同一队A的运动员分别为1、2、3号；来自同一队B的运动员分别为4、5、6号。运动员出场顺序按照上述说明的顺序安排。

当该组6名运动员中有4人来自同一队，同一队的4名运动员在小组中分列1、2、3、4位，比赛顺序安排如表4–4所示。

表4–4　同组6名运动员中有4人来自同一队小组循环赛分组表

分组安排	分组安排	分组安排
3 VS 1	1 VS 2	4 VS 5
4 VS 2	3 VS 4	6 VS 2
1 VS 4	1 VS 6	5 VS 1
2 VS 3	2 VS 5	6 VS 4
5 VS 6	3 VS 6	5 VS 3

注：1～6为运动员编号。

②含有相同国籍运动员的7人组比赛顺序示例。

当该组7名运动员中有2人来自同一队，那么运动员的出场安排须保证同一队的两人之间首先进行比赛，同时依照表4-2的7人组比赛顺序安排。

当该组7名运动员中有3人来自同一队A、2人来自同一队B、2人来自同一队C。那么来自A队的3名运动员在小组名单上须被排在1、2、3号，来自B队的2名运动员列4、5号，来自C队的2名运动员列6、7号。

当小组循环赛的一场对阵因意外情况而中断，且中断状况有可能持续下去时，裁判员可以征得技术委员会或组委会同意，修改比赛顺序，以便小组循环赛能继续进行。小组赛中同一名运动员在连续两次对阵之间可休息3分钟。出现以下情况时，表示小组循环赛结束——一名运动员得5分。这种情况下，记录表上将记下比赛双方的最后得分（V5-Dn，n为负方击中剑数）。

在重剑比赛中，当规定时间结束时双方比分相等，将进行最多1分钟的加时赛。加时赛前通过抽签决定优先权；任何一方击中一剑即获胜；若出现互中，判有优先权方得分；若加时赛后仍0：0，则有优先权方获胜。运动员从原位置开始继续比赛。3分钟有效比赛时间结束时（剩1分钟时没有提示），如果两名运动员的比分差在一剑以上，那么击中剑数较多的运动员获胜，比赛记录表上记录的成绩为实际比赛结果（VN-Dn，N为获胜运动员击中剑数，n为负方击中剑数）。

若比赛时间结束时为平分，则加赛1分钟，先击中一剑的运动员获胜，在加时赛之前，裁判员将抽签产生一名有优胜权的运动员，若1分钟加时赛结束后仍为平分，则该运动员获胜。在这种情况下比赛记录表中将记录两名运动员的实际得分：若加时赛中有一方击中一剑，记为VN-Dn；若通过抽签决定胜负，则记为V4-D4或V3-D3或V2-D2或V1-D1或V0-D0。

比赛开始前，技术委员会将决定并宣布小组赛淘汰运动员的比例。

小组循环赛结束后，将依次根据V/M、HS-HR、HS指数对所有参赛运动员进行总排名。（V=获胜场数，M=比赛场数，HS=击中总剑数，HR=被击中总剑数）

小组赛排名表将按以下方式制定：第一，依据上述比赛成绩数据计算得出两项必要指数；第二，第一指数为运动员比赛的胜率，记为V/M，作为第一排名依据；第三，指数值最高（最大值为1）的运动员位列第一名；第四，当第一指数值相同时，为决定运动员排名先后，将采用第二指数，即运动员击中总剑数和被击中总剑数之差，记为HS-HR；第五，如V/M及HS-HR两项指数均相同，则击中总剑数较多的运动员列前；第六，若两名或多名运动员所有指数都相同，则抽签决定他们各自在小组赛排名表上的位置。

在争夺最后一个继续比赛的资格时，若有两名或多名运动员各项指数完全相同，则不进行选择，并列名次的所有运动员都入选，即使总人数超出预定人数。

（2）退出比赛。

弃权或被取消参赛资格的运动员名字将被删除，比赛成绩将被取消，该运动员将被视为未参加比赛。

3. 直接淘汰赛的基本规则

直接淘汰赛对阵表根据小组赛排名和每项赛事的特殊规则制定，同国籍运动员回避规则此时不再适用。赛事组织者须公布直接淘汰赛对阵表，并从64强表开始标明预计比赛时间。直接淘汰赛采用15剑制，或打满比赛时间，每场比赛3局，每局3分钟，每2局之间休息1分钟。佩剑比赛例外，佩剑比赛中运动员打满3分钟或其中一名运动员得到8分，第一阶段即结束。休息时间内，赛前指定的一名随队人员可以对运动员进行指导。与裁判器相连的计时器在每一阶段结束后都将中止裁判器工作。

比赛至以下情况即结束：一名运动员击中15剑，或9分钟有效比赛时间全部用完。击中剑数多的运动员获胜。若在规定时间内出现平分，则需加赛1分钟，加时赛中击中第一剑的运动员获胜。加时赛前，裁判员须先进行抽签决定优胜权归属，若平分情况持续至加时赛结束，则拥有优胜权的运动员获胜。在这种情况下，比赛记录表中将记录运动员的实际得分。

（1）退出比赛。无论出于何种原因，若一名运动员不能进行比赛或不能完成比赛，与其对阵的运动员将被宣布获胜。退赛运动员在比赛中的排名仍被保留。

（2）比赛顺序。对于直接淘汰赛（256、128、64、32、16、8或4人）中的每轮比赛都依照对阵表从头至尾按顺序进行。当直接淘汰赛同时在4条或8条剑道上进行时，每个四分之一表也必须执行该项规则。同一名运动员在连续两场比赛之间可休息10分钟。

（3）决赛将按照直接淘汰赛的方式进行，最好应包含4名运动员。同一个剑种的男子和女子项目的决赛最好安排在同一天进行。

（4）总排名按照以下方式进行：争夺第一名的比赛中的胜者获得冠军，负者获得亚军。第三、四名之间若无须决出名次，则两场半决赛中的负者并列第三名；第三、四名之间若需决出名次，则需要在两场半决赛的负者之间进行第三、四名的比赛。其余运动员的比赛名次根据直接淘汰赛对阵表的初始排位来排列。在小组循环赛中被淘汰的运动员，他们的比赛名次依据小组赛成绩排列，并排在所有获得直接淘汰赛资格的运动员之后。

（二）团体赛

1. 青年、成年击剑世锦赛（及奥运会）团体赛

对于每个剑种，参赛队须由3名运动员组成，有无替补队员均可。每队只有在人员齐整的情况下才可进行比赛。比赛按照直接淘汰赛对阵表进行。青年、成年击剑世锦赛团体赛对阵表中各参赛队排位依据最新的国际剑联排名进行。没有排名的队伍排在最后，并通过抽签的方式决定位次。青年、成年击剑世锦赛的第1至16名均通过比赛决出，从第17名开始，按各队初始排位决定比赛名次。

（1）赛制。所有剑种的比赛均按照接力方式进行。每场比赛其中一个队的3名运动员将与另一个队的3名运动员比赛（共9局对阵连续进行）。

9局对阵赛中双方运动员的出场顺序必须在一开始就确定并提交给裁判长，若以上顺序被改变，无论有意或无意，所有改变顺序后的得分将被取消，比赛将按照正确的顺序恢复。各队在比赛记分牌上的位置通过抽签决定，运动员的出场顺序由各队领队决定。每局对阵包含5次击中（5、10、15、20等），每局对阵比赛时间不超过3分钟。先由两队的第一名运动员对阵，当一方运动员在3分钟内击中5剑后，该局对阵结束；再由两队的第二名运动员对阵，当一方运动员在3分钟内累计击中10剑后，该局对阵结束；依此类推，每局对阵递增5剑。如果在3分钟内，双方运动员均未击中预定剑数，则下一局的两名运动员在现有比分基础上继续进行比赛，直至累计击中剑数达到该局预定剑数为止，限时也为3分钟。首先获得45分的一方或在规定时间内击中剑数较多的一方获胜。如果最后一局比赛的规定时间结束时，两队击中的剑数相同，则由最后一局的两名运动员进行1分钟的加时赛，首先击中的一方获胜。加时赛前裁判员将进行抽签决定优胜权归属，若1分钟加时赛结束时双方得分仍相同，则抽中优胜权的一方获胜。比赛中，领队可提出由赛前指定的替补队员替换场上另一名运动员。换人只可在一局比赛结束后进行。被替换下的运动员可以再次上场，但只可以替换最初替换他的运动员。如果第一次换人该队使用了一次“特殊”的换人名额，则不可以进行二次换人。此后不可再换人，即使是出现事故或不可抗力状况。换人的决定须最晚于拟换人比赛局的前一局比赛开始前报告主裁判，并由主裁判通知对方领队。

在世锦赛和奥运会上，裁判员还须立即向技术委员会报告换人情况。如果在换人要求提出后进行的下一局比赛中突然发生意外情况，领队可以取消换人请求。如果对方领队也要求换人，此换人请求可继续执行或取消。当一名运动员在比赛中受伤且国际剑联医疗代表认为其不得不退出比赛时，该队领队可请求由一名替补队员继续进行比赛，即便一局比赛正在进行中。因该原因被替换的运动员在当场比赛中不得重新上场比赛。

如果一名运动员及替补队员均被迫放弃比赛，或一名运动员被取消比赛资格，则该队将被宣布负于对手。当某参赛队无论出于何种原因不能完成已经开始的比赛时，技术委员会将参照个人赛中关于未完成比赛的规则执行，每支参赛队整体上被视作一名运动员。如果某支参赛队未到场比赛，但该队已经与另一队进行过比赛，则该队将被视为没有完成所参加的这一站比赛；如果这是该队的第一场比赛，则该队将被视为未参加该站比赛。

2. 青年、成年击剑世界杯团体赛

除以下特殊规则外，比赛将依据青年、成年击剑世锦赛团体赛的各项规则进行。如果一支队伍没有开始任何一场团体赛，则将被取消比赛资格，并且不能获得世界杯团体赛的积分，除非由当值医生证明为受伤或生病。排名前4的队伍将根据国际剑联当前团体积分排名排在直接淘汰赛对阵表中；其余有积分排名的队伍将按照两两抽签的方式进行再排位。没有积分排名的队伍将排在最后，并通过抽签决定位次。团体赛对阵表将根据参赛队的积分排名制定，最迟应在个人赛1/4决赛结束后1小时内完成。

知识拓展

击剑比赛观赛礼仪

击剑比赛和其他体育竞赛一样，都是需要运动员与观众进行互动的竞赛项目。观众良好的行为举止，不但有利于顺畅地观看比赛，而且有助于运动员在场上保持良好的比赛情绪。

（1）观众进入和退出场地时要有序，一般要提前到达场地，这是对运动员、教练员和裁判员最起码的尊重。

（2）玻璃瓶、易拉罐饮料都是不允许带进场地的，只允许带软包装饮料进入场馆。退场时，垃圾要用方便袋或者纸袋自行带出。

（3）比赛场内禁止吸烟。

（4）在比赛开始时，一定要保持安静，不要吃东西或互相聊天、大声喧哗。

（5）不能在击剑场馆内使用闪光灯。

（6）手机要关机或设置在振动或静音状态。

（7）运动员发挥得好，观众要鼓掌；发挥得不好，也要给予运动员支持和鼓励，不能喝倒彩。裁判员不仅是场上的执法官，也在一定程度上控制着比赛进行的节奏和气氛。当双方运动员交锋结束，裁判员下达“停”的口令时，观众应保持安静，听裁判员的判罚之后，观众可为双方运动员鼓掌加油。当裁判员下达实战开始口令时观众应保持安静，使运动员能听清裁判员下达的每一个口令，以免影响比赛的正常进行。

（8）比赛结束后，为优胜者颁发奖牌同时演奏其国歌，这时观众应全体起立并肃静。

（资料来源：中国击剑协会官网，2015年2月27日，有修改）

◆ 思政园地

“我们的奥运记忆”——栾菊杰：中国首枚奥运击剑金牌获得者

她是“扬眉剑出鞘”的女剑客。无论走多远，她始终心怀祖国。她就是1984年洛杉矶奥运会女子花剑冠军栾菊杰。

1978年，在西班牙马德里举行的第29届世界青年锦标赛上，栾菊杰的手臂被对手断剑刺伤，但她咬牙坚持，带伤作战获得亚军，为中国击剑获得第一枚大赛奖牌。1984年，栾菊杰勇夺洛杉矶奥运会女子花剑冠军，这也是中国人，乃至亚洲人第一次在奥运会击剑项目上夺得金牌。1988年汉城奥运会后，栾菊杰正式退役。退役后的栾菊杰依然心系击剑，近50岁的她为获取奥运会资格满世界打比赛，相继拿到了2000年悉尼奥运会和2008年北京奥运会的参赛资格。

（资料来源：微讯江苏，2024年6月26日，有修改）

◎ 案例简析

《综合格斗项目参赛指引（试行）》

第一章 总 则

第一条 为贯彻落实《体育赛事活动管理办法》（体育总局令第25号）、《关于加强搏击类项目赛事活动安全管理工作的若干意见》（体规字〔2020〕3号）和《关于进一步加强体育赛事活动安全监管服务的意见》（体规字〔2021〕3号），进一步加强综合格斗项目赛事活动安全监管服务，保护综合格斗项目参赛者的合法权益，制定本指引。

……

第二章 参赛须知

第四条 参赛者应当履行诚信、安全、有序的义务，做到：

（一）遵守相关法律法规规定，不得参加违规赛事活动；

（二）遵守竞赛规则、规程、赛场行为规范和组委会的相关规定，自觉接受安全检查，服从现场管理，维护赛事活动正常秩序；

（三）遵守体育道德，不得弄虚作假、徇私舞弊，严禁使用兴奋剂、操纵比赛、冒名顶替等行为；

（四）遵守武德，不得自封“大师”“掌门”“正宗”“嫡传”等称号、随意自创门派、私下约架、恶意攻击、相互诋毁、歧视他人；

（五）遵守社会公德，不得损坏体育设施，不得影响和妨碍公共安全，不得在赛事活动中有违反社会公序良俗的言行。

……

第七条 按规程要求报名。参赛者需符合竞赛规程规定的报名资格要求（参赛年龄、训练年限、比赛成绩、身体状况、体重级别等），在规定时间内按规程要求进行报名、报项。

（一）参赛年龄需符合竞赛规程和综合格斗竞赛规则的有关要求；

（二）运动员需参加综合格斗系统训练时间不少于2年；

（三）对参赛风险有充分认识，自愿参赛，无民事行为能力人或限制民事行为能力人参赛需经监护人同意，并签署承诺书；

（四）需具有教练员、医生等相关人员组成的保障团队。

第三章 赛前准备

第八条 学习赛事补充通知或补充函。补充通知或补充函是组委会关于未尽事宜的补充性文件，一般按照赛事流程进展情况在官方网站上公布。

第九条 按照个人参赛计划，根据竞赛日程安排，制定备战训练计划，做好赛前训练，避免运动损伤。

第十条 合理搭配饮食，科学控制体重，熟悉护具穿戴要求、调整好心态。

护具的穿戴及要求需符合竞赛规程和竞赛规则中的有关规定。根据比赛性质不同，运动员应至少穿戴护齿、拳套、缠手带、护裆，根据需要穿戴护脚背，必要时穿戴护头和护胸。相关技术要求参见中国武术协会最新审定或认定的本项目竞赛规则。

……

第四章 赛中要求

第十四条 到达赛区后，按要求提交个人人身保险证明、体检证明、免责声明书等相关材料。

第十五条 报到时，领取秩序册、大会证件、赛事服务指南等文件。认真阅读秩序册和指南内容，核对相关信息，如有问题及时提出并复核。

第十六条 遵守组委会统一安排，按规定用餐、乘车，按时参加相关会议、赛前训练、称重、检录、比赛、颁奖等活动。

第十七条 比赛中，按要求穿戴护具，赛后及时返还。

第十八条 调整赛期饮食，保持体能、控制体重；做好参赛准备、调整至最佳比赛状态；训练及比赛后及时进行放松、治疗、恢复。

第十九条 严格遵守国家有关反兴奋剂工作的相关规定，注意食品、营养品、药品安全，避免误服误用情况的发生。

……

第五章 赛后注意事项

第二十二条 赛后及时领取成绩册、获奖证书等相关资料，按规定办理离会手续，并安全返程。

第二十三条 赛后对身体情况进行有效评估，注意调整饮食，做好按摩放松，安排好恢复性训练。

第二十四条 赛后应严格遵守以下保护性措施：

（一）运动员在比赛中因头部受重击而终止比赛者，停止比赛30天；因头部受重击出现休克被终止比赛者，停止比赛90天；一年内因头部受重击出现休克被终止比赛两次者，停止比赛365天；

（二）如运动员出现上述情况，需接受脑部CT检查；

（三）停赛日期自受伤之日起计算。

……

（资料来源：国家体育总局官网，2021年9月18日，有修改）

阅读上述材料，思考在搏击打点类运动项目中资格审查包含哪些环节？

解析

实训项目

A市要举办全市范围的中学生击剑比赛，请为此次赛事设计一份赛事活动方案。

要求

（1）明确击剑的规则。

（2）明确举办中学生击剑赛事的细则要求。

解析

学中做 做中学

请参照所学知识，列出击剑项目个人赛与团体赛在编排方法选取上的区别。

解析

模块五　评分类运动项目

教学提示

1. 评分类运动项目分类
2. 评分类运动项目规则
3. 评分类运动项目编排

评分类运动项目是指以技术动作的复杂程度和动作执行的完成质量为核心评价维度，通过多维评价体系对运动员竞技表现进行量化评估的竞技体育类别。该类项目的竞赛结果由裁判组依据既定评分规则，通过实时观察运动员技术动作的完成质量（包括难度系数、动作质量、美学呈现等要素）进行主观赋分，最终以累计分值确定比赛名次。

项目一　评分类运动项目的概念与分类

一、评分类运动项目的概念

评分类运动项目也叫难美评分类运动项目，“难”是指动作的难度，“美”是指动作的质量。此类运动项目具有以下特点：

（1）难度主导性：技术动作的复杂程度（如转体周数、腾空高度、器械操控难度等）构成了竞技能力的核心要素。

（2）质量规范性：动作完成需符合生物力学标准（如身体姿态控制、时空精度等）及项目特殊美学要求（如艺术体操的器械与身体的协同律动等）。

（3）动作创新性：基于客观难度标准和完成质量评价，评分类运动项目鼓励运动员大胆尝试新难度、新动作。

（4）评价主观性：评分类运动项目的竞赛中无论是难度分、完成分，还是艺术分，其中都包含了大量的主观评价因素。

（5）评判依规性：评分类运动项目的比赛结果要依赖裁判员对运动员完成的动作难度、完成质量的综合判断，并须遵循评分规则，如动作难度表、扣分细则等进行打分，最终得分即是运动员的最终竞赛成绩。

评分类运动项目赛制和规则是影响竞赛的主要因素。赛制是技术规范、难度突破与观赏价值的有机统一。其核心在于通过科学的结构设计，既保障运动员竞技水平的精准量化，又推动评分类运动项目的可持续发展。

二、评分类运动项目的分类

1. 技术标准型

技术标准型项目以动作规范标准为核心，评分侧重动作完成质量和各难度动作之间的连接（如角度、高度、稳定性、动作编排等）。评分结构为难度分（D-score）与完成分（E-score）的结合，D分是对动作的等级量化，E分是对动作完成质量和艺术表现的衡量。技术标准型项目制定了完整的动作标准化库，当竞赛中出现新的动作时则需要通过技术委员会的认证命名后，才允许在比赛中使用。因此，技术标准型项目通过评价的标准化而减少了运动员完成动作的偶然性。

代表项目：竞技体操、竞技蹦床、跳水。

竞赛赛制特征：技术标准型项目的比赛流程分为资格赛、决赛两个阶段，核心逻辑是“先达标，再突破”。资格赛像“基本功考试”，如体操运动员必须完成规定难度的动作，跳水运动员要跳完指定动作序列，确保所有人达到统一的技术标准。而到了决赛阶段，规则就“松绑”了，如体操选手能挑战G组超高难度动作，跳水运动员可以拿出最高难度系数的大招。这种设计就像“先过及格线，再拼天花板”，即资格赛筛掉基本功不扎实的运动员，决赛则变成“高难度动作博览会”，运动员既要稳扎稳打，也要敢冒险创新。例如，体操决赛不设难度分上限，运动员为了夺冠，会在稳定性和动作难度之间反复权衡。这种赛制既保留了项目的基本技术要求，又像“弹簧”一样给运动员留出突破空间，让比赛既有传统底蕴，又能不断刷新难度纪录。

2. 艺术表现型

艺术表现型项目是在依据技术标准的基础上，增加了艺术分（A-score），在运动员最终的得分中，音乐诠释、身体韵律等艺术表现力占显著评分权重。评分结构为D分、E分和A分的结合。艺术表现型项目是由技术表现加艺术表现的双轨评分机制，在技术标准化的基础上，鼓励运动员对完成动作进行创新，并且注重与文化、音乐融合，将技术表现和艺术表现尽可能进行标准量化。

代表项目：花样游泳、花样滑冰、艺术体操、体育舞蹈。

竞赛赛制特征：艺术表现型项目采用多维度评价的竞赛机制，遵循“技术-艺术”二元融合的赛制原则，通过多维度评价体系与分阶段竞赛机制实现竞技性与艺术性的评价。这类项目普遍采用双轨评分机制，D分和E分量化动作难度与动作质量，A分评估编排创意与艺术表达，二者权重依据项目特性差异化来配置。例如，艺术体操采用资格赛与决赛的分段评价模式，而花样滑冰则通过短节目和自由滑两阶段赛制实现梯度筛选。此类赛制通过阶段性规则约束（如资格赛限定器械使用规范、短节目规定跳跃类型等）确保基础技术标准，同时在决赛环节开放创新空间（如自由滑取消难度上限、艺术体操决赛允许自选音乐等），形成“技术筑基、艺术突围”的竞赛逻辑，既保障了项目规范性，又为个性化表达提供了结构化展示平台。

3. 创新驱动型

创新驱动型项目以突破动作范式边界为核心导向，其竞赛机制构建于动态动作认证体系之上，弱化标准化动作难度分与设置容错冗余空间，激励运动员探索未经验证的高风险原创动作。此类项目采用裁判组即时动态评分模型：基于转体周数、动作创新性、落地可控性等维度给予实时评价，并允许动作重复尝试（如自由式滑雪大跳台资格赛3次试跳取最佳2次）。国际滑雪和单板滑雪联合会规则明确规定，运动员完成未被“动作难度表”收录的创新动作（如双板空翻2160°）时，裁判组须启动“创新系数分”（P-score，P分≥5.0可申请国际认证），形成“风险试错-动态认证-规则迭代”的闭环演进机制，既保障了项目安全性，又能持续推动动作库的边界拓展。

代表项目：自由式滑雪空中技巧、单板滑雪、自由式小轮车。

竞赛赛制特征：创新驱动型项目以突破人类动作范式边界为导向，其赛制设计围绕“风险博弈–创新激励–容错冗余”三位一体理念展开。通过多轮次冗余机制（如自由式小轮车资格赛3次试跳取最佳成绩）与动态难度认证机制（国际单项联合会实时评估未经验证动作并赋予临时难度分），构建了鼓励创新与风险控制的平衡体系。例如，小轮车资格赛要求必须用完场地所有道具（如U型池、斜坡墙等），相当于“规定动作考试”，到了决赛，翻滚、转体、道具将不再限制。单板滑雪在决赛最后一跳允许尝试没人做过的动作，如空中转体六周半，哪怕失败也不扣分，成功就直接给这个动作起名认证。自由式滑雪空中技巧玩的是“三级闯关”，资格赛比基础动作刷掉新手，半决赛加难度筛出高手，决赛便可以使出全部招数，鼓励运动员拼最高难度。这些规则就像“创新保护伞”，先保底、再冲顶的设计让比赛既有看头又能不断刷新人类极限，形成“敢玩→认证→更多人玩”的良性循环。

知识拓展

评分类运动项目的主要世界级赛事如下表所示。

项目类别	赛事名称	级别/性质	周期	主办方	核心项目与特点
竞技体操	奥运会体操项目	全球最高规格	每4年一届	国际奥委会	全能/团体/单项
	世界体操锦标赛	单项最高水平	每年一届	国际体操联合会（FIG）	全能/团体/单项；决定奥运积分
	体操世界杯系列赛	国际巡回积分赛	全年多站	FIG	单项为主；积分制争夺年度总冠军
	亚运会体操项目	亚洲最高综合运动会	每4年一届	亚奥理事会	竞技体操/艺术体操/蹦床；亚洲实力展示
	全运会体操项目	国内最高级别综合运动会	每4年一届	国家体育总局	各省队核心竞争舞台，选拔奥运人才
	全国体操锦标赛	国内顶级赛事	每年一届	国家体育总局	全能/团体/单项；决定国家队阵容
	全国体操冠军赛	国内补充赛事	每年一届	国家体育总局	单项为主；培养年轻运动员

续表

项目类别	赛事名称	级别/性质	周期	主办方	核心项目与特点
竞技蹦床	奥运会蹦床项目	全球最高规格	每4年一届	国际奥委会	男女个人赛（10动作+自选）；难度/完成度/姿态评分
	世界蹦床锦标赛	历史最悠久	每两年一届	FIG	个人/团体/同步赛；奥运积分风向标
	世界杯蹦床系列赛	国际巡回积分赛	全年多站	FIG	个人赛为主；争夺奥运资格
	亚运会蹦床项目	亚洲最高水平	每4年一届	亚奥理事会	个人/团体赛；中国占据优势
	全运会蹦床项目	国内核心选拔赛	每4年一届	国家体育总局	个人/团体/同步赛；直通奥运会
	全国蹦床锦标赛	国内顶级赛事	每年一届	国家体育总局	成年/青年组个人/团体/同步赛；确定国家队名单
	全国蹦床冠军赛	国内补充赛事	每年一届	国家体育总局	个人赛为主；培养新人
艺术体操	奥运会艺术体操项目	全球最高规格	每4年一届	国际奥委会	团体/个人全能
	世界艺术体操锦标赛	规则创新前沿	每两年一届	FIG	团体/个人全能、专项赛（3带2球等）
	世界杯艺术体操系列赛	国际巡回积分赛	全年多站	FIG	团体/个人全能；器械专项技术比拼
	亚运会艺术体操项目	亚洲最高水平	每4年一届	亚奥理事会	团体/个人全能；中国优势项目
	全运会艺术体操项目	国内核心选拔赛	每4年一届	国家体育总局	团体/个人全能、集体自由组合；奥运人才库
	全国艺术体操锦标赛	国内顶级赛事	每年一届	国家体育总局	成年/青年组团体/个人全能；确定国家队名单
	全国艺术体操冠军赛	国内补充赛事	每年一届	国家体育总局	个人全能为主；挖掘新秀
自由式小轮车	奥运会小轮车项目	全球最高规格	每4年一届	国际奥委会	男女公园赛（腾空/旋转技巧）；2020年东京奥运会首设项
	世界自由式小轮车锦标赛	技术规则前沿	每两年一届	国际自盟（UCI）	公园赛/团体混合赛/技巧挑战赛；更新评分标准（如双轮滑板等）
	UCI小轮车世界杯系列赛	国际巡回积分赛	全年多站	UCI	公园赛/街道赛（集装箱障碍）；场景多样化
	XGames（极限运动会）	全球顶尖商业赛事	每年夏冬各一届	美国有线体育电视网	BigAir/Park/Street赛；允许高风险动作（如后空翻360° 转体）
	全运会小轮车项目	国内核心选拔赛	每4年一届	国家体育总局	男女公园赛/团体赛；直通奥运会
	全国自由式小轮车锦标赛	国内顶级赛事	每年一届	国家体育总局	公园赛/街道赛（成年/青年组）；确定国家队名单
	全国自由式小轮车冠军赛	国内补充赛事	每年一届	国家体育总局	个人赛/团体挑战赛；新人练兵场

◆ 思政园地

“体操王子”李宁的传奇故事

1984年洛杉矶奥运会“体操王子”惊艳世界。熟悉体操的朋友们都知道，体操是一个需要运动员在年龄很小的时候就开始训练的项目。其中一个很大的原因，便是它对运动员身体的柔韧性、平衡性和灵活程度都有着很高的要求。

而李宁就是从自己很小的时候便投身体操训练，并在8岁时进入了广西壮族自治区体操队。当同龄的孩子们还在上小学时，李宁几乎每天都要进行艰苦的训练。功夫不负有心人，1980年，17岁的李宁成功入选中国国家队。那时应该没有多少人会想到，一个中国乃至世界体操运动的传奇，就此诞生。

1982年第六届世界杯体操赛上，初出茅庐的李宁在男子比赛的7个项目中，获得了6金1铜的成绩，震惊了世界体操界。很快，他凭借自己出色的表现与俊朗的形象，获得了“体操王子”的美誉。

1988年退役后，李宁放弃体制内“铁饭碗”，选择创业之路。面对“运动员搞商业”的质疑，他以“运动员的拼劲”打入商海，1990年创立“李宁”品牌，将体操精神注入企业基因。

2008年北京奥运会，他以“空中飞人”点燃主火炬，既是对个人职业生涯的致敬，也标志着中国品牌的崛起。

2018年巴黎时装周，李宁品牌以“悟道”系列融合敦煌壁画、太极文化，打破西方对“中国制造”的刻板印象，展现文化自信。他提出“让世界看到中国设计”，推动“国潮”从体育用品升华为文化符号，体现了体育精神与时代使命的结合。

李宁曾说：“金牌是国家的勋章，但我的使命不止于领奖台。”他创办“李宁基金”，累计投入超2亿元支持青少年体育教育，惠及150万名乡村儿童。在抗震救灾中，他多次捐款捐物，践行“体育人服务社会”的信念。

面对2008年国际金融危机，李宁公司主动承担社会责任，拒绝裁员，转而推出“中国运动员教育计划”，将商业成功转化为社会价值。他多次呼吁：“中国企业要有国际视野，但根基永远在民族文化的土壤里。”

1988年汉城奥运会的失误他曾被舆论批评为“丢脸”，但李宁将其视为人生转折点：“失败让我学会谦卑，也让我看清真正的价值不在奖牌，而在如何重新出发。”2008年李宁品牌遭遇库存危机时，他力排众议推动品牌转型，用“一切皆有可能”的口号唤醒团队斗志，最终实现逆风翻盘。

李宁在采访中多次强调：“跌倒不可怕，可怕的是失去站起来的勇气。”他将体育精神升华为一种生命态度，鼓励年轻人“在逆境中修炼强大内心”。

（资料来源：搜狐网，2021年11月14日，有修改）

◎ 案例简析

体操技术的“试金石”

根据竞赛规程，2019年体操世锦赛是东京奥运周期体操项目首次资格赛，团体项目的前三名将直接获得2020年东京奥运会的参赛资格。本届世锦赛资格赛采用5–4–3赛制（即5人报名，4人参赛，取3个最好成绩），由肖若腾、林超攀、邹敬园、邓书弟和孙炜组成的中国男团最后一组登场。

由于同组不少都是单项选手，项目轮转较快，因此准备时间略显仓促。在跳马、双杠、单杠前三个项目的比赛里，中国男团充分发挥了自身水准，总得分暂列第一。不过从自由操开始，中国男团开始出现失误。尤其是在鞍马项目上，第一位出场的邹敬园出现掉落器械的重大失误，难度5.2的动作得到12.366分。接下来的林超攀同样有大失误，在器械上腾空动作没起来，直接坐在器械上，得到12.866分。关键时刻肖若腾挺身而出，得到了14.633的高分，大大稳定了中国队的军心。五项过后，中国队排名落后俄罗斯队。最后一项吊环比赛，中国男团整体发挥稳定，最终排名第二。

（资料来源：今日头条，2018年11月29日，有修改）

阅读上述材料，思考体操规则的制定及比赛中的评分应该考虑哪些因素。

解析

● 实训项目

请查阅花样游泳项目的相关规则，并完成以下任务：

要求

1. 提炼花样游泳赛制机制的特点。
2. 阐述这种特点是如何指导运动训练的。

解析

学中做 做中学

解析

1.请把以下运动项目按竞赛编排类型进行归类，按照分类进行连线。

竞技体操	技术标准型
艺术体操	艺术表现型
小轮车BMX	创新驱动型
竞技蹦床	

2.判断以下表述是否正确。

（1）创新驱动型赛制是鼓励运动员在比赛中做出创新的成套动作。(　　)

（2）评分标准型赛制的评分标准分为难度分和完成分。(　　)

项目二　评分类运动项目规则

一、竞技体操规则

（一）竞技体操项目

男子竞技体操包含自由体操、鞍马、吊环、跳马、双杠和单杠六个小项。自由体操在12米 × 12米弹性地板上进行，动作编排至少3个空翻串；鞍马器械长1.6米，要求全旋类动作占比超70%，禁止单臂连续支撑超过2个动作；吊环需完成2个静止力量动作，下法须展示钟摆动能转化技巧；跳马采用1.35米高纵马，助跑25米后需通过激光测高仪验证第二腾空达1.5米垂直高度；双杠杠高1.80米，杠长3.50米，杠间距42～52 厘米，强调杠间倒立夹角小于5° 及杠上飞行动作；单杠杠高2.80米，杠长2.40米，注重高动态转体动作。

女子竞技体操包含跳马、高低杠、平衡木和自由体操四个小项。跳马采用1.25米高的横马，助跑距离20米，85%运动员使用原跳马动作；高低杠由高杠2.50米和低杠1.70米构成，杠间距1.1～1.4米可调，必须完成3次换杠飞行，禁止连续腾空抓杠；平衡木在5米长、10 厘米宽的木面上进行，2024年新增激光投影监测落木位置，成套必须包含D级空翻连接；自由体操需在12米 × 12米场地配合纯音乐完成，音乐须含至少8个节奏变化点并与技巧动作90%同步，禁止使用带人声歌词的配乐。各项目器械参数与编排规则均体现性别差异化设计。

一套自由体操动作是由技巧动作和其他体操动作如力量、平衡、柔韧、手倒立及舞蹈编排而成的，从而构成一套韵律和谐、节奏协调的动作，一套动作应充分利用整个场地。

（二）竞技体操竞赛过程

1.资格赛

（1）参赛规模。男女各12支队伍（每队5人）及个人选手，分多场次进行。

（2）赛制规则。

采用5–4–3制：每项可派4人，取3个最高分计入总分。

每个运动员最多参加4个单项（全能选手需完成6项）。

（3）晋级机制。

团体：总分前8名晋级决赛（成绩清零，不带入后续阶段）。

全能：个人全能总分前24名晋级（每国最多2人）。

单项：各单项得分前8名晋级（每国最多2人/项）。

2.团体决赛

（1）参赛队伍。资格赛前8名团队。

（2）赛制特点。

5–3–3制：每项派3人，3人成绩均计入总分，无替换机会。

动作难度与完成分均需达到FIG认证标准（如跳马第二腾空高度 < 1.2米直接扣0.5分）。

（3）胜负判定。男子6项/女子4项总分直接决出金银铜牌。

3.个人全能决赛

（1）参赛选手。资格赛全能排名前24名选手（每国≤2人）。

（2）赛制特点。

分组登场：24名决赛选手按资格赛全能成绩从低到高分为6组（每组4人）。成绩最好的4名选手将在最后一组出场，以增加决赛悬念和观赏性。

一锤定音：资格赛成绩不带入决赛，决赛中每名运动员在每个项目上只比1套动作。

（3）冠军产生。男子6项/女子4项总分最高者获胜（同分时比较E分）。

4.单项决赛

（1）参赛选手：各单项资格赛前8名（含并列）。

（2）决胜规则：每名选手仅展示1套完整编排动作（D分与E分直接相加）。若出现平分，优先比较E分，其次参考资格赛得分。

（三）裁判员组成

国际体操联合会（以下简称“国际体联”）官方比赛、世锦赛和奥运会，竞技体操的裁判组将由D组裁判员和E组裁判员构成。D组裁判员由国际体联技术委员会根据现行国际体联技术规程抽签或指派。E组裁判员和辅助裁判员在技术委员会主席的授权下，根据最新国际体联技术规程或竞赛管理中裁判员规则抽签产生。世锦赛和奥运会的比赛一般由9名裁判员组成，其中包括2名D组裁判员和7名E组裁判员。

（四）竞技体操评分

1. 分数的构成

所有项目成套动作均由D分和E分组成。D组裁判员评定D分、成套内容，E组裁判员评定E分，即成套完成相关的编排、技术和身体姿态要求。

一套动作的最后得分由D分加上最终的E分构成。除跳马比赛外，所有其他项目的比赛（资格赛、团体决赛、个人全能决赛、单项决赛）的成套评分和最后得分规则均相同，跳马在资格赛和单项决赛中有特殊规则。

个人全能得分是六个项目中获得的最后得分的总和。

团体分数要根据现行国际体联竞赛管理技术规程要求进行计算。

参加团体决赛、个人全能决赛和单项决赛的资格的确定，将根据现行的国际体联竞赛管理技术规程执行。

最后得分通常由竞赛评分人员计算，但是必须经过项目监督确认后才能公布。

在国际体联的正式比赛中，将显示D组裁判员的D分和最后的E分。E组裁判员每个人的E分将出现在成绩单上。在所有其他比赛中，必须显示D分、E分和最后得分。

2. 分数的含义

D分包括以下内容：一套动作由7个最难的难度动作加1个下法，共8个动作构成，相同动作组最多只能有4个动作。若出现难度值相同但分属不同组别的动作，裁判员应优先选择对运动员有利的动作纳入计算。

E分包括以下内容：连接价值、组别价值动作、艺术性和完成错误综合。连接价值在不同的项目上有特定规则；构成组别价值的动作，必须包含在构成成套的8个动作中。E分将从10分开始扣起，并以0.1分为单位进行扣分：艺术性和完成错误综合扣分；技术和编排错误综合扣分。以0.1分为单位对完成、艺术、技术和编排进行累计扣分，去掉最高和最低的扣分，用10分减去剩余扣分的平均分为最终的E分。

E分计算如下：

7个E扣分，3个中间分的平均分；

5个E扣分，3个中间分的平均分；

4个E扣分，2个中间分的平均分；

3个E扣分，3个分的平均分；

2个E扣分，2个分的平均分。

二、竞技蹦床规则

（一）竞技蹦床项目

1. 蹦床

一套蹦床动作由10个向前或向后转体或不转体的空翻动作组成。运动员完成动作时，应表现出良好的控制、优美的姿态、正确的技术，并保持高度及动力，以展示在飞行阶段对身体的完美控制，同时尽可能减少水平位移。蹦床成套动作的特点表现为动作高，动作连续不断、富有节奏，包含双脚起跳、背弹、腹弹、坐弹和翻转动作，全套动作不允许有中间直体跳。

2. 单跳

单跳每套动作由8个动作组成，可以完成各种向前、向后或侧向的动作。单跳成套动作要表现出良好的控制、优美的姿态、正确的技术，并保持高度及动力。单跳成套动作的特点为连贯、快速、富有节奏，从手到脚或从脚到脚的翻转跳跃，中间没有犹豫或走步的动作。

3. 双蹦床

双蹦床每套动作由2个动作组成，应包括向前和向后转体或不转体动作，成套动作应表现出良好的控制、优美的姿态、正确的技术，并保持高度及动力。双蹦床成套动作的特点是动作高度高，连续富有节奏地从脚到脚的跳跃翻转，中间没有犹豫或垂直跳。

值得注意的是，竞技蹦床的三个小项和竞技体操不同，属于独立的单个项目，仅蹦床项目进入奥运会赛场，单跳和双蹦床仅在国际蹦床赛事中出现。

（二）竞技蹦床竞赛过程

1. 资格赛

（1）预赛。

分为两轮：预赛第一轮所有已注册报名的运动员均可参赛，预赛第二轮根据截止报名时的报名人数确定参加比赛的运动员/双人同步组合数量。

预赛第一轮由两套自选动作组成，两套动作中的最高分决定预赛第二轮或决赛的参赛资格；预赛第二轮只比一套自选动作，比赛成绩从零分计起。

（2）晋级机制。

总分前8名进入决赛（若第8名平分，则比较第二套动作的E分）。

2024年新增“难度认证”规则：自选动作中若包含未在国际体联注册的新动作，需提前6个月提交技术录像。

2. 决赛

（1）参赛资格。

资格赛前8名（成绩清零，重新角逐）。

（2）决胜规则。

单套决胜制：仅展示1套自选动作，难度分无上限。

（3）评分要素。

D分：动作难度，如三周空翻+转体1080° =6.2分。

E分：完成质量，10分起扣，0.1分/次身体姿态偏差。

T分（飞行时间分）：高度分，电子计时，每秒1.0分，最高18.0分。

胜负判定：D+E+T总分最高者胜，同分时优先比较T分。

（4）特殊限制。

禁止重复资格赛已使用的核心动作组合，如资格赛使用了“前空翻三周转体”，决赛需替换至少1个元素）。

（5）落网位移监控。

若触网区域超出中央红圈（直径2米），每次扣0.3分。

3. 团体赛

奥运会赛场上的蹦床项目不设置团体赛，世锦赛开设蹦床团体赛。团体赛具体赛制如下。

（1）参赛要求。团体赛每队由3～4名男运动员或3～4名女运动员组成。

（2）赛制。

预赛第一轮也是团体赛的资格赛。团体预赛总分（3套动作之和）由预赛第一轮各队在两套动作中获得的3个最高分之和计算得出。每名运动员只能有一套动作计入团体总分。

团体决赛每队由3名运动员组成，每名运动员完成1套动作。团体决赛由3轮比赛组成，名次由每支队伍在每轮比赛中获得的排名积分（10、8、6、5、4、3、2和1）的总和决定。

4. 混合团体赛

混合团体由以下项目的1名或1对男运动员和女运动员组成：网上个人、双人同步、单跳、双蹦床。

赛制：预赛第一轮作为混合团体赛的资格赛。混合团体预赛成绩是每个项目的不同性别的1名或1对运动员获得的最高分数相加之和。名次根据每支队伍在每轮比赛中获得的排名积分（10、8、6、5和4）之和决定。团体决赛中排名积分最高的队伍获胜。

（三）裁判员组成

竞技蹦床裁判员一共有9名，1名裁判长负责高度仪、位移、同步；6名技术裁判员负责对每个动作的完成情况在0.0～0.5分进行打分，并记录扣分情况；2名难度裁判员负责核对难度表和动作难度、计算难度值以及记录难度值。如果没用电子评分，裁判员对身体任何部分明显触及到限定区边线以外的情况进行扣分。

（四）竞技蹦床评分

在蹦床比赛中，共有6种类型的评分：

D分（难度分）：表示一套动作的难度总分；

E分（技术分）：表示一套动作的质量规格；

H分（位移分）：表示一套动作水平移动的控制；

T分（高度分）：表示一套动作飞行高度的时间；

S分（同步分）：在同步比赛中，表示两人同时完成相同动作的同步程度；

P分（扣分）：在一套动作中所扣的分数。

难度值：原则上，一套动作中单个动作的难度值是不封顶的，但在青少年和世界年龄组比赛中，难度值是受国际体联青少年和世界年龄组规则限制的，虽然运动员可以做较高难度的动作，但会受到对应年龄组的难度值限制。难度限制在青少年和世界年龄组规则中单独列出。例如，在青少年比赛中不允许做4周空翻动作，否则，将取消比赛资格。

三、艺术体操规则

（一）艺术体操项目

艺术体操是一项结合舞蹈、器械操控与身体技巧的女子竞技运动，运动员在13米×13米场地上伴随音乐完成成套动作，使用圈、球、棒、带、绳五种器械（奥运会计入4种），规则要求成套动作必须包含跳跃、平衡、转体等高难度身体动作与器械抛接、滚动等技术元素，评分由难度分（D分，量化动作复杂度）、完成分（E分，10分起扣，评估技术准确性）和艺术分（A分，评价音乐配合与编排创意）三部分构成，超时、器械掉地（扣1分/次）或越界均会扣分，奥运会仅设个人、团体全能，而世锦赛包含单项与团体赛。

（二）艺术体操竞赛流程

1.参赛资格

（1）项目设置。仅设女子项目（个人全能与团体全能）。

（2）名额分配如下。

个人全能：全球24名选手（每国最多2人）。

团体全能：12支队伍（每队5人+1替补）。

2.竞赛阶段

（1）资格赛。

个人全能：4项器械（2024年巴黎奥运会：圈、球、棒、带）各完成1套动作。总分前10名晋级决赛。

（2）团体全能：完成2套不同器械组合（如5带+3圈2球）。总分前8名晋级决赛。

（3）决赛。

个人全能：4项器械总分重新角逐（成绩清零）。

团体全能：2套动作总分决胜负（允许替换1名队员）。

3.核心规则

（1）器械循环：每届奥运会更换1项器械

（2）时间限制：个人单项动作1分15秒～1分30秒，集体动作2分15秒～2分30秒。

（三）裁判员组成

艺术体操裁判员共有12名。

（1）难度裁判组（D）：4名裁判员，分成2组。

第一小组（DB）：2名裁判员（DB1，DB2）独立评分，提交各自分数，之后给出一个共同的DB得分。

第二小组（DA）：2名裁判员（DA1，DA2）独立评分，提交各自分数，之后给出一个共同的DA得分。

（2）艺术裁判组（A）：4名裁判员（A1，A2，A3，A4）。

（3）完成裁判组（E）：4名裁判员（E1，E2，E3，E4）。

（四）艺术体操评分

（1）D分：DB身体难度（跳/平衡/转体）+DA器械难度（抛接/滚动）。2024年新规：非惯用手动作占比≥30%可获0.5分加成。

（2）E分：10分起扣，器械掉地扣1.0分，动作超时扣0.1分/秒。

（3）A分：音乐配合、编排创意、空间利用（集体项目侧重队形复杂度）。

四、自由式小轮车规则

（一）自由式小轮车项目

自由式小轮车是2020年东京奥运会新增项目，男女分项，运动员在长40米的波浪形混凝土场地、碗池、跳台、斜面墙等障碍物内完成90秒自编动作，通过空中技巧、平衡动作及线路创新争夺奖牌，裁判员依据难度、创意、执行力和场地利用度综合评分。

（二）自由式小轮车竞赛流程

1.资格赛

参赛规模：男女各12名选手（每国最多2人）。

赛制：每人2轮，取最高分，前8名晋级决赛。

淘汰规则：若选手两次落地失误（如触地支撑）直接中止本轮。

2. 决赛

三轮决胜制：3轮表演取最高分定名次（2024年取消“单轮淘汰”规则）。

动作要求：必须包含至少1个双手脱把动作（如空翻撒把）及1个障碍组合技术（如斜面墙接转体720°）。

同分裁决：难度分优先，其次参考场地路线复杂度。

（三）裁判员组成

D难度裁判员：负责量化动作风险等级与技术复杂度、统计空中动作类型、评估动作连接难度。

C创意裁判员：负责评估动作的原创性与风格独特性、标记首次在奥运赛场出现的动作、评估动作组合的新颖性。

E执行裁判员：负责监控动作完成质量与控制力、判断动作的扣分点。

CU场地裁判员：负责判断障碍物利用效率与路线规划，以及是否使用4个不同区域、重复使用同一障碍组合。

辅助裁判员：一般为3名技术支持，负责动作识别、判定危险动作等。

计时裁判员：负责记录90秒的表演时间。

（四）自由式小轮车评分

1. 难度分

动作等级表：国际自盟发布年度难度等级表（Level 1～10，如后空翻两周=Level 8）。

组合加成：连续完成两个Level 5+动作，加0.5分。

2. 创意分

创新认证：全球首创动作需提交视频至国际自盟技术委员会（审核周期30天）。

风格融合：混合“街头式”与“公园式”风格加1～2分。

3. 执行分

单手/单脚触地扣分标准：扣5分。

落地屈膝＞30°扣分标准：扣2分/次。

动作中断＞3秒扣分标准：扣3分/次。

4. 场地分配

区域覆盖：必须使用≥4个独立障碍区（如未达标扣3分）。

路线重复：同一障碍组合重复使用3次扣3分。

◥ 知识拓展

赛事与城市

“FISE世界巡回赛”1997年诞生于法国的蒙彼利埃市，是由法国飓风集团承办的全球最大规模综合性极限运动会，包含9个极限运动项目。其中，攀岩、滑板、自由式小轮车公园赛已纳入2020年东京奥运会正式比赛项目，霹雳舞纳入2024年巴黎奥运会正式比赛项目。

自2014年起，“FISE世界巡回赛”已先后在全球12座城市办赛，每年有来自30个国家的约500名运动员参赛，同时吸引超过100万名观众现场观赛，是全球规模最大的综合性极限运动盛会。

目前，随着极限运动的不断普及推广，国内也有越来越多的爱好者参与其中。此番，上海徐汇滨江引进“FISE世界巡回赛”，也是上海利用现有的滨江开放场地举办奥运会资格系列赛的可持续性探索——“FISE世界巡回赛上海站”的举办，将有利于完善特色赛事体系，扩大滨江国际影响力，助力打造与城市定位相匹配的体育名片。

据记者了解，近日建成开放的滨江南段S1泵道，虽仅占地560平方米，但日均接待流量已超千人，已经成为在网上“刷屏”的全民运动打卡点，小轮车、山地车、滑板、陆冲、轮滑等各类带轮运动项目爱好者们在此聚集。随着攀岩、滑板、街球等潮流时尚运动场地的完善，西岸将吸引越来越多的极限运动爱好者们。

作为徐汇区着力打造的滨江高品质文体休闲带，西岸滨江拥有包括近9公里的跑步道、漫步道和骑行道，滑板公园，篮球场，攀岩墙等多元公共运动设施。自2017年起，上海国际马拉松将徐汇滨江纳入赛段，该区域也被誉为上海马拉松的“最美赛段”。2022年11月之后，西岸活力谷、乐动力·西岸风之谷体育公园、乐动力栖羽体育中心等创新公共体育空间又陆续开放，满足了市民的日常运动需求。

（资料来源：澎湃新闻，2023年10月18日，有修改）

◆ 思政园地

规则变革无法磨灭体育精神

2017年，国际泳联对花样游泳（现称“艺术游泳”）规则发起了颠覆性变革：技术执行分权重从20%骤升至70%，艺术印象分遭大幅削减；新增高危托举动作要求选手空中滞留3秒以上，同时严格限定水下憋气时长不超过45秒，并解禁非旋律音效的使用。这一系列改动将运动员抛入前所未有的风暴中心。

中国名将黄雪辰的转型之路堪称震撼。31岁的她产后复出，面对新规则对力量爆发的严苛要求，她毅然选择增重20斤肌肉。每日5小时力量训练叠加200次托举模拟，让她的肩部反复拉伤，却最终将京剧武打节奏融入编排，在2020年东京奥运会上以银牌完成“力量美学”的涅槃。与此同时，曾垄断奥运金牌12年的俄罗斯队因国际禁赛被迫归零。传奇选手斯维特兰娜·罗马什娜放下七枚奥运金牌的光环，远赴塞尔维亚担任教练员，设计出仅以水花声和呼吸节奏构成的“无国籍音乐”，甚至推动国际泳联设立难民代表队通道，在至暗时刻点燃希望之火。

当西班牙老将奥纳·卡尔波内尔退役后发起“运动员规则建议权”全球联署，迫使国际泳联增设运动员委员会；当墨西哥混双组合在2024年多哈世锦赛完成“男选手水下托举女选手空中旋转1080°”的创世动作时，这项运动的蜕变已远超技术层面。规则的重锤砸碎了水上芭蕾的古典梦境，却淬炼出更坚韧的灵魂。托举动作激起的浪花里，有黄雪辰肩头的膏药气息，也有罗马什娜在异国训练馆播放的、那些没有国籍的水流交响。它们共同宣告着一个事实：评分表可以抹去艺术印象的分数栏，但永远无法量化人类将伤痕铸成翅膀的重量。

（资料来源：国际奥委会官网，2025年3月22日，有修改）

◎ 案例简析

蹦床规则的发展和变革

蹦床是一项运动员利用蹦床反弹中表现杂技技巧的竞技运动，它属于体操运动的一种，蹦床有“空中芭蕾”之称，也是奥运会的一个项目，现在世界上蹦床最强的国家包括俄罗斯、乌克兰、日本与中国。

竞技蹦床规则分别经历了1997—2000、2001—2004、2005—2008、2009—2012、2013—2016、2017—2020、2021—2024七个周期，2025—2028奥运周期新规则也已经颁布，作为竞技蹦床项目在第八个奥运周期比赛成绩的评定依据，每个周期都有其时代性的特点。竞技蹦床的运动竞赛分为预赛和决赛，其中预赛包括两套动作，分为规定动作和自选动作，决赛只进行一套自选动作比赛。

目前世界蹦床锦标赛设立了男单、男双、男团、女单、女双、女团6个项目。奥运会蹦床比赛设网上男、女个人两枚金牌。在蹦床比赛中，运动员要完成规定动作和自选动作。蹦床项目中，一名运动员需要做出3套不同的动作，每套由10个动作组成。第一套动作为规定动作套路，当中只计算其中两个动作的“难度分”，第二、第三套动作为自选动作套路。

一套蹦床动作的特点主要表现在动作的高飘上，动作之间富有节奏的连接和变换，包含双脚起跳、背弹、腹弹、坐弹等动作，全套动作中间没有停顿和中间跳。一套蹦床动作应由各种向前、向后的空翻转体或非转体的空翻动作组成。运动员全套动作应表现出优美的身体姿势、正确的动作技术、理想的高度和良好的身体控制能力。

比赛时，运动员不允许佩戴珠宝首饰及手表。女子运动员在比赛中必须穿白袜子。违反者将被取消该轮比赛资格。每位参赛者可以有1名教练员上场保护；任何情况下，在网的四周不得超过4名保护者。裁判长发出信号后，运动员必须在1分钟内开始做第一个动作，否则要扣分。运动员做动作时，除分腿跳动作外，其他动作都要求两脚和双腿并拢，脚尖绷直。根据动作要求，身体姿态可采用团身、屈体或直体。一套动作中不能有重复动作，否则，重复的动作不计算难度。预赛第一套动作中出现重复的动作，每重复一次，扣1.0分。

裁判员只对在网上完成的动作进行打分。比赛中出现中断情况，中断后的动作不予评分。整套动作结束时，运动员双脚必须有控制地落在网上，并保持上体正直的姿势结束，否则按规则扣分。裁判员以0.1分为单位进行打分。裁判长负责决定最后得分的有效性。

比赛中，由于动作姿势欠佳，每个动作扣0.1 ~ 0.5分；单手或双手触网，扣0.4分；双膝或双手和双膝触网、坐网、趴或后躺触网，扣0.6分；触及弹簧、护垫、蹦床框架或安全台部位，扣0.6分；落或摔倒在弹簧、垫子、蹦床框架或安全台、保护垫上，扣0.8分；落或摔倒弹出蹦床，扣1.0分；比赛中保护人员或教练员与运动员讲话或给予暗示，每次扣0.3分；在一套动作中，每出现一次中间（直体）跳，扣1.0分；附加动作扣1.0分；超过规定时间扣0.1 ~ 0.3分。

解析

请阅读案例，思考规则的变化对编排的影响有哪些？

实训项目

请根据蹦床规则，制定一份“蹦床比赛竞赛规程”的竞赛办法。

解析

要求

（1）所有项目只进行一轮决赛。

（2）成套时间为1分50秒至2分10秒。

学中做　做中学

竞技体操和艺术体操的评分机制有什么特点？

解析

项目三　评分类运动项目编排

一、评分类运动项目的编排原则

（一）公平公正性原则：建立可信的竞赛基准

公平公正是竞赛组织工作的根本原则，其核心在于构建一个客观、无偏见的竞赛环境。通过制定公开透明的规则并建立有效的监督机制，最大限度地减少人为干预空间，确保每一项评分均能客观地反映运动员的技术水平。评分类运动项目的赛事常采用多维度裁判员分工与持续更新的技术认证机制，既维护规则的严格执行，又兼顾技术创新的需要，从而保证竞赛始终在公开、公正的轨道上运行。

（二）流程流畅性原则：保障赛事运行高效有序

流程流畅性体现了赛事组织工作的专业水平，要求对时间安排和空间布局进行科学规划，确保各环节衔接顺畅。从器材设备的快速转换到突发情况的灵活应对，均需提前制定预案，在保持赛事庄严仪式感的同时，具备处理不确定因素的能力。这种高效的运行秩序，正是专业赛事区别于一般群众性竞技活动的重要特征。

（三）竞技状态优化原则：促进运动员发挥最佳水平

该原则注重以人为本，不仅关注运动员的物理环境舒适度，更重视其心理状态的调整。通过合理规划赛程减轻运动员的参赛压力，并建立有效的心理支持机制，竞赛组织者致力于优化运动员与竞赛环境之间的互动关系，既为其提供展示高水平技艺的平台，也保障其身心安全，从而使运动员稳定发挥出最佳状态。

（四）观赏性提升原则：增强赛事观赏体验

观赏性是现代体育竞赛的重要组成部分，其关键在于将技术性竞技过程转化为具有情感吸引力的视觉呈现。借助灯光、影像与数据可视化等技术手段拓展观众感知方式，并通过赛制设计强化比赛悬念，使赛事成为具有沉浸感的文化体验。这不仅提升了观赛的愉悦性，更通过增强观众的参与感，使其成为赛事的重要组成部分。

二、竞技体操项目的编排

（一）赛制

国际体联制定的竞技体操赛制包括男子和女子项目，明确了资格赛、团体决赛、个人全能决赛及单项决赛的报名人数、各项目出场人数及成绩计分方法。每次世界大赛前，国际体联均会提前公布当次比赛采用的赛制细则，该赛制会直接影响各代表队的阵容安排、战术布置与成绩走向。因此，各参赛队会在赛前深入研究当届赛制，并以其为依据调整训练重点和比赛策略，充分发挥赛制对训练和参赛的指导作用。正因如此，赛制设计在评分类运动项目中具有核心地位，是竞技体操赛事编排和竞技准备的重要基础。

（二）竞技体操编排遵循递进的赛制结构

1. 资格赛阶段

团体总分前8名晋级团体决赛；男子全能前24名、女子全能前24名晋级个人全能决赛；各单项前8名晋级单项决赛，单个国家每项最多2人参赛。

执行国际体联认证的标准化动作库，提前48小时递交D组难度动作表。

采用报名人数、上场人数分离的晋级规则。

2. 团体决赛阶段

团队决赛阶段实施团队分工协作的编排形式，采用“6-3-3”规则，即每队最多6名运动员，每个项目派3名运动员上场，且3人成绩全部计入团队总分。

3. 单项决赛阶段

开放国际体联认证的“难度动作表”G组以上自选动作，对D分不设上限，鼓励运动员突破极限。

（三）小项的相互轮转

1. 团体赛轮转

（1）资格赛阶段。

轮转顺序通过赛前抽签确定“起始项目”，后续按国际体联规定的固定轮换链进行。

男子六项轮换链：自由体操→鞍马→吊环→跳马→双杠→单杠。

女子四项轮换链：跳马→高低杠→平衡木→自由体操。

例如，某男队抽中吊环为起始项，则轮转顺序为：吊环→跳马→双杠→单杠→自由体操→鞍马。

同步分组：将参赛队分为若干组（通常4队/组），各组在不同器械上同时比赛，每项比赛结束后整体移至下一器械。例如，A组在自由体操时，B组在鞍马，C组在吊环……30分钟后全体移至下一项目。

（2）团体决赛阶段。

“大轮转”模式：所有队伍按资格赛排名倒序出场，但保持资格赛的器械轮换顺序。每队在同一时间段集中完成同一项目。例如，决赛首轮全体进行自由体操，次轮全体转至鞍马。

2. 个人全能赛轮转

（1）跟随团体轮转链：全能选手嵌入所属团体轮换序列，但独立计算个人成绩。

（2）体力分配策略：将高强度项目（自由体操、跳马等）与静态力量项目（吊环、平衡木等）交替安排。

（3）体能恢复窗口：每项间隔约20分钟。

3. 单项决赛轮转

（1）独立轮转单元：每个单项单独进行，8名选手按资格赛成绩倒序出场（低分先比）。

（2）器械深度准备：每名选手完成动作后，技术团队进行3分钟器械微调（如单杠杠体温度校准）。

（3）裁判员重置分数：每名选手上场前，E分裁判组需重置扣分记录表。

（四）人员动线管理

（1）选手通道：设置独立进出通道（与裁判员/观众动线隔离），配备生物识别闸机控制流量。

（2）裁判员轮岗：不同项目裁判组在轮转间隙通过地下通道移动，避免与选手接触。

（3）硬性窗口：最长耗时男子项目约55分钟/项，女子项目约65分钟/项，其中含选手热身与器械检查时间。

（4）弹性机制：若某队延误，后续项目时间压缩上限为15%。

三、竞技蹦床项目的编排

（一）蹦床个人赛编排

1. 预赛

（1）预赛分为两轮：预赛第一轮所有已注册报名的运动员均可参赛，预赛第二轮根据截止报名时的报名人数确定参加比赛的运动员数量。

参赛人数为1～31名，不举行预赛第二轮。

参赛人数为32～47名，共有16名运动员参加预赛第二轮。

参赛人数为48名或更多时，共有24名运动员参加预赛第二轮。

（2）预赛第一轮由两套自选动作组成。两套动作中的最高分决定预赛第二轮或决赛的参赛资格。

（3）预赛第一轮的出场顺序由抽签决定，抽签将在最终报名截止日期后进行。

（4）将运动员分成若干小组，每组人数尽可能平均分配，每组人数最多不超过12人。在一组运动员完成两套动作之后，下一组运动员上场比赛。当运动员总数不是12的倍数时，第一组的运动员将比其他组多一名运动员。

（5）预赛第二轮最多有16或24名运动员参加，决赛最多有8名运动员参加，如果没有预赛第二轮，决赛参赛资格则根据预赛第一轮最终排名决定。

（6）每个会员协会最多有3名运动员参加第二轮预赛。

（7）预赛第二轮的比赛顺序由抽签决定，每组将由8名或12名运动员组成。预赛第二轮只比一套自选动作，比赛成绩从零分计起。

（8）决赛的8个名额将根据所有运动员在预赛第一轮（报名人数少于32人）或预赛第二轮（在最终报名截止日期时报名人数达到或超过32人）的最终排名决定。

（9）每个会员协会最多只能有2名运动员进入决赛。

2. 决赛

（1）决赛的出场顺序由抽签决定。预赛第二轮的成绩排名在第5至第8名的运动员将被抽签排在出场顺序1至4号位置。预赛第二轮的成绩排名在第1至第4的运动员将被抽签排在出场顺序5至8号位置。

（2）在决赛中，8名运动员将各完成一套自选动作。决赛成绩从零分计起。

（3）决赛中得分最高的运动员获胜。

（4）如果出现成绩并列，则采用打破平分规则。

（二）蹦床团体赛编排

团体赛每队由3～4名运动员组成。

1. 预赛

（1）预赛第一轮也是团体决赛的资格赛。

（2）团体预赛总分（3套动作之和）由预赛第一轮各队在两套动作中获得的3个最高分之和计算得出。每名运动员只能有一套动作计入团体总分。

2. 决赛

（1）参加团体决赛的队伍将根据在最终报名截止日期时注册的队伍数量决定，满足以下分配条件：

参赛队伍达到或超过12支时，预赛第一轮排名最高的8支参赛队将获得参加团体决赛的资格。

参赛队伍在5至11支时，预赛第一轮排名最高的5支参赛队将获得参加团体决赛的资格。

参赛队伍为4支或更少时，取消团体决赛资格。

（2）团体决赛每队由3名运动员组成，每名运动员完成1套动作。

（3）团体决赛由3轮比赛组成，在这3轮比赛中，每支队伍的出场顺序按成绩（名次）的倒序排列。根据参赛队伍的总数，排名第5或第8的队伍最先出场，排名第4或第7的队伍第二个出场，以此类推。

（4）每个会员协会必须在团体决赛前至少两小时提交本协会3名运动员的决赛名单和出场顺序。

（5）名次由每支队伍在每轮比赛中获得的排名积分（10、8、6、5、4、3、2和1）的总和决定。如果出现成绩并列，则采用打破平分规则。

四、艺术体操项目的编排

（1）通过抽签确定运动员或团队的比赛编号，按编号纵向或横向排列项目轮转顺序。

（2）个人赛每场由不同运动员参加比赛，确保项目间轮空时间均等。

（3）团体赛采用两种编排方式：纵向排列法，即将编号分组后自上而下轮转；横向排列法，即按编号进行横向排列，遇重复项目则轮空。

（4）轮转顺序设计：个人项目按固定顺序轮换（绳→圈→球→棒→带），集体项目分同种器械/不同器械两套动作轮换。

（5）单项决赛采用分项抽签制，在前一项比赛结束后再进行下一项比赛。

（6）时间控制：个人项目时长1分15秒至1分30秒，集体项目时长2分15秒至2分30秒，超时每秒扣0.05分。音乐前奏不得超过4秒，否则扣分；动作开始需在绿灯亮后30秒内启动。

五、自由式小轮车项目的编排

1. 资格赛

选手完成两轮骑行，取平均分排名，前8～9名晋级（男子/女子组）。

2. 决赛

晋级选手进行两轮骑行，取单轮最高分决胜负。

3. 轮次策略

首轮通常以稳定动作为主，第二轮则侧重高难度创新动作以冲击高分。

知识拓展

自由式小轮车赛上演空中芭蕾

七月的营山，赛事连连。2025年7月4日至6日，全国竞速小轮车锦标赛暨全国青年竞速小轮车锦标赛打响了自行车系列赛事的第一枪；7月15日至16日，南充市青少年自行车锦标赛暨“奔跑吧·少年”营山县第五届幼儿滑步车挑战赛完美收官；7月18日至20日，2025年全国青少年U系列自由式小轮车锦标赛激情登场。

2025年7月19日上午，营山BMX小轮车自由式馆热闹非凡，由中国自行车运动协会、四川省体育局、南充市教育和体育局联合主办，营山县人民政府承办的2025年全国青少年U系列自由式小轮车锦标赛盛大开幕。在精彩的文艺表演和简短的开幕式后，来自北京、广东、上海等地的27支代表队及个人、150余名选手整装待发，向梦想和荣誉发起冲刺。“好一个720度的Spins（旋转），‘神龙摆尾’干净流畅，这名运动员的动作行云流水，真是太棒了！”场边解说员的激情解说，瞬间点燃了现场气氛。场上选手全神贯注，时而高高跃起、闪转腾挪，尽显自由式小轮车的极限魅力；场外观众屏息凝神、攥紧拳头呐喊助威。

“这是我第一次来营山参加比赛，舒适大气的比赛场地让人眼前一亮。”来自合肥德仁小心地滑队的选手朱梓萱说，一直很向往来营山参加小轮车比赛，这次比赛给她留下了深刻的印象，“明年我还要来这儿参加比赛！”营山县自行车协会会长谭平介绍，前不久，营山县BMX小轮车自由式馆进行了升级改造，修缮馆顶增强了防水功能，更换赛道板材，并添加了比赛用LED设施等。

“除了对小轮车自由式馆进行了设施更新，室外的BMX运动中心赛道也进行了硬化升级。”2024年，BMX运动中心赛道通过沥青硬化、弯道弧面改造等工程，已成为全国首个全天候沥青竞速场地，并配备双出发台和防撞缓冲设施，成功打造了符合国际标准的双出发竞速赛道，此外，还增设了围栏和休息功能房。

“以赛兴城、以赛谋城。小轮车事业在营山落地生根并迅速发展，带动了一大批青少年加入自行车运动队伍，提升了城市形象和影响力。一次次国家级小轮车赛事花落营山，不仅是对营山发展体育事业的认可，也进一步擦亮了小轮车运动这张城市名片。”营山县政府相关负责人表示。

（资料来源：四川在线，2025年7月20日，有修改）

◆ 思政园地

凤”鸣巴黎　凌霄突破

当地时间2024年8月10日下午，拉夏贝尔门体育馆，聚光灯下，中国艺术体操队的姑娘们翩然登场。丁欣怡、郭崎琪、郝婷、黄张嘉洋、王澜静五位中国姑娘在巴黎奥运会舞台上尽情绽放，第一套节目《共生共舞》中以36.950分获得全场最高分，在第二套节目《凤鸣凌霄》上场前，中国姑娘成为全场关注的焦点。

音乐响起，汉唐国风的独特韵味徐徐展开，中国姑娘开启了这套3带2球的节目，节目在冬训中逐步成套，经过世界杯系列赛打磨后愈发成熟。

开场以3条彩带模拟古筝，中国姑娘"弹奏"起来，随之银色的球抛到空中形成环形，恰似明灯璀璨，而当所有器械散开时，又如同绽放的烟花一般美不胜收……"来到决赛，孙丹为姑娘们加油打气。实际上，中国艺术体操队早已具备实力，在去年世锦赛上，姑娘们就实现突破拿到了集体项目金牌，在今年世界杯赛场同样也有夺金经历。

从2008年中国艺术体操集体项目拿到银牌至今，中国艺术体操队终于在16年之后再次登上奥运会的领奖台，且实现了将国歌奏响的华丽乐章。从运动员到教练员，孙丹太了解这一路走来的艰辛，从结束比赛，到获得金牌，再到颁奖、混采区、新闻发布会，她无数次落下眼泪。

"就是你要一直相信，一直等待！然后你一直去努力，可能还需要有一段看不见方向的路，你要一直向前走！我们就是一直坚持着走到了今天，才有了冠军。我觉得我们真是坚强的中国女性。"

如果有人问艺术体操的成功秘诀，那一定会失望，因为这枚金牌的背后，姑娘们付出了太多的辛苦，除了苦练，还是苦练。

"一年365天，一天10多个小时，不眠不休……很高兴为中国拿到了一枚宝贵的金牌！"孙丹说。

（资料来源：新华网，2024年7月21日，有修改）

◎ 案例简析

霹雳舞项目如何评分

霹雳舞本质上也是打分项目，但与拥有严格规则体系的其他奥林匹克项目相比，它呈现出极强的个性化，如舞者在比赛中的音乐就不是自主选择的，而是由唱片骑师随机播放的，舞者需要根据随机音乐自主选择搭配动作、形成比赛风格，赢得现场裁判员认可。

霹雳舞打分采取trivium原则（拨盘式打分），评委在比赛中根据实际情况不断变动拨盘的具体数值，对选手的技术、动作的丰富程度、完成度、音乐性、原创性等五大标准作出具体实时的反馈。

赛制方面，霹雳舞比赛多数以一对一对决（Battle）的形式进行。比赛分为男子组和女子组，每组16名舞者。初赛阶段，舞者被分为4组，每组4人，进行小组循环赛，每组前两名晋级1/4决赛。进入1/4决赛的8名舞者将根据排名确定对阵，排名过程为第一名对阵第八名、第二名对阵第七名……以此类推，每轮比赛胜者晋级，败者淘汰，直至冠军产生。循环赛和淘汰赛的每场比赛由3轮组成，每轮由一名舞者首先表演1分钟，随后第二名舞者进行回应，重复此过程3次，最终由裁判组根据五大标准判定胜者。

（资料来源：国家体育总局官网，2024年7月12日，有修改）

阅读上述材料，分析霹雳舞的赛制有什么特点？属于哪一种编排类型？

解析

实训项目

A乡镇政府计划在本市举办一次“A乡体育舞蹈大赛”，设置了团体赛、个人赛，共有300人参加本次比赛，请你遵循分类运动项目编排原则，对本次赛事进行赛制设计。

要求

（1）赛制设计应该符合群众体育的需求。

（2）符合评分类运动项目的编排方法。

解析

学中做 做中学

某极限挑战赛原定两天的赛程，场地和器械全部放在户外，比赛首日赛程过半的时候，天气突然下起暴雨，导致赛事暂停。如果你是赛事编排人员，你会如何应对这个特殊情况，后续的赛程应该如何安排？

解析

模块六　其他类运动项目

教学提示

1. 其他类运动项目分类
2. 其他类运动项目规则
3. 其他类运动项目编排

其他类运动项目涵盖了众多除了常见主流运动项目之外的项目，这些丰富多彩的其他类运动项目，为人们提供了多样的运动选择，这类运动项目各具特色，有的注重技巧和协调性，有的强调力量和耐力，有的则兼具娱乐性和竞技性。因此，了解该类运动项目的类别、规则以及编排方法尤为重要。

项目一　其他类运动项目的概念与分类

一、其他类运动项目的概念

其他类运动项目是一个相对宽泛的概念，通常包括除了一些常见的、具有广泛影响力和较高竞技水平的主流运动项目（如田径、足球、篮球、排球、游泳等）之外的其他各种体育运动项目。这些项目各具特色，涵盖了多个领域，如高尔夫球、轮滑等。

高尔夫球是一项在户外草坪上进行的球类运动，通过使用不同的球杆将球打入果岭的球洞中，以击球杆数少者为胜。虽然高尔夫球在世界范围内有一定的影响力，但与大众普遍参与的主流运动相比，其场地要求特殊、参与成本较高、普及程度相对较低，因此常被归为其他类运动项目。

轮滑是一项穿着带轮子的鞋子在坚实的地面上滑行的运动，包括速度轮滑、花样轮滑、极限轮滑等多种形式。它不像田径、足球、篮球等是广为人知的主流运动项目，具有其自身独特的运动特点和技巧要求，参与人群相对特定，所以常被视为其他类运动项目的一种。

二、高尔夫球

（一）按场地类型

林克斯球场：通常建在海边，地形起伏较大，有大量的沙丘、长草区和宽阔的球道。其特点是风大，对球员的技术和策略要求很高，需要根据风向和地形来制订击球计划。

公园式球场：一般位于城市或乡村的公园地带，球场内有树木、湖泊、溪流等自然景观，球道较为宽阔，地形相对平坦，难度适中，适合各种水平的球员。

沙漠球场：建在沙漠地区，球场周围是沙漠景观，通常有较少的植被和大量的沙地。这种球场的球道和果岭维护成本较高，需要特殊的灌溉系统。

（二）按比赛形式

比杆赛：是最常见的比赛形式，球员在规定的洞数内（通常为 18 洞或 72 洞），计算总杆数，杆数最少者获胜。在比杆赛中，每洞的成绩都会被记录，最终成绩是所有洞的杆数总和。

比洞赛：以洞为单位进行比赛，每个洞的杆数较少者赢得该洞。比赛结束时，赢得洞数最多的球员获胜。比洞赛更注重每一洞的表现，球员可以根据对手的情况调整策略。

团体赛：由多个球员组成团队进行比赛，常见的有四人两球赛、四人四球赛等形式。在团体赛中，队友之间需要相互配合，制定合理的战术，为团队争取胜利。

（三）按球员类型

职业高尔夫球员：以打高尔夫球为职业，通过参加各种职业赛事获得奖金和积分，以此来维持生计和提升排名。职业球员需要具备高超的技术、良好的心理素质和稳定的发挥，他们通常会进行长期的专业训练和体能训练。

业余高尔夫球员：主要是出于兴趣和爱好而参与高尔夫运动，他们参加比赛的目的更多是享受运动的乐趣和挑战自我。业余球员的技术水平和训练时间相对职业球员要低，但也有许多业余高手具备相当不错的实力。

（四）按球具类型

传统高尔夫：使用常规的高尔夫球杆，包括木杆、铁杆、推杆等，球杆的长度、重量和形状都有一定的标准。传统高尔夫球的直径约为42.67毫米，重量不超过45.93克。

短杆高尔夫：主要使用短杆（如推杆和短铁杆）在较短的球场上进行比赛。球场长度通常为90～300码，球洞的标准杆数一般为3杆或4杆。这种形式的高尔夫更注重短距离击球的技巧和准确性，适合初学者和想要快速完成一轮比赛的球员。

室内高尔夫：是在室内模拟高尔夫球场环境进行的运动，通过使用高科技设备如模拟器、击球监测仪等，让球员在室内就能体验到打高尔夫的乐趣。室内高尔夫不受天气和场地限制，同时还可以提供各种不同的球场场景和训练模式，适合在城市中心或冬季等不适合户外打球的情况下进行。

三、轮滑

（一）按竞技速度

速度轮滑：速度轮滑是类似速度滑冰的轮滑竞赛项目，分场地赛、公路赛、马拉松赛3个类别。比赛距离从100米至42.195千米不等。赛制分为计时赛、争先赛、长距离积分淘汰赛、单圈计时赛、接力赛等。

高山速降：高山速降是一项最高时速能达到150千米的极限运动。运动员由山体高处起步，向下滑行，力争以最短时间滑行到终点。高山速降一般分为速降计时赛以及速降追逐赛。

障碍追逐：比赛中，运动员在一条封闭赛道上，以最快的速度，完成指定圈数到达终点，其间要以跑、跳、急转等技巧穿过各种障碍。轮滑障碍追逐赛，一般分为预赛阶段和决赛阶段。预赛阶段是个人计时赛；决赛阶段是追逐淘汰赛，以3~4人为一小组进行。

轮滑回转：轮滑回转是沿山体坡道设置线路，线路间设置多种形式的旗门，组成障碍旗门。运动员沿线路绕障碍物向下滑行。比赛分为回转、大回转、平行回转、集体回转等比赛。

（二）按技巧表演

自由式轮滑：自由式轮滑是观赏性非常强的项目。运动员在一排或多排相隔不同距离的桩上进行绕障碍的轮滑运动，一般包括速度过桩、花式绕桩、双人花式绕桩、花式绕桩对抗、花式刹停、平地跳高等比赛。

花样轮滑：花样轮滑是一项艺术与运动结合的体育项目。它不仅要求运动员掌握精湛的控轮技术，亦对运动员的艺术表现力有极高的要求。在音乐伴奏下，运动员穿着轮滑鞋在地面上滑出各种图案，表演各种技巧和舞蹈动作。

极限轮滑：极限轮滑是一项极具观赏性的运动，分为街式、U型池两类比赛。运动员在一定时间内（一般为60秒或90秒）利用场地现有条件做出腾空、翻转等高难度动作。裁判员通过动作完整度、技术表现力等方面进行打分。

（三）按团队对抗

单排轮滑球：单排轮滑球是一项在美国流行的具有很强对抗性的运动。比赛在平整坚硬的水泥面、木面或砖面地板上进行。两支参赛队，每队各 5人，包括1名守门员。比赛中运动员穿单排四轮轮滑鞋，手持曲棍球棍，通过传球、控球，最终将一个小而硬的球体射入对方球门得分。

双排轮滑球：双排轮滑球是一项在欧洲国家流行的具有很强对抗性的运动。比赛在表面水平且光滑的长方形场地上进行。两支参赛队，每队各 5人，包括1名守门员。运动员须着四轮双排轮滑鞋，并使用曲棍球棍击球，通过传球、控球，最终将一个小而硬的球体射入对方球门得分。

轮滑阻拦赛：轮滑阻拦赛又称轮滑德比赛。两队分别派5名队员上场，其中3名拦截队员，1名策应队员，1名得分前锋。第一声哨声响起，拦截队员和策应队员迅速滑出；第二声哨声再响，位于队伍最后方的前锋奋力滑行，只要超过对方策应队员即可成为领先前锋，超过对方队员越多，得分越高，每两分钟为一次堵塞，每次堵塞后计算前锋得分。

（四）其他

滑板：运动员脚踩可滑动的板类器材，在不同地形、地面及特定道具上，完成各种复杂的滑行、跳跃、旋转、翻腾等高难动作的技巧性运动。

滑板车：滑板车起源于21世纪初，是目前最为年轻的街头极限运动之一，于2019年首次进入全轮滑大家庭。2000年前后，折叠滑板车的流行使一批深受街头极限运动影响的年轻人带着他们的滑板车走上街头，用滑板车模仿滑板和小轮车的动作。

知识拓展

中高协正式推出青少年竞赛差点指数

2025年9月10日，中国高尔夫球协会（以下简称“中高协”）在北京召开青少年竞赛差点指数新闻通气会，中高协青少年竞赛差点指数（以下简称“青少年差点”）正式发布。青少年差点是协会推动青少年高尔夫球规范发展的又一重要抓手，不仅为青少年升组、跳组提供科学依据，也是差点普及推广工作的一项创新。

目前，青少年差点已在中高协官网上的汇丰青少年排名板块进行展示。中高协青少部相关负责人介绍，近一年来，中高协与中体旅（北京）信息科技发展有限公司（以下简称“中体旅”）联合工作，基于2024年1月至2025年6月期间11892轮汇丰中高协青少年积分赛的成绩数据，计算生成了1327名青少年差点指数，其中800名球员来自截至2025年6月26日的汇丰中高协全国青少年排名榜。

中高协差点系统运营负责人结合国内世界差点系统的基础建设、宣传推广与实际应用等前期运营情况，从差点指数的核心性质切入，详细解读了该青少年竞赛差点指数的生成方法与核心依据标准。

青少年球员在各差点球场参加中高协各级别积分赛取得的比赛成绩，通过中高协汇丰青少年积分赛数据库系统，由《差点高尔夫》系统后台进行数据处理。青少年球员必须有至少三轮共54洞的积分赛比赛成绩，可生成第一个竞赛差点指数；累计的积分赛比赛成绩越多，竞赛差点指数将越趋近于青少年球员的真实打球能力。青少年球员的中高协青少年会员注册ID号，是《差点高尔夫》系统后台唯一对应生成、识别、查询青少年竞赛差点指数的依据。

中高协秘书长指出，青少年竞赛差点是协会向行业提供的又一项公共服务。中高协青少年竞赛差点具有权威性、准确性、创新性、安全性、服务性、国际性特点，是世界差点系统发展在中国的一次创新。

我国青少年高尔夫球注册人口超过14万人，2024年参加全国比赛的青少年有7813人，为青少年差点提供了充分的数据。用户多、活跃度高，赛事丰富、基础数据扎实等特点，让青少年群体成为普及差点的一个突破口，可以在全行业形成示范。同时，青少年差点为青少年升组、跳组提供了科学的评价标准。差点的普及和推广，将树立业余高尔夫球爱好者的规则意识，提升打球乐趣，增加用户黏性和对项目的认同感。

中高协青少年竞赛差点指数由中体旅提供技术与数据支持。该指数严格遵循WHS高尔夫球国际通用标准体系及《差点规则》相关条款，以汇丰青少年积分赛的赛事成绩为有效数据来源，《差点高尔夫》专项计算生成，并保持长期动态更新，最终由《汇丰中国高尔夫球协会青少年积分排名榜》定期发布。

（资料来源：中国高尔夫球协会官网，2025年9月12日，有修改）

◆ 思政园地

2024年“一带一路”中国·东盟国际速度轮滑城市邀请赛

2024年“一带一路”中国·东盟国际速度轮滑城市邀请赛在浙江杭州钱塘轮滑中心举行，来自中国、越南、印尼等国家和地区的35支代表队共400余名运动员参赛。

本次比赛分成年、青年、少年三大组别，设200米单圈计时赛、500米+D争先赛、1000米争先赛、5000米积分赛、3000米接力赛五个大项，48个小项。

值得一提的是，赛事场地钱塘轮滑中心坐落于东部湾总部基地，毗邻钱塘江，场馆采用“轮滑飞旋”的理念，形成了一个独特的“旋风陀螺”，被称为镶嵌在钱塘江畔的“明珠”。场馆内部配有世界轮滑联合会最新技术标准200米×7米的竞速赛道，是目前亚洲最高标准的室内轮滑比赛场馆。

这次比赛也是钱塘区作为杭州第19届亚运会轮滑和滑板系列赛事的举办地，在后亚运时代持续发力轮滑运动，借助“小轮子”驱动“大经济”的成功案例。

该项赛事旨在以体育交流推动共建“一带一路”倡议高质量发展，促进中国与“一带一路”共建国家和地区共同繁荣发展。比赛中，各国运动员同场竞技，中国轮滑协会官方合作伙伴中国人保持续践行企业社会责任，为赛事提供定制化保险产品和服务，进行赛事风险管理保障。这体现了中国的开放包容、合作共赢，以及对社会责任的担当。

（资料来源：《中国体育报》，2024年11月5日，有修改）

◎ 案例简析

在某市举办的大型轮滑赛事中，出现了以下两个场景：

场景一：选手们在标准的环形赛道上整装待发，随着发令枪响，他们如离弦之箭般冲了出去，在滑行过程中不断调整姿势，力求以最快的速度冲过终点。

场景二：赛场上，一名选手穿着特制的轮滑鞋，在设置好的障碍物间穿梭，做出跳跃、旋转、翻转等高难度动作，评委根据动作的难度、完成度和艺术表现力进行打分。

请阅读以上两个场景，根据轮滑项目的分类，分析每个场景对应的轮滑项目类型，并阐述该项目的制胜因素、核心技术要点及典型比赛规则。

解析

实训项目

请结合高尔夫球的概念与分类的知识，查找与“PGA锦标赛”相关的资料，列出该项赛事的分类有哪些？并分析应采取怎样的比赛形式。

解析

学中做 做中学

解析

1. 判断题

(1) 花样轮滑属于团队对抗类项目。(　　)

(2) 障碍追逐是技巧表演类项目。(　　)

(3) 双排轮滑球在比赛中强调团队配合与对抗，属于团队对抗类项目。(　　)

2. 配对题

将下列轮滑项目与其对应的类别进行连线。

滑板	竞技速度类
速度轮滑	技巧表演类
单排轮滑球	团队对抗类
滑板车	其他类

项目二　其他类运动项目规则

一、高尔夫球规则

高尔夫运动是一项要求参与者恪守诚信与自律的竞技运动。每个参与者在参与这项运动时，首先要有自觉遵守规则的意识；在运用规则时，要深刻理解和准确把握其含义，正确地用规则指导整个比赛，使高尔夫运动给所有参与者带来乐趣。高尔夫常见的比赛类型有比杆赛、比洞赛等，同时还有史特伯福特计分法、新贝利亚计分法、拉斯维加斯玩法等多种竞赛形式，每种形式都有其独特的规则和特点。

（一）总则

高尔夫比赛通常有比杆赛和比洞赛两种类型，球员在规定的时间内完成比赛，并遵守高尔夫礼仪（如保持安静、不影响他人击球等）。比杆赛是参赛者在打完规定的回合数时，总杆数最少者获胜，即计算参赛者在规定洞数内的总杆数，杆数少者获胜；比洞赛则是以每一个洞为单元来决定输赢，每一洞杆数最少的一方，为该洞的获胜者，在比赛规定的洞数内，如果一方领先的洞数超过未打之洞数，胜负已分则可中止比赛，领先的一方即为优胜者，即每洞单独计算胜负，以赢得洞数多者为胜。

1. 发球台

球员必须在发球台的规定区域内发球，双脚不能触及发球台以外的地面。可以使用球座将球架起，但球座的高度不能超过规则规定的限制。

2. 球的移动和击球

球员应使用高尔夫球杆以正常的击球方式击球，不得用手或其他方式移动球。如果球在击球前移动，可能会被罚杆，除非是因为自然因素（如风力）导致球移动。击球时，球员应确保球杆只击打一次球，如果一次击球过程中球杆多次触球，将被视为违规，需要加罚杆数。

3. 球进洞

当球静止在球洞内，且球的整体低于球洞边缘时，即视为球进洞。球员必须将球击入球洞，不能用手或其他工具将球放入球洞，否则将被视为违规。

4. 障碍区

高尔夫球场中的障碍区包括沙坑、水障碍等。在沙坑中击球时，球员不能在击球前用球杆触碰沙坑内的沙子，否则将被罚杆。球进入水障碍区后，球员可以选择在球的现有位置击球，也可以按照规则在障碍区外抛球，但通常会根据具体情况被罚杆。

5. 界外球

球场边界以外的区域为界外，球一旦出了界，球员需要在球出界点附近的指定位置抛球，并接受罚杆，然后继续击球。

6. 罚杆规则

除了上述提到的各种违规行为会导致罚杆外，还有一些其他情况也会被罚杆，如遗失球、在错误的球位击球等。一般情况下，罚杆数为1杆或2杆，具体罚杆数根据不同的违规情况而定。

高尔夫球规则较为复杂，在实际比赛中，球员需要仔细阅读和理解规则，并严格遵守。如果对某些规则有疑问，可以向球场的裁判员或工作人员咨询。

（二）比赛的核心要素

1. 赛制

大多数规则同时适用于比洞赛和比杆赛，但是也有一些规则仅适用于其中的一种。

（1）比洞赛中，球员和对手以各洞的结果（胜、负、平）相互竞争。

①一洞和一场比赛的结果。

赢一洞：用比对手更低的杆数（包括击球次数和罚杆次数）完成该洞；对手在该洞认输；对手受到一般性处罚（该洞负）。如果对手此时需要击球进洞才能在这个洞打平，那么当这个球已经基本不可能进洞时（如这个球已经滚过球洞而且不会再滚回来等），那么该洞的结果即已确定，球员在该洞获胜。

平一洞：球员和对手用相同的杆数（包括击球次数和罚杆次数）完成该洞；球员和对手同意双方在该洞打平（但是，只有双方至少有一人已经打了一杆并开始该洞的比赛后才可以这样做）。

赢一场：领先对手的洞数多于尚未打的洞数；对手认输该场比赛；对手被取消资格。

延长平局：如果最后一洞过后比赛仍是平局，该场比赛将逐洞延长直至产生获胜者。延长赛是同一轮比赛的延续，而非新一轮。除非委员会另行规定，否则延长赛应按该轮比赛各球洞的原有顺序进行。但是，竞赛规程可以规定比洞赛以平局结束，无须延长。

②确定最终结果。

一场比赛的最终结果要按照委员会公布的方式予以确定。

③认输/认可。

球员可以认可一杆、认输一洞或认输一场比赛。

认可一杆：对手打下一杆之前，任何时候都允许这样做。

认输一洞：完成一洞之前，包括球员开始该洞之前，任何时候都可以认输该洞。

认输一场比赛：一场比赛的结果决定之前，包括球员开始该场比赛之前，任何时候都可以认输该场比赛。

④在差点比洞赛中运用差点。

比赛开始前，球员和对手应该互相告知自己的差点。差点杆数按照球洞分配，净杆成绩较低者在该洞获胜。如果出现平局，差点杆数仍然按照球洞进行分配，方式与该轮比赛一致（除非委员会规定了其他分配方式）。

每名球员都有责任知晓自己在哪些球洞具有让或被让的差点杆数，这取决于委员会规定的让杆指数分配方式（通常写在记分卡上）。

如果球员在某个球洞没有使用或错误地运用了差点杆数，除非他们及时对错误进行纠正，否则已经认同的该洞的结果有效。

（2）常规比杆赛中，所有球员以“总杆数”相互竞争。

①比杆赛的获胜者。

在差点比赛中，这指的是最低的总的净杆数。

②比杆赛的记分。

球员的成绩由记分员记录在球员的记分卡上。记分员既可以由委员会指定，也可以按照委员会认可的方式由球员选择。球员在整个一轮比赛中必须使用同一个记分员，除非委员会事先或事后批准更换。

2. 球员参赛的方式

个人和伙伴。高尔夫球比赛中，球员要么独自参赛，要么结成伙伴作为一方参赛。

3. 球员记分的方式

（1）无差点比赛。球员在一个球洞或一轮比赛中的“总杆成绩”指的是其杆数的总和（包括击球次数和罚杆次数）。球员的差点不予计算。

（2）差点比赛。球员在一个球洞或一轮比赛中的“净杆成绩”指的是按照其差点杆数校正后的总杆成绩。这种方式可以使不同水平的球员一起公平地比赛。

（三）比赛装备

1. 球杆

（1）击球时，球员必须使用符合《高尔夫球规则》中“装备规则”部分规定的球杆，否则，将被取消比赛资格。

（2）在规定一轮中，不得故意改变球杆的打球性能（如增减具有配重作用的螺丝、铅片等），不得以影响球的运动为目的在杆面上施加附加物（如在杆面上涂抹粉末或粘贴胶带等）。否则，将被取消比赛资格。

（3）球员打球偶尔会遇到球杆损坏的情况，如杆身弯曲、折断，杆头脱落、裂开，握把松动等。造成球杆损坏的原因有两种即正常和非正常。

（4）在规定一轮比赛的开始时，球员携带的球杆总数不得多于14支；在打球过程中也可补充至不超过14支。伙伴可以共用球杆，但总数不得超过14支。

2. 球

（1）球员击打每一杆时，都必须使用符合《高尔夫球规则》中“装备规则”部分规定的球。球员可以从任何人处获得合规球，包括球场内的其他球员。

（2）如果一个球的性能特征通过摩擦、加热或施加任何物质（擦拭球过程除外）等手段被故意改变，球员不得击打这个球。否则，将被取消比赛资格。

（3）在确认球过程中，如违反辨认程序中的规则（全部或一部分），将受到1杆的处罚。

（4）如果球员在规则不允许的情况下替换了球，并进行击球，在比洞赛中，该洞负，在比杆赛中，罚2杆。

（5）对手、记分员或同伴球员对不适于使用的球提出申诉时，必须在球员击打另一球之前提出。

二、轮滑规则

（一）竞技速度类

竞技速度类项目着重比拼运动员在规定赛道上的滑行速度，以用时长短判定胜负，对运动员的耐力、爆发力以及滑行技巧要求极高，聚焦于速度与耐力的比拼，强调在最短时间内完成规定距离。该类别包含速度轮滑、高山速降、障碍追逐、轮滑回转等。

1. 速度轮滑

速度轮滑在平坦场地或环形跑道上进行，运动员穿戴专业轮滑装备，按起跑、途中滑跑、冲刺等环节展开比赛，以到达终点的先后顺序判定名次。

（1）竞赛项目。

场地赛：正式比赛距离有300米、500米、1000米、1500米、2000米、3000米、5000米、10000米、15000米、20000米、30000米（限男子）等。

公路赛：正式比赛距离有300米、500米、1500米、5000米、10000米、20000米、30000米（限公路）、42000米（限男子）、50000米（限公路）等，还包括青年男子组、女子组和成年男子/女子组的42.195公里的马拉松赛。

（2）竞赛类型。

计时赛：在场地或公路上，一定数量的队数或人数在固定滑跑距离上进行的竞速计时性比赛。

淘汰赛：在场地或公路上，比赛中在一个或多个固定地点直接淘汰一个或多个运动员，淘汰办法赛前由裁判长决定。

群滑赛：在场地或公路上，参赛人数不限，一次性集体出发的比赛，人数太多、跑道受限时可分为预赛和决赛。

定时赛：在场地或公路上，限定滑跑时间，运动员名次根据限定时间内所滑距离长短决定。

计分赛：在场地或公路上，赛前确定运动员或队的得分标准，在比赛路线上固定计分地点，运动员通过时计取分数，以获得分数多少决定名次。

接力赛：在场地或公路上，每队由两名以上运动员组成，比赛途中在固定地点可随时换人，换人时必须接触到本队同伴，最后一次换人必须在倒数第一圈前完成。

分段赛：只在公路上进行，根据一定规则，长、中、短距离混合排列，总名次根据运动员在各个固定距离所得的成绩和分数决定。

追逐赛：在场地或封闭环形公路跑道上，两名运动员或两个队在等距离地点出发，在规定距离上互相追逐，如其中一名运动员或一个队超过对手，比赛即宣告结束。

（3）比赛规则。

起跑：所有比赛起跑均为站立式。运动员站在起跑线后，相互间距50厘米。第一次信号为“预备”，第二次信号为鸣枪。发令员在起点召集运动员时，如运动员未到，1分钟后重新召集，仍未到者立即取消本项比赛资格。个人计时赛中，运动员两只轮滑鞋必须与地面完全或部分接触，两脚不得移动，允许身体摆动，预备起跑线距起跑线60厘米，运动员至少有一脚位于两线之间，轮滑鞋的最初运动方向必须与比赛方向相一致，每名运动员有15秒的起动时间，如在15秒内不出发，运动员将被判起跑失败。

途中滑跑：运动员应沿一条设想中的直线滑行至终点，不得以曲线或横向滑行影响其他运动员的正常滑跑；任何情况下，不得故意强行阻挡他人的超越滑行，严禁撞人、推人、拉人、挡人、踢人、绊人等有意阻碍他人滑跑的行为发生；禁止运动员的轮滑鞋触及或踏出跑道线；在滑跑途中运动员摔倒时，可以自己起来继续比赛，不得由他人协助，否则取消比赛资格。

抵达终点与终点名次：计时性比赛和集体出发的比赛，根据运动员的轮子触及终点线的先后顺序决定运动员的终点名次。先通过终点线的前脚轮子必须接触地面，否则以后脚轮子通过终点线的时刻为到达终点时间。在自由换人的接力比赛中，以各队最后一名运动员的轮子首先通过终点线的队为优胜。在定时比赛中，如规定时间已到，则运动员所滑到的地点即为终点。如果有两名或更多运动员到达终点的时间相同，则要重新组织一次确定名次顺序的计时对抗赛。

（4）器材与装备。

轮滑鞋：每只轮滑鞋最多可有5个轮子，可为单排轮或双排轮形式，轮滑鞋最长不得超过50厘米，轮子和轮架必须牢固安装在鞋上，轮轴不能超出轮子，禁止装有制动装置，轮子的最大直径为110毫米，马拉松比赛中轮子直径不能超过125毫米，在世界轮滑联合会的所有比赛项目中，未满13岁运动员只能使用最大直径90毫米的轮子，未满15岁运动员只能使用最大直径100毫米的轮子。

头盔：头盔必须具备国际认证的材质。集体出发的比赛，运动员的头盔必须坚固，不能有突出部分或者尾翼；个人计时赛可以戴有尾翼的头盔。比赛结束之前摘掉头盔的运动员将被取消比赛资格。

其他护具：参赛运动员要佩戴护膝、护腕、护肘等。

（5）赛道规定。

场地赛跑道：设在露天或室内，由两条长度相等的直道与两个对称且半径相同的弯道相连接组成。跑道长度不得少于125米，不得超过400米，宽度不小于5米。举办国际比赛，场地赛跑道长度为200米，宽度为6米。跑道地面可用任何材料铺成，但要求平坦、不滑、不黏。跑道可以是完全平坦的，或者在弯道处有一定的倾斜度。弯道带有倾斜度的跑道周长应不少于125米、不长于250米。终点要用白色线标出，线宽为5厘米。

公路赛跑道：分为“开放式”和“封闭式”。测量跑道的长度应从距场地跑道或公路跑道内沿30厘米处测量。在场地赛跑道或“封闭式”公路赛跑道举行的比赛，运动员的左手侧对应跑道的内侧边缘，比赛按逆时针方向滑跑。

2. 高山速降

高山速降要求运动员从高山顶端沿特定赛道高速下滑，需在保证速度的同时，灵活应对复杂地形与急转弯道，用时最短者获胜。

（1）比赛类型。

速降计时赛：运动员单独出发，从山体高处起步，沿规定路线向下滑行，以最短时间滑行到终点者获胜。

速降追逐赛：通常两名运动员或多个小组依次出发，后出发者追逐前出发者，在规定赛道上以超越对手或先到达终点判定胜负。

（2）比赛规则。

参赛运动员需要在规定的时间内完成指定的赛道，最终成绩由计时器记录下的时间决定。赛道一般选择在具有一定坡度的公路或山路上，整个赛程距离不等，可设置多种形式的旗门组成障碍。

（3）赛道与旗门设置。

赛道沿山体坡道设置，会有多种形式的旗门组成障碍。旗门的设置包括回转、大回转、平行回转等不同形式，运动员必须按照规定的线路绕障碍物向下滑行，只有穿越旗门，成绩才有效。

（4）出发规定。

比赛采用单人出发，第一次出发的顺序一般通过抽签决定。在速降追逐赛中，后续出发者的出发时间间隔通常有规定，以保证比赛的公平性和观赏性。出发时，运动员必须在指定的起点区域准备，听到出发信号后开始滑行。

（5）器材与装备。

运动员需穿着符合安全标准的轮滑鞋，一般为5个小直径轮子的设计，以提高抓地力和稳定性。同时，运动员必须佩戴全套护具，包括高韧度碳纤外壳、泡沫胶内层的全盔，口鼻前面有缓冲胶栅，配能见度高的透明眼罩，以及连接护肩、护臂、护肘、护腕和护胸的甲衣，长及小腿胫骨的铁壳或胶壳护膝、腰封等。

（6）成绩判定。

以运动员的轮子触及终点线的时间作为最终成绩。在速降追逐赛中，若后出发者在赛道上超越前出发者，则超越者获胜；若未完成超越，则先到达终点者获胜。如果出现成绩相同的情况，可能会根据具体比赛规定进行重赛或通过其他细节判定名次，如在规定赛道内的滑行轨迹、通过旗门的准确性等。

（7）犯规与处罚。

除了漏过旗门需返回重新穿越外，运动员在比赛中不得有故意阻挡他人、借助外力推动等违规行为，否则会根据情节轻重给予警告、罚时或取消比赛资格等处罚。例如，如果运动员故意干扰其他运动员正常滑行，导致对方摔倒或影响其速度，将被判定为犯规并受到相应处罚。

（8）特殊规定。

高山速降分为单排轮滑速降和双排轮滑速降两个组别，由于速度较快，通常对轮滑鞋和护具都有较高要求，很多时候需要特制或定制。

3. 障碍追逐

障碍追逐则是多名运动员同时出发，在设有各种障碍的赛道上竞速，率先冲过终点的运动员胜出。

（1）出发规则。

出发方式：运动员单独出发，或两位运动员交替出发。

起跑规定：运动员出发前不得踩在起跑线上，在裁判员发令前出发视为起跑犯规，连续两次起跑犯规，取消该项成绩。

（2）比赛过程规则。

赛道要求：赛道上设置有各种障碍，如锥桩、栏杆等。运动员需在规定的赛道内滑行，按要求通过障碍，不得故意绕过或损坏障碍。

超越规则：在赛道允许的情况下，运动员可以超越其他运动员。超越时应注意安全，避免碰撞或干扰被超越的运动员。

摔倒处理：若运动员在比赛中摔倒，可自行起身继续比赛，但不得借助他人帮助，否则取消比赛资格。

（3）终点规则。

冲线要求：运动员需冲过终点线完成比赛。若运动员在终点跳过终点线导致无计时成绩，将被取消该项成绩。

成绩判定：各组别按个人滑行时间进行排名，用时短者名次列前。

不同赛事的具体规则可能会根据比赛的级别、场地等因素有所调整，具体以实际比赛的竞赛规程为准。

4. 轮滑回转

（1）比赛类型。

比赛分回转（中坡）、大回转（大坡）两种。受制于场地和安全的限制，通常不举办超级大回转（超大坡）赛事。

（2）出发规则。

出发区域根据路面的结构而有所不同，起跑坡道的高度在60厘米到2米之间。计时从起跑门打开的一瞬间开始，起跑过程中，运动员需要在最短的时间内获得最大的速度并找到自身最好的节奏。

（3）赛道要求。

赛道一般采用平坦的沥青路，宽度在5米以上。整个赛程距离为150～250米，由30～60个障碍门组成。

（4）终点规则。

终点区域必须提供足够的空间来让运动员减速，或配置地毯以减缓运动员的速度。

（5）轮次规定。

运动员有机会进行两轮滑跑，但第二轮通常只有前50名参加。

（6）罚则。

每错过一个障碍门会得到相应的惩罚，不同赛事的具体规则可能会根据比赛的级别、场地等因素有所调整，具体以实际比赛的竞赛规程为准。

（二）技巧表演类

技巧表演类项目注重运动员的技巧展示和艺术表现力，运动员完成各种高难度动作和优美的组合，由裁判员根据动作难度、完成质量、艺术表现等方面进行打分。该类别涵盖自由式轮滑、花样轮滑、极限轮滑等。此类项目将轮滑运动与艺术完美结合，观赏性极强。

1. 自由式轮滑

自由式轮滑包含花式绕桩和速度过桩，运动员需在桩阵间完成复杂多变的滑行技巧，如单脚绕桩、双轮绕桩、跳跃绕桩等，裁判员根据动作难度、流畅度、美观度进行打分。

（1）花式绕桩。

①比赛方式：运动员需在120秒内，在音乐伴奏下，在三排桩上表演自己的组合套路动

作。少儿组比赛可任选两排完成表演即可。

②动作分类与难度分级：动作分为旋转类、单轮类、蹲坐类、跳跃类及其他类五个大类，所有动作根据难度分为A、B、C、D、E、F六个等级，A级难度最大，F级难度最低。

③评分规则：裁判员对运动员的技术难度、表演速度、艺术表现等方面进行评判。在表演中如果出现踢桩或未绕桩、身体大幅晃动或摔跤等情况，将根据竞赛规则对运动员给予一定的罚分，表演时间如果超出规定的时间范围，也将得到罚分。

（2）速度过桩。

①比赛方式：运动员需用最快速度通过12米起跑加速无桩距离及16米带桩距离后冲刺，桩间距为80厘米。比赛分预赛（单人赛）和决赛（双人PK赛）。预赛中运动员每人两轮，取最好成绩；决赛按预赛成绩取前N名运动员，分为两人一组进行淘汰赛，直至决出前三名。

②罚时规则：比赛过程中若有未绕过的桩或踢倒的桩，将按竞赛规则给予一定罚时。绕桩中每踢倒或漏绕一个桩，则在运动员当次成绩中加 0.2秒。一个桩如果被运动员碰倒的桩所碰倒，两个桩各罚 0.2秒。

③起跑规则。

预赛：自由起跑的发令语为“各就位”“预备”。听到“预备”令后，运动员必须在5秒内跑出，否则视为起跑犯规。前进方向上的第一步必须跨过主起跑线，允许运动员在出发前身体摆动。

淘汰赛：起跑发令采用“各就位”“预备”“出发信号”三声发令方式，或“各就位”“预备”“跑”。运动员两只脚或至少一只脚必须落在地上，并且不允许滚动。在“各就位”命令发出之后3秒内，运动员的身体仍未静止下来，将被判为起跑违规。

2. 花样轮滑

花样轮滑融合舞蹈与音乐元素，运动员在规定时间内完成跳跃、旋转、步法等动作组合，以动作完成质量、艺术编排和整体表现力作为评分标准。

（1）项目分类。

单人滑：包括短节目和自由滑。短节目中，男女运动员须在160秒内完成一套由跳跃、旋转、联合跳跃、联合旋转等8个动作与连续步编排而成的节目。

双人滑：由男女二人共同完成，包括短节目和自由滑。

轮滑舞：必须由一男一女组成双人。比赛按规定舞和自由舞顺序进行。规定舞动作占总得分的 30%。

规定图形：比赛要求右脚三次、左脚三次共六次滑出同样的规定图形，满分为6分。

（2）器材。

花样轮滑鞋在国家比赛中一般指定双排溜冰鞋，花样轮滑鞋的前方有点冰器，用来做各种高难度起跳动作。运动员需佩戴护具，包括护膝、护肘和护掌。女运动员比赛服装可以穿短裙、长裤或体操服；男运动员必须穿长裤。

（3）评分规则。

单人滑：短节目和自由滑的分数由技术分和艺术表现分两部分组成。艺术表现分的分数由4部分组成，裁判员应在每个部分给出0.25～10分，打分间隔为0.25分。艺术表现分的结果将乘以一个系数，女子和男子短节目系数为1.0，女子自由滑系数为1.6，男子自由滑系数为1.8。运动员最终得分为短节目和自由滑最高分数的总和。

双人滑：双人滑短节目和自由滑的分数由技术分和艺术表现分两部分组成。艺术表现分的分数由4部分组成，裁判员应在每个部分给出0.25～10分，打分间隔为0.25分。艺术表现分的结果将乘以一个系数，短节目系数为1.0，自由滑系数为1.8。运动员最终得分为短节目和自由滑得分的总和。

轮滑舞：轮滑舞规定舞和自由舞的分数由技术分和艺术表现分两部分组成。艺术表现分的分数由4部分组成，裁判员应在每个部分给出0.25～10分，打分间隔为0.25分。艺术表现分的结果将乘以一个系数，规定舞系数为1.0，自由舞系数为2.0。运动员最终得分为规定舞和自由舞得分的总和。

（4）抽签方式。

抽签在技术会议上现场完成，并在技术代表指导下使用软件进行管理和操作，抽签出场顺序报表应立即公开发布。

（5）犯规与处罚。

无论是短节目还是自由滑，若运动员省略规定性动作，将被扣1分。

在短节目中，如果运动员没有完成规定的动作，相应组合只能按照50%的分数计算。

如果运动员在滑行过程中因为摔倒而未能按照组合完成规定动作，则被认为尝试过此动作，不会被扣分。

3. 极限轮滑

极限轮滑运动员在滑板公园、街头等场地，利用道具完成各种高难度空中动作、翻转和滑行技巧，裁判员依据动作难度、创意、完成度和落地稳定性来评判成绩。极限轮滑比赛主要有最佳轮次赛、最佳动作赛和现金果酱赛等形式，以下是其相关规则。

（1）比赛类型与轮次。

最佳轮次赛（预决赛）：每位运动员出场3轮，每轮比赛计时45秒，取运动员最佳一轮得分，预赛前12名晋级决赛。决赛同样为3轮，最佳一轮得分为运动员最终得分。

最佳动作赛：所有运动员依次出场，每人有3次机会在指定的道具上挑战各自的最高难度动作。裁判员针对运动员完成的所有动作进行整体打分，选取运动员最高难度动作计分。

现金果酱赛：所有运动员分组进行果酱赛，运动员完成一个流畅动作就能现场获得一定的奖金。

（2）评分标准。

裁判员根据总体印象打分，考虑因素包括动作数量、难度、创造力、各种动作的成功率等。

分值范围：90~100分为优秀；80~89分为良好；70~79分为中等；60~69分为中等偏下；50~59分为差；30~49分为非常差；0~29分为毫无技术可言。

（3）比赛暂停。

一旦比赛开始，技术性或医护性比赛暂停将不被允许。在比赛开始前，运动员如果有身体上的伤病问题或者器械问题，将会得到1分钟的时间处理或顺延上场比赛。

（4）平分裁定。

如果运动员得分出现平分情况，将根据以下步骤进行评判，以打破平局：

取每名平分运动员所有裁判员打分中的最高分数，计算这些最高分数的算术平均值。

取每名平分运动员所有裁判员打分中的第二高分数，计算这些第二高分数的算术平均值。

取每名平分运动员所有裁判员打分中的最高分数，先去掉其中一个最低分数，再计算剩余最高分数的算术平均值。

取每名平分运动员所有裁判员打分中的第二高分数，先去掉其中一个最低分数，再计算剩余第二高分数的算术平均值。

如果以上步骤无法打破平局，则运动员并列名次，并平分所占名次奖金。

（三）团队对抗类

团队对抗类项目以团队为单位进行比赛，强调团队成员之间的协作配合、战术运用以及与对手的对抗，通过得分多少判定胜负。该类别包含单排轮滑球、双排轮滑球、轮滑阻拦等。这类项目不仅需要队员具备扎实的个人技术，更强调团队间的默契配合与战术执行能力。

1. 单排轮滑球

单排轮滑球比赛由双方各5名球员在规定场地内进行，通过运球、传球、射门等动作，将球射入对方球门得分，比赛过程中允许合理的身体对抗。

（1）比赛通则。

装备要求：球员必须佩戴头盔、护肘、护膝、手套等防护装备，以确保安全。

比赛时间：一般比赛由3节组成，每节15~20分钟，节间休息2~3分钟。根据赛事级别和性质，时间可能会有所调整。

越位规则：当攻方球员在球的前方，且比球更接近对方球门线时，即为越位。但如果球是由防守球员踢或传至越位位置的攻方球员，则不判越位。

暂停规则：每队在比赛中通常有一定次数的暂停机会，用于调整战术或处理突发情况。暂停时间一般为1~2分钟。

（2）犯规与处罚。

①常见犯规行为。

阻挡犯规：用身体或球杆阻碍对方球员前进，或故意用身体部位与对方球员发生不合理的接触。

绊人犯规：用球杆或身体的任何部位绊倒对方球员。

高杆犯规：在控制球或传球时，将球杆举得过高（超过肩部），对对方球员造成潜在危险。

打人犯规：用球杆或身体其他部位故意击打对方球员。

延误比赛：故意将球打出界外或用其他方式拖延比赛时间。

②处罚类型及时间。

轻微处罚：通常为2分钟，受罚球员需在罚球区内停留，其间球队只能以少一人的阵容继续比赛。

主要处罚：一般为5分钟，处罚性质较为严重，同样会导致球队在一段时间内以少打多。

不端行为处罚：包括更严重的犯规行为，如故意伤人等，受罚球员可能会被驱逐出场，且球队在一定时间内少一人参赛。

（3）特殊情况处理。

球出界：当球完全越过场地边界线时，比赛暂停，由出界前最后触球方的对方球员在球出界地点最近的争球点重新开球。

争球情况：除了比赛开始、进球后等常规争球情况外，当比赛因球杆折断、球员受伤等特殊情况暂停时，也会在最近的争球点进行争球恢复比赛。争球时，双方球员按照规定的姿势和位置站立，由裁判员将球放在争球点上，然后双方球员竞争控球权。

（4）守门员规则。

守门员装备：守门员的头盔、护具等装备与普通球员有所不同，更加厚重，以提供更好的保护。守门员的球杆也有特殊设计，通常更大更宽，便于挡球。

防守区域：守门员主要在球门区附近活动，有一定的防守区域限制。在球门区内，守门员可以用手触球，但出了球门区，就必须遵守和其他球员相同的规则，不能用手触球。

犯规处罚：守门员如果在球门区外犯规，将受到与普通球员相同的处罚。如果在球门区内犯规，可能会根据犯规的性质和情节，判罚对方球队在球门区线上的特定位置进行间接任意球或直接任意球。

2.双排轮滑球

双排轮滑球比赛规则与单排轮滑球类似，但装备和场地略有不同，比赛节奏更快，对抗性更强。

（1）比赛通则。

场地：场地通常是室内有坚固板墙保护的溜冰场，理想面积为20米 ×40米或15米 ×30

米，也可使用标准轮滑冰球场地，长60米、宽30米。

比赛时间：一场比赛分为上下两个半场。锦标赛中，少年比赛每半场15分钟，青年和成年比赛每半场20分钟，半场休息10分钟。其他比赛青年组每半场20分钟，成年组每半场25分钟。

开球与争球：上半场开球的队由裁判员抛币决定，下半场由另一队开球，射中球门后由失球的队开球。

（2）人员与装备。

人员配置：每队14名运动员，每次5名运动员上场，包括4名场上队员和1名守门员。

装备要求：运动员需穿着双排轮滑鞋、长袖针织制服、长裤等，背号不得相同。守门员需穿五轮溜冰鞋、保护头部和身体的护具，不得携带器械。球杆为木制、碳纤维或铝制，不超过60英寸（约152.4厘米）。双排轮滑球使用硬质圆球。

（3）犯规与处罚。

犯规类型包括但不限于粗野、抱人、危险抢截动作、猛烈冲撞等。在禁区外犯规，罚任意球在犯规点进行；在球门线后犯规，判直接任意球。如果某队员在比赛中被出示过一次黄牌警告，再次犯规需出示黄牌后，马上出示蓝牌，罚出场2分钟，由对方球队在比赛停止地点罚间接任意球。

（4）处罚类型。

处罚分为轻微处罚、板凳轻微处罚、主要处罚、不端行为处罚、竞赛处罚、射门处罚等。具体处罚根据犯规的性质和情节严重程度而定。

3. 轮滑阻拦

轮滑阻拦赛中，两队队员在椭圆形赛道上展开对抗，通过战术配合与身体阻挡，使本方得分队员突破对方防线得分，同时限制对方得分，最终得分高的队伍获胜。

（1）队伍与人员。

组队方式：通常有团体男子组、女子组等。每支队伍由多名队员组成，参赛时每队派5名队员上场，包括3名阻拦员、1名策应员和1名得分员。

人员配置：参赛队须按照规定穿着统一比赛服，必备护具包括护盔、护膝、护肘、护手、牙套、护臀裤等。

（2）比赛流程。

比赛时间：比赛分为上、下半场，具体时长根据赛事规定而定。

开赛流程：第一声哨声响起，策应员与阻拦员迅速滑出；第二声哨声再响，位于队伍最后方的得分员奋力滑行。

得分规则：得分员超过对方队员越多，得分越高。每两分钟为一次阻拦，每次阻拦后计算前锋得分。

（3）比赛行为规范。

接触部位限制：拦截过程中，双方队员的接触部位仅限于臀部、躯干和上臂。

器材规定：轮滑鞋（不限制单双排）轮子直径不得大于80毫米，不得使用速滑鞋和速桩鞋（包括整鞋或部分配件）。

（4）违规处理。

不同赛事可能有不同的违规处罚标准，一般来说，违反规则的队伍或队员可能会受到警告、罚分、罚下等处罚。具体的比赛规则可能因赛事级别、主办机构等因素有所不同，实际参赛或观赛时，应以当次比赛的官方规则为准。

（四）其他类

其他类项目的特点相对独特，与前几类项目在技术特点、比赛形式等方面存在较大差异，其他类项目包含滑板、滑板车等。这些项目玩法丰富多样，兼具娱乐性与挑战性。

1. 滑板

滑板运动中，选手在各种地形和道具上滑行，完成不同的滑板技巧，如豚跳、踢翻等。滑板比赛评判方式多样，裁判员可根据动作难度、完成度、创意等进行打分。

（1）奥运会滑板比赛规则。

①街式赛。

比赛轮次：设预赛和决赛，22名选手参赛。预赛和决赛中，每位选手都有两次45秒的滑行机会，以及五次技巧展示机会。

计分方式：选手的最终得分由最好的一次滑行成绩和两个最佳技巧得分相加得出，满分300分。预赛中，排名前8的选手晋级决赛，预赛成绩不带入决赛。

②碗池赛。

比赛轮次：设预赛和决赛，每位选手进行3轮线路比拼，每次45秒，预赛失误可继续比赛，决赛失误即停止。

计分方式：三轮中最好成绩记作最终成绩进行排名。裁判员根据选手空中动作的高度、速度以及利用弧面和障碍物的能力进行打分。

（2）市级滑板冠军赛（甲组）竞赛规则。

①街式赛。

比赛轮次：设预赛和决赛。预赛阶段每位选手有两轮比赛机会，每轮比赛时长45秒。决赛采用“2+5”赛制，每位选手两轮线路比赛，每轮45秒，再加五轮技巧（“大绝招”）比赛，每轮每人一个动作。

计分方式：根据动作难度、完成度、场地利用率、流畅度、连贯性等打分。预赛阶段，取两轮中最高分数为最终得分，排定名次。决赛阶段，以两轮线路比赛和五轮“大绝招”比赛中的三个最高分之和相加排定名次，其中必须有一轮街式赛最高成绩和两轮“大绝招”

比赛最高成绩。

②碗池赛。

比赛轮次：设预赛和决赛，预赛和决赛每位选手均有三轮比赛机会，每轮比赛时长45秒。比赛计时开始5秒内必须出发，预赛中动作失误可继续比赛直至45秒时间结束，决赛中动作失败即停止，本轮比赛结束。

计分方式：根据动作难度、完成度、场地利用率、流畅度、连贯性等打分，以三轮中得分最高的一轮分数作为最终得分，并据此排定名次。

除了上述正式比赛规则外，在一些非正式的滑板活动或游戏中，还有诸如“S.K.A.T.E.”等玩法，其规则是玩家轮流尝试做出相同的技巧动作，若一方成功做出而另一方失败，失败方会得到一个字母，先拼出“S.K.A.T.E.”的玩家输掉游戏。

2.滑板车

滑板车项目在比赛形式和玩法上较为多样，有的侧重于速度比拼，有的侧重于技巧展示，还有的是在特定赛道上进行障碍挑战等，选手在不同场景下展示自己的滑行能力与技巧水平。目前，滑板车项目的规则尚未完全统一，不同的赛事可能会根据自身特点制定相应的比赛规则，但总体上都围绕着滑板车的使用和竞赛目标来设定。

（1）世界滑板车协会比赛规则。

比赛项目一般分为公园赛、街道赛和自由式赛等。

①公园赛。

场地：通常是由各种坡道、碗池、平台和障碍物组成的滑板公园场地。

比赛形式：选手在规定时间内（通常为1～2分钟），在场地内展示各种技巧动作，包括跳跃、旋转、磨蹭等。

计分方式：裁判员根据选手的动作难度、完成度、流畅性、创新性以及对场地的利用程度等因素进行打分，满分100分。

②街道赛。

场地：模拟城市街道环境，有楼梯、扶手、栏杆、长椅等障碍物。

比赛形式：选手需要在街道场景中完成一系列技巧动作，同时要展现出对不同地形和障碍物的适应能力。

计分方式：裁判员基于选手的动作难度、完成质量、线路选择的合理性以及整体表现的风格等方面进行评分，满分100分。

③自由式赛。

场地：一般为较为开阔的平坦场地，有时也会结合一些简单的道具。

比赛形式：选手可以更自由地发挥创意，展示各种独特的技巧组合和个人风格，包括平地技巧、跳跃动作以及与道具的互动等。

计分方式：裁判员着重考量选手的创意、难度、流畅性以及表演的观赏性，满分100分。

（2）国内滑板车比赛规则。

比赛项目一般分为街道赛和技巧赛。

①街道赛。

比赛轮次：设预赛和决赛。预赛中，选手有两轮机会，每轮90秒，以两轮中较高的一次得分作为预赛成绩，排名前8的选手进入决赛。决赛中，选手有三轮机会，每轮90秒，取三轮中的最高分作为决赛成绩。

计分方式：根据选手在规定时间内完成的动作难度、连贯性、场地利用情况以及整体表现进行打分，满分100分。

②技巧赛。

比赛轮次：设预赛和决赛。预赛中，选手依次进行规定动作和自选动作的展示。规定动作由赛事组委会提前设定，选手必须完成指定的几个技巧动作；自选动作则由选手自行设计，展示自己的特长和创意。根据规定动作和自选动作的综合表现，选出成绩前6的选手进入决赛。决赛形式与预赛类似，但选手需要在规定时间内（通常3～5分钟）展示一套完整的技巧组合，包括多个规定动作和自选动作。

计分方式：规定动作根据完成的准确性、标准度打分，自选动作则从难度、创意、流畅性等方面打分，最终以两者的总分来评定名次，满分100分。

此外，在一些小型的滑板车比赛或民间活动中，规则可能会相对灵活和简化，重点在于让参与者能够享受滑板车带来的乐趣，鼓励大家展示自己的技巧和个性。例如，一些趣味比赛，可能会设置特定的挑战项目，如通过障碍赛、接力赛等，具体规则会根据活动的主题和目的而定。

知识拓展

《高尔夫球规则》相关知识

一、《高尔夫球规则》的制定者

《高尔夫球规则》由苏格兰的圣安德鲁斯皇家古老高尔夫俱乐部（R&A）与美国高尔夫球协会（USGA）联合制定。规则每四年修订一次，与之相对应的《高尔夫球规则判例》则每两年修订一次。

二、《高尔夫球规则》的制定过程

《高尔夫球规则》是R&A和USGA在综合所有比赛情况的基础上，运用逻辑思维的方式和高尔夫特定的语言，经过仔细分类和归纳，以及反复修订，不断完善而成的。R&A和USGA各有一个规则委员会，他们每两年召开一次会议，审查提交上来的关于规则的修改建议。

由于不同球场（甚至同一球场在不同时期）的自然环境和场地状况存在一定差

异，作为对《高尔夫球规则》的补充，赛事委员会应根据比赛球场具体状态，因地制宜地制定当地规则，对可能出现的特殊情况事先予以明确，提出具体的处置办法。球员应在赛前对所参加的比赛的当地规则有足够的了解，以免因违反当地规则受到处罚进而影响比赛成绩（严重违反者甚至会被取消资格）。

任何人都可以向R&A和USGA提交规则修改建议，规则委员会将评估每项建议的价值，同时参考现行的规则，统计有多少个人或机构提交过类似的规则修改的建议，再考察过去的基本原则和判例对这种情况的类似的处置方式，经过综合考虑后再决定是否需要修改或如何修改。

草拟修订的规则将再次提交给R&A和USGA规则委员会审议，其过程往往需要大约两年时间。如果提交的建议被接受，规则委员会将这些变动整理成书面文件，最终将修订过的规则正式颁布实施。

三、我国《高尔夫球规则》的普及

由R&A和USGA联合修订的英文版《高尔夫球规则》发布后，中国高尔夫球协会组织专家审定中文版。如2023版新规则，以电子版本发布为主，爱好者可在中国高尔夫球协会官网下载。

（资料来源：人民体育出版社《高尔夫竞赛组织与规则裁判法》，2012年，有修改）

◆ 思政园地

沙坑中的脚印修复与诚信原则

在2018年高尔夫欧巡赛资格考试第二关的赛事中，英格兰21岁选手吉安·马科·佩托西在最后一轮表现出色。他在第17号洞三杆洞打出一杆进洞，且在最后6个洞中抓到5只小鸟，原本以为自己能以65杆的成绩进入延长赛，获得最后一关的替补资格。然而，在比赛结束后，他却得知自己被处以2杆的处罚。

事情发生在最后一洞，当时佩托西准备进攻果岭，需要丈量码数，而走向果岭必须穿过面前的沙坑。在走回来时，他出于对球场礼仪的考虑，用沙耙耙掉了沙子上自己留下的脚印。但他没想到，这一行为触犯了《高尔夫球规则》，即改变击球线路。按照规则，球员不得改变打球线，包括不能在地面制造或消除不平整状态来达到这一目的。最终，这额外的2杆罚杆让他的成绩变为67杆，排名滑落到并列第32位，从而错失了进入欧巡赛资格考试最后一关的机会。

这一案例体现了《高尔夫球规则》的严格性。佩托西的行为虽然看似符合日常对球场维护的认知，是一种讲礼貌、守礼仪的表现，但在《高尔夫球规则》体系下，却违反了公平竞争的原则。这警示着球员在比赛中，任何行为都需要谨慎，必须以规则为导向，不能仅凭个人的主观意愿行事。就像在生活中，我们也常常会遇到一些行为准则与个人主观想法冲突的情况，此时只有遵循既定的准则，才能保证公平和秩序。

（资料来源：《新京报》，2018年11月8日，有修改）

◎ 案例简析

在一场省级速度轮滑锦标赛男子1000米计时赛中，参赛选手A、B、C、D在比赛过程中出现了以下情况：

情况1：发令枪响前，选手A的轮滑鞋前轮越过了起跑线5厘米，裁判员鸣哨示意起跑违规，要求重新起跑。第二次发令时，选手A又在发令枪响前轻微移动了轮滑鞋，裁判员再次鸣哨。

情况2：比赛进行到半程时，选手B为了超越前方选手，在弯道处突然斜切内道，导致后方选手C躲避不及摔倒，影响了比赛进程。

情况3：选手D在滑行过程中，轮滑鞋意外脱落，他立即停下脚步，弯腰去捡轮滑鞋，此时选手B滑行经过，因躲避选手D而改变滑行路线。

请阅读以上案例，结合轮滑规则的知识点，说明以上情况应如何判罚。

解析

● 实训项目

某轮滑俱乐部计划组织一场综合性轮滑赛事，邀请了不同水平和兴趣的轮滑爱好者参加。请根据所学的轮滑项目分类、规则等知识，为该俱乐部设计一个涵盖至少两种轮滑项目的比赛方案，要求包括项目选择、比赛规则、评判标准等内容。

解析

学中做 做中学

根据高尔夫球比洞赛规则，思考如何编写一个青年业余九洞赛的比赛规则。

解析

项目三　其他类运动项目编排

一、高尔夫比赛的编排

高尔夫比赛的编排是高尔夫赛事组织过程的重要组成部分，也可以说是高尔夫赛事活动组织与管理的根本保障。没有合理的编排，赛事结果就不能客观地反映参赛选手的真实水平，也就无法达到比赛的预期目的。

（一）编排原则

高尔夫比赛的编排需遵循公平、合理、有序的原则，以确保赛事的顺利进行。

1.公平性原则

参赛资格公平：明确参赛资格标准，如差点范围、业余或职业身份等，确保所有符合条件的选手都有平等的参赛机会，避免因不合理的限制条件而排除有实力的选手。

分组公平：根据选手的水平、年龄、性别等因素进行合理分组。例如，比杆赛中按差点分组，使水平相近的选手同组竞争；比洞赛中通过抽签或种子排位确定对阵，保证比赛的公平性和随机性，减少因分组不合理导致的优势或劣势。

比赛条件公平：保证所有选手在相同的场地条件、比赛规则下比赛。球场的维护和设置要统一标准，如球道长度、难度、果岭速度等对所有选手保持一致，避免因场地差异影响比赛结果。

2.合理性原则

赛程合理：根据比赛类型、参赛人数和场地情况安排赛程。职业比赛通常为4天4轮72洞，业余比赛可适当调整为2～3天。合理设置轮次间隔和休息时间，避免选手过于疲劳，影响比赛发挥。

时间合理：考虑当地气候、日照时间等因素，选择适宜的比赛时间。避免在高温、暴雨等恶劣天气条件下比赛，同时要充分利用白天的有效时间，确保比赛顺利进行。例如，夏季高温地区可将比赛时间安排在上午和傍晚，避开中午高温时段。

资源配置合理：合理分配球场资源，包括球洞、发球台等，确保每个选手都能公平使用。同时，合理安排裁判员、计分员、球童等工作人员，保证赛事服务的质量和效率。

3. 有序性原则

组织有序：建立完善的赛事组织架构，明确各工作人员的职责和分工，包括赛事总监、裁判长、计分员、志愿者等，确保比赛组织工作有条不紊地进行。例如，赛事总监负责整体赛事规划和协调，裁判长负责监督比赛规则的执行，计分员负责准确记录成绩。

流程有序：制定详细的比赛流程和时间表，包括报名、签到、开球仪式、比赛进行、中场休息、成绩统计、颁奖等环节，让选手和观众清楚了解赛事进程。每个环节都要严格按照时间表进行，确保比赛的连贯性和节奏感。

应急有序：制定应急预案，应对可能出现的突发情况，如恶劣天气、选手受伤、设备故障等。明确应急处理流程和责任人员，确保在突发情况下能够迅速、有效地采取措施，保障比赛的安全和顺利进行。例如，遇到暴雨天气，及时安排选手到安全区域避雨，并根据天气情况调整比赛时间。

二、高尔夫比赛的分组编排

高尔夫比赛的分组编排是根据不同的比赛组织形式（如锦标赛、排名赛、队际对抗赛、邀请赛等）及采用的比赛方法确定的。

（一）比洞赛的分组编排

高尔夫比洞赛是同一组两人之间的对抗，所以分组编排的关键就是如何将参赛球员合理地编排成不同的比赛分组。

1. 盲式抽签编排

操作方式：在比赛报名前确定参赛球员人数，该人数需是2的乘方数（如 8、16、32、64 等）。报名时，球员随意抽签抽取自己的分组位置，随后依据抽签位置进行比赛对阵。

适用场景与目的：这种抽签分组的方法通常适用于参赛人数较多时，作为一种正式比赛前的预选赛（或淘汰赛），即参赛球员先通过盲式抽签分组进行预选赛（或淘汰赛）之后，获胜球员再进入下一轮的比赛。盲式抽签分组的目的不是一次性地产生比赛名次，而是为后续的名次比赛筛选球员。例如，在一次有64人参加的个人比洞赛中，在采用盲式抽签确定了第一轮比赛的分组对阵之后，通过比赛将淘汰32名球员，而剩下的32名球员则进入第二轮的比赛。而作为第二轮的比赛分组，竞赛组织者则通常采用球员交叉落位的分组形式，即数字抽签法。

2. 数字抽签编排

操作方式：一般根据预赛的成绩位置或提交成绩分数的顺序来进行抽签分组。例如，在盲式抽签分组的比洞赛中，第一轮比赛后，第二轮比赛分组常采用这种方式，即球员交叉落位分组。

适用场景与目的：多应用于比洞赛后续轮次的分组，在经过首轮筛选后，按照一定的成绩关联规则，使比赛分组更具逻辑性和竞技性，保障比赛有序推进并决出最终名次。例如，在一次有64人参加的高尔夫比洞赛时，通过第一轮的比赛淘汰掉32名球员，剩下32名球员进入下一轮的比赛，编排时则可以按照预赛结束时球员的成绩位置的顺序交叉落位，排出上半区和下半区的对阵分组。由于高尔夫比洞赛是同一组两名球员的对阵角逐，其成绩与其他组球员之间的成绩没有可比性，因此在一轮比赛结束之后，参赛球员是无法根据成绩来确定比赛名次的，只能根据竞赛组织者在赛前确立的竞赛方法，通过后续比赛的进一步淘汰才能最终产生相应的比赛名次。所以高尔夫个人比洞赛，实际上是一种逐级淘汰的比赛。

3. 冠军淘汰制的比赛分组编排

这种方法是指无论参赛球员人数多少，球员只要输一场即失去夺取冠军的资格，只有始终保持不败的球员才能获得冠军。比赛分组通常是根据参加比赛的实际人数来定的。例如，参赛球员是16名，则第一轮采用盲式抽签分组比赛，后续的各轮比赛则采用胜者与胜者对阵，负者被淘汰出局；如果是参赛球员在16名以上的比赛，就必须在正式比赛之前通过预选赛或附加赛淘汰一部分球员，留有16名球员参加正式比赛。又如，在一场有32名球员参加的“个人比洞冠军赛”中，竞赛组织者在正式比赛之前，首先采用盲式抽签落位的分组预选赛，淘汰掉其中的16名球员；而参加正式比赛的第一轮16名球员，根据预选赛成绩再采用交叉落位分组；在正式比赛的第二轮比赛中则可采用负者淘汰的形式（即胜者对胜者），直到最后由两名球员争夺冠军。

4. 名次淘汰制的比赛分组编排

名次淘汰制的比赛分组方法是指通过比赛既能产生冠军，又可以排出名次的方法。即球员输一场，就失去争夺冠军的资格，但是还可以继续比赛并能确定最终的比赛名次。

5. 队际比洞赛常见的分组方法

队际比洞赛通常是指在高尔夫比赛中，两队或两队以上所进行比洞赛的方法。

（1）两队定分式比洞赛的分组编排。

这种比赛方法是指在赛前确定好比赛双方各自的参赛人数后，比赛双方的参赛球员采用定分式比洞赛，按双方每一组在一场比赛中胜1洞得1分、平1洞得0.5分、负1洞得0分的计分方法，在比赛结束之后，按每队每一名参赛球员的得分来计算全队累积分，分数多的队伍为优胜。在赛前比赛双方各自确定本队球员的出场顺序，按照双方拟定的出场顺序确定双方各组球员的比赛对阵。这种形式的分组编排取决于双方各自制定的球员出场顺序，竞赛组织者按照各自球队球员的出场顺序来制定比赛对阵表。

（2）两队以上定分式比洞赛的分组编排。

两队以上的队际比洞赛，要求参赛球队的数量必须是2的乘方。在确定各参赛球队出场球员人数之后，比赛可以采用两种形式，即冠军淘汰赛和名次淘汰赛。

冠军淘汰赛即每队在一轮比赛结束后，总得分落后于对方即失去继续比赛的资格（被淘汰），而胜者继续进行下一轮的比赛。编排分组时是由各队自己按照不同的情况事先确定出场顺序，各队按照盲式抽签分组法来确定对阵球队和球员出场顺序。

名次淘汰赛即每队在一轮比赛结束后，总得分落后于对方即失去争夺冠军的资格，但还可以继续参加后面的比赛，以确定最后的名次。比如在有4个队参加的队际比洞赛中，某一队在输掉第一轮比赛之后，即失去了争夺冠军的机会，只能参加争夺3～4名的比赛。有时如果参赛队较多（如有8个队参赛），可以采用预赛、复赛（半决赛）和决赛三轮的比赛方法进行。通过第一轮的比赛之后，胜队进入下一轮（复赛）1～4名的比赛，而负队则掉入后5～8名的争夺赛。这样通过复赛的对抗，胜者进入冠亚军的争夺赛，负者争夺第三、四名。

（3）定分式四人两球比洞赛的分组编排。

四人两球比洞赛是队际比洞赛通常采用的一种比赛方法。在确定了各队的参赛人数之后，各队按照各自拟定的出场顺序，采用盲式抽签的方法确定对阵对象（球队）和对阵对手（球员）。一轮比赛结束之后，同队的两名球员按照胜1洞得1分、平1洞得0.5分、负1洞得0分的计分方式，来确定全队的累计得分，最终根据各参赛队各组球员的累计得分，确定下一轮的比赛资格或名次。如著名的莱德杯美国联队对抗欧洲联队比赛的第二天，就是采用四人两球比洞赛的方法。在比赛分组编排上与冠军淘汰赛和名次淘汰赛相同。

（二）比杆赛的分组编排

比杆赛是通过一轮或者数轮比赛之后，以参赛者的总杆成绩来确定名次的比赛方法，即只有在最后一洞比赛结束时，参赛者才能确定自己的成绩，而且只有在全部参赛者的比赛成绩都经计算并得到确认后，才能确定每一个参赛者的成绩名次。通常情况下，比杆赛的分组编排采用以下方式。

1.采用“盲式抽签”的分组编排

在竞赛委员会所规定的报名时间内，球员在报名时以“盲式抽签”的方法来确定自己所在的比赛组别。竞赛委员会可以根据预计参加比赛的人数，事先确定比赛的组别，按照每组2～ 4名球员空位，由球员抽取相应的组别并分组落位。

2.设立“种子球员”的分组编排

事先确定若干名“种子球员”（通常是根据上一次比赛的成绩或名次），并由竞赛委员会确定在相对较好的“开球时间”时段组别，之后，再由非“种子球员”采取“盲式抽签”落位。

例如，某一地区举办一年一度的业余球员锦标赛，上一年度的前 6名被作为本年度比赛的“种子球员”。该比赛第一组的发球时间是上午7:00，最后一组的发球时间为9:35。于是，竞赛委员会将6名“种子球员”分别设立在第5至第10组，发球时间选择7:50—9:00相对较好的“开球时间”时段。而其他非“种子球员”则根据各自的抽签结果，分别在不同的组别落位。

3. 根据球员球场差点的分组编排

职业比赛是无差点的比赛，只有业余比赛才会出现球员球场差点。一种方法是按照球员球场差点的高低来编排的。例如，将单差点的球员（球场差点为1~9）编排在同一组，将双差点的球员（球场差点为10~19）编排在同一组，并将球场差点为20以上的球员编排在属于高差点的组别中。另一种方法是将球员的差点指数转换为球场差点之后，将若干名较低差点的球员作为“种子球员”，分别设立在较好的“开球时间”发球组别，而其他相对较高差点的球员采取抽签选位方式确定自己的组别。

二、轮滑比赛的编排

（一）竞技速度类

1. 编排原则

（1）安全与公平。

速降赛、公路赛需提前勘察赛道，设置缓冲区和医疗点；道次分配遵循“随机+实力均衡”原则，避免强手过早相遇。

（2）计时准确。

小型比赛可用电子秒表或手机计时App，中大型比赛必须使用专业计时系统。

（3）判罚严格。

推挤、故意阻挡、抢跑等行为可取消成绩。

（4）灵活调整。

如果遇到天气突变（如雨天），可以优先进行室内项目或调整赛程顺序。此外，应预留“机动时间”（每半天预留30分钟），以应对检录延迟或设备故障。

2. 编排要点

（1）小型竞技速度轮滑比赛编排（参赛人数<50人）。

适用场景：学校、俱乐部内部比赛，或区域性小型赛事，项目以个人计时赛为主。

分组规则：按年龄（儿童/青少年/成年）+性别。

按水平分组（可选）：新手组（无参赛经验）、公开组（有基础）。

比赛流程如表6–1所示。

表6-1　比赛流程表（以短距离淘汰赛为例）

轮次	具体安排	规则要点
预赛	分组计时，取前6名晋级决赛	预赛分组可随机抽签
决赛	6人同场竞速，按名次颁奖	决赛按预赛成绩蛇形排列道次，如预赛第1名在4道，第2名在3道，第3名在5道等

（2）中型竞技速度轮滑比赛编排（参赛人数 50 ~ 200 人）。

适用场景：市级/省级锦标赛，项目包含个人计时赛、淘汰赛、团体计时赛等，可能涉及速度轮滑（场地赛）和速降赛等。

分组规则：

基础分组：按年龄（儿童/青少年/成年）+性别。

速降赛：按赛道难度分初级道、高级道。

比赛流程如表6-2所示。

表6-2　比赛流程表（以个人计时赛为例）

轮次	具体安排	规则要点
预赛	分组计时，取前 24 名进入半决赛	预赛分组分配赛道
半决赛	再分组，取前 12 名进入决赛	半决赛按预赛成绩蛇形排列道次
决赛	12 人同场竞速，按名次排名	决赛按半决赛成绩逆序排列，如半决赛第1名在 6 道，第2名在5道

（3）大型竞技速度轮滑比赛编排（参赛人数 > 200 人）。

适用场景：国家级/国际级赛事（如全运会、世锦赛），项目涵盖速度轮滑全距离、速降赛、滑板车竞速等，需严格遵循世界轮滑运动联合会规则。

分组规则：按年龄（青年/成年）+性别

比赛流程如表6-3所示。

表6-3　比赛流程表（以500米争先赛为例）

轮次	具体安排	规则要点
资格赛	个人计时，取前32名	采用“电动计时系统”，精确到0.001秒；起跑犯规2次直接取消资格
半决赛	32人分8组（4人/组），每组前2名晋级决赛（共16人）	
决赛	16人分4组（4人/组），每组前2名进行超级决赛（8人决1 ~ 8 名）	

（二）技巧表演类

1. 编排原则

（1）时间控制：单个选手表演时长建议控制在 2 ~ 5分钟（自由式轮滑/花样轮滑）或 1 ~ 3分钟（极限轮滑），避免观众疲劳。

（2）裁判配置：每组裁判员不少于5人，取平均分或去掉最高分和最低分后计分。

（3）设备保障：确保音乐播放、灯光、场地道具（如桩杯、U型池等）的稳定性。

（4）文化融合：可加入本土元素（如民族音乐、传统服饰等），提升赛事独特性。

（5）主题与音乐：选手可根据自己的风格和特长确定表演主题，如古典风、现代风等，再选择与之契合的音乐。例如，花样轮滑选手以“天鹅湖”为主题，选择相应的古典音乐。

（6）动作设计：自由式轮滑注重技巧与创意结合，可设计各种复杂的绕桩、跳跃、旋转等动作；花样轮滑强调舞蹈与动作的优美性，动作要与音乐节奏相匹配；双人花样轮滑需两名选手默契配合，完成托举、同步旋转等动作；极限轮滑在障碍物间展示惊险动作；轮滑舞蹈则突出舞蹈元素。

（7）评分规则：根据动作的难度、完成度、与音乐的契合度、艺术表现力等方面进行打分。例如，花样轮滑规定动作根据动作的难易程度、舞姿的优美程度打分确定胜负。

2. 编排要点

（1）自由式轮滑比赛。

①核心特点：注重个人技巧的连贯性、创意性和音乐节奏感，常见项目包括花式绕桩、速度过桩等。

②比赛流程如表6–4所示。

表6–4　比赛流程表（以单人赛为例）

环节	时长	内容说明
开幕式	15～20分钟	主持人开场、运动员入场、裁判员宣誓、表演嘉宾暖场（如街舞或轮滑等特技展示）
预赛（资格赛）	30分钟	选手按抽签顺序依次出场，每人完成规定套路（如基础绕桩动作组合） 裁判员打分：技术分（60%）+艺术分（40%），前12名晋级决赛
决赛	40分钟	选手可自由编排套路，可加入音乐、道具或剧情元素 裁判员打分：技术难度（50%）+艺术表现（30%）+现场感染力（20%）
颁奖环节	10分钟	公布名次、颁奖、获奖选手发表感言

③评分要点。

技术难度：绕桩动作的复杂度（如双桩、背向绕桩）、连贯性、速度控制。

艺术表现：音乐选择与动作的契合度、肢体语言表现力、服装与主题的协调性。

现场感染力：动作的张力、与观众的互动、突发情况处理能力。

④创意设计建议。

主题赛制：设定“季节”“电影角色”等主题，要求选手围绕主题编排动作。

即兴环节：决赛中临时抽取音乐片段，选手需在1分钟内完成即兴表演。

（2）花样轮滑比赛。

①核心特点：融合舞蹈、体操和轮滑技巧，强调双人/团体配合、编排的叙事性和美学呈现。

②比赛流程如表6–5所示。

表6–5　比赛流程表（以双人滑为例）

环节	时长	内容说明
开幕式	20分钟	团体轮滑表演暖场，播放赛事宣传片
规定动作赛	30分钟	选手完成指定动作（如螺旋线、抛跳等） 裁判员打分：动作标准度（70%）+ 配合默契度（30%）
自由创编赛	40分钟	选手自选音乐和主题，编排完整节目（可加入剧情） 裁判员打分：技术创新（40%）+艺术编排（50%）+服装道具（10%）
加赛（如有）	15分钟	同分选手进行即兴创编赛：现场抽取主题，限时5分钟编排短节目
颁奖环节	10分钟	前三名选手表演返场秀，颁发奖杯及证书

③评分要点。

技术创新：托举、旋转、同步滑行等动作的难度及完成度。

艺术编排：故事情节的完整性、舞蹈动作与轮滑技巧的融合度。

服装道具：与主题的契合度（如古典音乐搭配宫廷风服饰）。

④创意设计建议。

舞台效果：使用灯光投影（如模拟冰面效果）、烟雾机等方式增强氛围感。

跨界合作：邀请舞蹈编导或戏剧导演参与节目编排，提升节目叙事深度。

（3）极限轮滑比赛。

①核心特点：聚焦高难度特技动作，强调选手的勇气、爆发力和场地创意运用，常见项目包括U型池、街式轮滑等。

②比赛流程如表6–6所示。

表6–6　比赛流程表（以街式赛为例）

环节	时长	内容说明
场地开放日	1天	选手提前熟悉场地（如台阶、扶手、栏杆等道具），进行试滑和动作调试
资格赛	60分钟	选手依次进行线路挑战：在规定时间内完成一条包含3～5个障碍物的线路 裁判员打分：动作难度（50%）+流畅度（30%）+落地稳定性（20%），前8名晋级
决赛	40分钟	选手自行设计线路，可重复挑战高难度动作 采用最佳单次评分制：取3次试滑中最高分作为最终成绩
表演环节	20分钟	邀请国际极限轮滑选手进行特邀表演，展示前沿特技
颁奖环节	10分钟	颁发“最佳难度奖”“最佳风格奖”“观众最爱奖”等个性化奖项

③评分要点。

动作难度：腾空高度、旋转周数、道具利用率。

流畅度：动作衔接的自然性，是否出现卡顿或失误。

风格个性：动作的独特性（如自创特技）、肢体语言的张扬程度。

（三）团队对抗类

1. 编排原则

（1）公平性原则。

①分组公平：区分业余组、专业组、职业组，避免跨级对抗。

②回合制公平：自由式轮滑对抗采用“轮流出招+裁判员打分”模式，每队每回合出场人数相等（如2 VS 2 或3 VS 3），避免人数压制；花样轮滑团体赛采用“同步动作+创意编排”双评分体系，确保动作复杂度与配合度的公平对比。

③极限轮滑道具公平：团队赛中，双方使用的障碍物（如U型池、跳台等）规格需完全一致，赛前公开道具参数（如高度、坡度等）。团队成员需统一护具标准，禁止携带违规改装道具。

（2）团队协作强化原则。

①规则引导协作展示。

自由式轮滑（团队对抗）：强制要求“团队连招”环节，避免个人英雄主义。

花样轮滑（队列滑）：规定队形变化次数，并要求全员参与托举、同步旋转等协作动作，禁止单人长时间独秀。

极限轮滑（团队道具赛）：设计“接力式障碍挑战”，通过规则迫使团队配合。

②战术策略空间。

允许换人机制：自由式轮滑和极限轮滑团队赛可设“替补队员”（每队最多2名），允许每局比赛中换人1次，用于调整战术。

禁用个人加分项：花样轮滑团体赛中，个人技术分占比≤20%，团队同步分占比≥50%，避免因个别队员失误导致全局失衡。

（3）观赏体验优化原则。

①节奏与悬念设计。

限时对抗：自由式轮滑对抗每回合限时90秒，若平局则进入“金球制”加赛。

极限轮滑团队赛设置“最后一击”环节：比赛最后30秒允许团队使用储备的“大招道具”（如临时搭建的高难度跳台），提升高潮点。

花样轮滑剧情化编排：允许团队围绕特定主题设计动作流程，配合灯光、音乐和服装、道具等，增强故事性。

②可视化评分与互动。

实时比分公示：采用电子屏同步显示裁判员打分，增强透明度。

观众参与机制：极限轮滑团队赛中，设置“观众欢呼分贝值”作为附加评分项，通过声浪传感器实时采集，提升现场氛围。

2. 编排要点

（1）自由式轮滑团队对抗赛编排。

①核心特点：以团队为单位进行技巧对抗，强调队员间的动作衔接、创意配合及战术策略，常见形式为团体绕桩对抗赛或接力创编对抗赛。

②比赛流程如表6-7所示。

表6-7　比赛流程表（以团体绕桩对抗赛为例）

环节	时长	内容说明
开幕式	15分钟	各团队入场后展示口号与队服，播放团队宣传短片
规定动作对抗	30分钟	每队依次完成相同的团队规定套路（如同步绕桩、接力过桩等） 裁判员打分：动作同步率（50%）+ 失误次数（30%）+ 团队气势（20%），积分前4名晋级
自由对抗	40分钟	各队自行编排对抗性套路：可设计“干扰环节”（如派1名队员突然穿越对方桩阵），但需保证安全 裁判员打分：创意战术（40%）+临场应变（30%）+动作完成度（30%）
终极挑战	20分钟	晋级团队随机抽取“极限任务”（如限时完成10个高难度绕桩动作接力） 采用限时积分制：成功完成1个动作得10分，失误扣5分，最高分获胜
颁奖环节	10分钟	颁发“最佳团队配合奖”“最具创意战术奖”，冠军团队表演庆功秀

③对抗规则设计。

干扰限制：干扰方需在指定区域内行动，禁止接触对手。

接力机制：队员需在前一人完成动作后才能启动，衔接失误需重新开始。

观众投票：设置“人气对抗分”，由现场观众扫码投票决定，占总比分的10%。

④战术示例。

“车轮战”：每队依次派1名队员出战，对方需模仿其动作，失误即淘汰。

“攻防战”：一队摆桩，另一队需在不碰桩的前提下完成穿越，碰桩1次扣5分。

（2）花样轮滑团队对抗赛编排。

①核心特点：以团体舞蹈轮滑或队列滑形式进行对抗，强调队形变换、音乐叙事的整体性及团队美学表现力。

②比赛流程如表6-8所示。

表6-8　比赛流程表（以队列滑对抗赛为例）

环节	时长	内容说明
主题展示赛	30分钟	每队抽取主题（如“森林舞会”“未来科技”），现场编排3分钟短节目 裁判员打分：主题契合度（40%）+队形创意（30%）+动作整齐度（30%），前3名晋级
规定动作对抗	25分钟	统一执行团体规定动作（如同步旋转、八字滑行等） 裁判员打分：动作标准度（60%）+团队间距控制（40%），积分最高者直接晋级决赛
决赛：叙事对抗	40分钟	各队演绎完整故事剧本（如“西游记”“冰雪女王”），需包含至少5次队形变换 裁判员打分：剧情完整性（30%）+技术难度（40%）+情感感染力（30%）
加时赛（如有）	15分钟	同分队伍进行即兴主题对抗：现场抽取关键词（如“海洋”），限时10分钟编排片段，由大众评审投票决胜负

③对抗亮点设计。

队形“碰撞”：允许两队在表演中短暂交叉队形，但需避免碰撞失误。

道具争夺：设置场地中央道具（如旗帜），双方需在滑行中“抢夺”道具并融入表演，成功持有道具超过30秒得额外积分。

评委挑战：裁判员可临时增加动作要求，限时内完成度高的队伍获加分。

④评分差异化。

团队短板：若某队员动作明显失误，扣除全队10%分数，强调“一人失误，全队担责”。

创新加分：自创队形或高难度托举动作，可获5～10分额外奖励。

（3）极限轮滑团队对抗赛编排。

①核心特点：以团队为单位挑战极限场地或完成协作特技，强调风险共担、策略分工及场地统治力，常见形式为U型池团队对抗赛或街式团队对抗赛。

②比赛流程如表6-9所示。

表6-9 比赛流程表（以街式团队对抗赛为例）

环节	时长	内容说明
场地共创赛	60分钟	各队利用有限道具（如木箱、栏杆等）设计专属挑战线路，由裁判员评估线路难度值（1～10分） 难度值最高的队伍获得“优先挑战权”
团队接力对抗	40分钟	每队3名队员依次完成线路挑战，需接力完成组合动作 裁判员评分：动作连贯性（50%）+整体难度（30%）+无失误完成度（20%）
极限道具战	30分钟	场地随机投放限时道具（如移动跳台、超高扶手），各队需在5分钟内利用道具完成指定动作（如腾空高度超过3米） 成功完成1个道具动作得20分，失败不扣分
观众裁决环节	15分钟	现场观众投票选出“最具震撼力团队”，获票最高者可抵消1次失误扣分

③对抗规则与安全。

风险分级：动作难度分为青铜（基础）、王者（极限），选择更高难度动作可获双倍积分，但失误则全队淘汰。

安全协议：团队需提前报备高危动作（如多人抛接），经裁判员审核通过方可执行，且必须配备保护垫。

④战术策略。

田忌赛马：派实力较弱队员挑战低难度线路保存体力，主力队员专攻高难度道具。

干扰战术：在对手挑战时，可通过合理呐喊等方式制造氛围压力，但禁止使用激光笔等违规干扰物。

（4）通用团队对抗赛设计要点。

①团队人数：建议3～6人/队，便于战术分工（如自由式轮滑设“主攻手”“干扰手”，

极限轮滑设“探路者”“难度担当”）。

②胜负机制。

积分制：多环节累计积分，避免单轮失误定胜负。

复活赛：设置“败者组”，给首次失利的团队提供二次挑战机会。

③文化建设。

要求每队设计队徽、口号及专属庆祝动作，增强团队辨识度。

赛后组织“跨队交流赛”，弱化对抗性，强化轮滑文化传播。

④商业植入。

允许团队在队服、道具上展示赞助商标识（需符合赛事品牌调性）。

设计“品牌挑战环节”，如用某品牌轮滑鞋完成指定动作可获额外奖励。

（四）其他类

1. 编排原则

时间控制：个人项目每人表演时间≤90秒，团体项目≤3分钟。每轮比赛间隔15~20分钟，用于场地清理和选手热身。

评分标准：基础分（动作完成度）占50%，创意分（动作设计、音乐配合）占30%，难度分占20%。极限类项目可增设“风险系数”加分（如完成高难度动作未失误则额外加5分）。

安全保障：现场配备医护人员和急救设备。选手需签署《安全承诺书》，未成年人需由监护人签字。

观众互动：增设观众投票奖环节，通过扫码投票选出“最受欢迎选手”。比赛间隙安排表演嘉宾（如专业滑手特技展示）活跃气氛。

其他事宜：如需调整具体项目细节或补充其他类型（如长板、漂移板等），可进一步说明需求。

2. 编排要点

（1）滑板比赛编排。

①街式滑板比赛。

参赛组别：青少年组（12~17岁）、公开组（18岁以上）、女子组（可单独设项或并入公开组）。

比赛流程如表6-10所示。

表6-10 比赛流程表

环节	内容说明	评分重点
资格赛	每人3次线路挑战（自主设计5~8个动作组合），取最佳1次成绩排名，前16名晋级决赛	动作难度、完成度、线路流畅性

续表

环节	内容说明	评分重点
决赛	每人 2 次完整线路表演，裁判员根据动作创意、高度、技巧衔接、风格等进行打分	创新性、现场感染力、动作多样性
即兴表演赛	现场设置随机道具（如斜坡、台阶、扶手等），选手即兴完成 3 个动作，限时 5 分钟准备，依次展示	临场应变能力、道具利用创意

奖项设置：冠亚季军（各组别）、最佳创意奖、最佳风格奖等。

②碗池滑板比赛。

参赛组别：男子组、女子组、职业组、业余组。

比赛流程如表6-11所示。

表6-11　比赛流程表

环节	内容说明	评分重点
预赛	每人2次挑战（90 秒内完成碗池腾空、抓板、转体等动作），取平均分前 8 名晋级决赛	腾空高度、动作复杂度、空中姿态控制
决赛	每人 3 次挑战，可结合碗池深度设计连贯动作（如“大绝招”衔接），裁判员打分取最高分	整套动作连贯性、大招完成质量、场地利用
Best Trick	单独环节，选手轮流尝试个人最高难度动作（如 540°转体、手抓板空翻等），每人 3 次机会，取最佳 1 次评分	动作难度系数、完成成功率

特殊规则：允许使用护具，但需符合相关要求；预赛和决赛间隔30分钟，选手可调整装备。

（2）滑板车比赛。

①极限滑板车比赛（Park/Street）。

参赛组别：儿童组（8～12 岁）、青少年组（13～17 岁）、成人组（18 岁以上）。

比赛流程如表6-12所示。

表6-12　比赛流程表

环节	内容说明	评分重点
资格赛	每人 2 次线路挑战（包含跳跃、转把、手刹等基础动作），按完成度和流畅性排名，前 12 名晋级	动作规范、安全落地、节奏把控
半决赛	每人 1 次完整线路表演（需包含至少 1 个中级动作，如 360°转体、海豚跳等），前 6 名进入决赛	动作升级难度、组合创意
决赛	每人 2 次自由表演（可加入高难度动作），裁判从难度（40%）、观赏性（30%）、执行力（30%）综合评分	极限动作完成度、舞台表现力

安全要求：必须佩戴头盔、护肘、护膝，违者取消资格；场地需提前检查障碍物的稳固性。

②滑板车竞速赛。

参赛组别：男子/女子个人赛、团体赛（每队3人）。

比赛流程如表6-13所示。

表6-13　比赛流程表

环节	内容说明	规则要点
预赛	个人赛：分组出发（每组4~6人），取每组前2名晋级半决赛 团体赛：每队依次完成200米赛道，计时排名前8晋级	禁止推人或阻挡，违者黄牌警告
半决赛/决赛	个人赛：淘汰制，每组前3名进入决赛 团体赛：决赛采用接力形式，首棒选手需通过障碍区（5个桩桶绕行）	接力区宽度5米，必须完成交棒动作
颁奖环节	个人赛取前三名，团体赛取冠亚季军 增设“最佳拼搏奖”，颁发给未获奖但突破个人纪录的选手	

知识拓展

中国高尔夫球发展迈上新台阶

2024年中国高尔夫球协会（以下简称“中高协”）新一届领导班子成立，确立了“坚持以人民为中心，服务体育强国建设、服务人民美好生活需要”的发展理念，通过强化服务意识，团结行业力量，统筹各方资源，建立完善行业治理体系、赛事活动体系、人才培养体系、青少年培养体系、项目推广体系等一系列体系，重构高尔夫球行业生态。

2024年，中高协成立工作专班，与运动员、裁判员、教练员、赛事公司负责人等各行业人士座谈，深入调研行业发展中存在的痛点、难点、堵点，为中高协科学决策和各项政策的制定提供了重要依据，并联合各省区市高协和学术机构，开展《中国高尔夫球产业报告》编制工作，为国家政策的制定和社会解读高尔夫球项目提供真实依据和参考，推动行业发展环境的改善。

同时，中高协积极服务国家大局，构建全民健身公共服务体系，健全锦标赛、职业、业余、青少年、群众性、室内模拟器高尔夫球赛事活动体系，服务各类人群参与项目的需求。2024年举办各类专业赛事107场，赛事数量及质量均有大幅提升。开展大众赛事活动上千场，惠及人数达15万人次。

2025年，中高协在进一步提高竞技水平、增强奥运竞争实力的同时，也将打造层次清晰、满足人民需要的赛事活动体系。同时，进一步强化服务体系，夯实青少年发展基础。另外，充分发挥体育高端智库、高等院校、科研机构的作用，做好《中国高尔夫球产业报告》《中国高尔夫球产业经济、社会、治理报告》《中国高尔夫球产业白皮书》，为科学决策和项目规划打下基础。同时启动和做好高尔夫球项目"十五五"发展规划编制工作，研究制定《高尔夫球项目强国建设指标》。

（资料来源，《中国体育报》，2025年1月8日，有修改）

◆ 思政园地

跌倒后爬起的勇气比金牌更闪耀

在武汉市青少年轮滑锦标赛U8组200米竞速赛比赛中，7岁女孩张雨欣（化名）起跑时摔倒，随后迅速起身追赶，通过现场视频可见，身着荧光绿比赛服的张雨欣全程保持低姿滑行，接连超越前方选手。进入最后一个弯道时，她凭借流畅的压弯技术抢到内道优势，最终以0.3秒的优势率先冲线，反超对手夺冠。赛事计时器显示，其全程仅用时35.8秒，创造了该组别本赛季最佳成绩。

从武汉市轮滑协会获悉，张雨欣接受专业训练已逾两年，每天放学后坚持2小时训练，周末更是进行5公里耐力滑行。其教练员透露，此次参赛的28名选手中，有6人曾获省级赛事奖项，竞争激烈程度远超往届。

近年来，武汉市将轮滑纳入"一校一品"特色体育项目，全市青少年注册运动员突破5000人。体育专家指出，轮滑运动对儿童抗挫折能力培养具有显著作用，"高速运动中处理突发状况的能力，正是现代教育亟须补全的一课"。

面对全网热议，赛事组委会负责人在新闻通气会上表示："我们正在研究增设特别奖项，表彰展现卓越体育精神的选手。"武汉市体育局同步发声，计划将此事迹纳入青少年体育教育典型案例，并考虑邀请张雨欣担任"城市运动推广大使"。教育部体卫艺司相关人士在微博转发视频时评论："这才是体育教育的真谛——不是永远不跌倒，而是跌倒后能笑着继续奔跑。"

张雨欣用行动诠释了何为"成长的勇气"，展现了顽强拼搏、永不言弃的体育精神。起跑摔倒后能在短时间内调整并奋起直追，这种面对挫折的勇气和毅力令人钦佩，诠释了轮滑运动除了竞技性外，对培养青少年抗挫折能力的重要意义。

（资料来源：今日头条，2025年5月27日，有修改）

◎ 案例简析

2025年中国高尔夫球巡回赛·济南公开赛由中国高尔夫球协会和山东省体育局主办，由山东省小球运动联合会、山东省高尔夫球协会、山东文旅集团有限公司、济南市体育局、山东文旅五峰山旅游开发有限公司承办，由山东体育学院运动休闲学院、济南市群众体育事业发展中心、济南市高尔夫球运动协会、济南市长清区教育和体育局协办，于2025年6月15日至22日在山东文旅崮云湖国际高尔夫俱乐部正式开赛，竞赛日程如下表所示。

2025年济南公开赛竞赛日程表

日期	事项
6月15日（周日）	资格赛报到
6月16日（周一）	正赛报到、周一资格赛
6月17日（周二）	官方练习日
6月18日（周三）	官方练习日、新闻发布会、职业业余配对赛
6月19日（周四）	第一轮比赛
6月20日（周五）	第二轮比赛
6月21日（周六）	第三轮比赛
6月22日（周日）	决赛轮比赛、颁奖仪式

（资料来源：中国高尔夫球协会，2025年5月26日，有修改）

阅读以上案例，假设你是本次赛事的编排人员，需考虑哪些因素进行赛程和分组编排？

解析

实训项目

XXX轮滑赛将于2025年10月3日—5日在XXX轮滑球馆举办。现已知球馆内有一个主赛场和一个备用赛场，主赛场可同时容纳1000名观众，备用赛场可容纳300名观众。

解析

请结合以下信息合理编排每日的比赛场次和场地使用情况，确保比赛顺利进行。

（1）每天的比赛项目数量不同，预计10月3日有20个项目比赛，10月4日有30个项目比赛，10月5日有15个项目比赛。

（2）每个项目比赛时间平均为30分钟（包括运动员准备、比赛过程和评委打分等），且两场比赛之间需预留10分钟的场地清理时间和人员转换时间。

学中做 做中学

解析

根据所学的高尔夫比赛编排知识，思考如何编排一个适合10人参加的高尔夫比赛方案。

参考文献

[1] 周建林. 球类运动体育教程[M]. 南京：南京师范大学出版社，2005.

[2] 中国足球协会. 足球竞赛规则2024/2025[M]. 北京：人民体育出版社，2025.

[3] 中国篮球协会. 篮球规则2022[M]. 北京：北京体育大学出版社，2022.

[4] 中国排球协会. 排球竞赛规则2021–2024[M]. 北京：人民体育出版社，2023.

[5] 中国乒乓球协会. 乒乓球竞赛规则（2022）[M]. 北京：北京体育大学出版社，2022.

[6] 中国羽毛球协会. 羽毛球竞赛规则（2021）[M]. 北京：人民体育出版社，2021.

[7] 中国网球协会. 网球竞赛规则（2023）[M]. 北京：人民体育出版社，2023.

[8] 王蒲. 运动竞赛方法研究[M]. 北京：人民体育出版社，2001.

[9] 国家体育总局. 体育竞赛裁判员管理办法与中国体育竞赛规则大全[M]. 北京：中国法制出版社，2021.

[10] 李军，邹吉玲，郑艳静. 2024年巴黎奥运会自由式小轮车竞赛特征研究[J]. 体育科技文献通报，2025，33（4）：9–13.

[11] 朱丹，周海洋，樊铭. 新周期艺术体操评分规则对中国队在世界大赛中的影响——以D1和D2难度组为例[J]. 中国体育科技，2022，58（8）：27–31，82.

[12] 史益平. 试述体操规则的演变与技术创新的关系[J]. 北京体育大学学报，2004（4）：573–575.

[13] 吴亚初，陈琦. 高尔夫竞赛组织与规则裁判法[M]. 北京：人民体育出版社，2012.

[14] 冼蔓薇. 高尔夫规则与礼仪[M]. 青岛：中国海洋大学出版社，2020.

[15] 李波. 轮滑运动从入门到精通[M]. 北京：人民邮电出版社，2022.

[16] 李爱君. 超图解学轮滑[M]. 北京：北京理工大学出版社，2014.

[17] 王玉斌，陈秀花，李民桂. 体育赛事管理实务[M]. 北京：北京体育大学出版社，2024.